U0726871

预算权的
宪法规制研究

任喜荣　鲁鹏宇 / 著

吉林大学出版社
JILIN UNIVERSITY PRESS

图书在版编目（CIP）数据

预算权的宪法规制研究 / 任喜荣，鲁鹏宇著. —长春：吉林大学出版社，2019.4
ISBN 978-7-5692-4599-8

Ⅰ.①预… Ⅱ.①任… ②鲁… Ⅲ.①宪法—研究—中国 Ⅳ.①D921.04

中国版本图书馆CIP数据核字（2019）第071156号

书　　名　预算权的宪法规制研究
　　　　　YUSUANQUAN DE XIANFA GUIZHI YANJIU

作　　者　任喜荣　鲁鹏宇　著
策划编辑　刘明明
责任编辑　高欣宇
责任校对　李卓彦
装帧设计　中尚图
出版发行　吉林大学出版社
社　　址　长春市人民大街4059号
邮政编码　130021
发行电话　0431-89580028/29/21
网　　址　http://www.jlup.com.cn
电子邮箱　jdcbs@jlu.edu.cn
印　　刷　河北盛世彩捷印刷有限公司
开　　本　710mm×1000mm　1/16
印　　张　18.5
字　　数　312千字
版　　次　2019年4月　第1版
印　　次　2019年4月　第1次
书　　号　ISBN 978-7-5692-4599-8
定　　价　69.00元

版权所有　翻印必究

一、宪法价值的多维解读

"宪法重要，是因为它为我们的政治提供了一种结构"[1]，美国批判主义法学的代表人物马克·图什内特在《宪法为何重要》一书中试图引导美国的法学界以及美国民众从"宪法重要，是因为它保护着我们的基本权利"的传统司法审查的视角中走出来，重视政治民主对宪法实施的决定作用。近年来在中国兴起的政治宪法学也不满足宪法解释学和规范宪法学"仅仅以宪法条文以及西方宪法学的规范主义，解释或研究中国的宪法文本"[2]，而主张："中国的宪法学应该正视现代中国的人民主权，把握其隐含的人民、党与宪法的根本性关系。"[3]这启发我们对于宪法的价值要从多个维度出发加以探讨。政治民主、法治秩序、公共生活、个人权利以及后代人利益等，展现了宪法价值的多维性。对预算权这样一种"控制钱袋子"的权力的宪法规制进行研究，只有从宪法价值的多维性出发，才能取得观念上的基本共识。

---

[1] [美]马克·图什内特：《宪法为何重要》，田飞龙译，中国政法大学出版社2012年版，第1页。

[2] 高全喜：《政治宪法学纲要》，中央编译出版社2014年版，第6页。

[3] 高全喜：《政治宪法学纲要》，中央编译出版社2014年版，第5页。

（一）政治民主的维度

宪法是近现代民主国家的法律标志物，通过宪法实现了民主制度的全面法律化。美国耶鲁大学法学院的Akhil Reed Amar教授将美国宪法比喻成"新世界的雅典卫城"，是18世纪80年代世界所见"最民主行为"的产物。[1]继美国宪法之后，法国大革命的胜利带来了宪法在欧洲大陆的开端，随后宪法就成为民主国家的法律标志物在全世界流行开来。19世纪中叶以后，西方的宪政思想传入中国，"立宪法，开国会"成为资产阶级改良思想的政治蓝图。进入20世纪以后，制定宪法已经成为中国各政治派别、各统治阶级宣示政治合法性的根本法律手段。20世界上半叶中国灾难深重，政权数度更迭，却是中国宪法制定最为活跃的时期，也是中国民主革命最激烈并最终选择了社会主义民主道路的时期。1954年9月20日我国第一部社会主义类型的宪法诞生，实现了社会主义民主政治制度的宪法化。现行宪法是在对1954年宪法修改的基础上于1982年12月4日颁布实施的，是中国特色社会主义民主政治制度法律化的结果。

全面界定民主的政治制度关系。是宪法而不是其他的法律全面界定了一个国家的民主政治关系，从而为国家权力的运行提供了稳定的政治架构。"从立法者的法理学出发，我们首先关注的是法律如何建构国家主权并奠定国家政治秩序，这就要考虑国家的根本大法——宪法。"[2]举凡主权的所有者、民主代议机关的产生、立法行政司法三机关的关系、中央与地方的权力配置都可以在宪法中找到规范依据。世界各国宪法概莫能外。我国现行宪法的第1至第3条规定了人民民主专政的社会主义国家性质以及人民代表大会制度下的基本权力关系，可谓开宗明义就界定了宪法与民主的相互关系。

提供重大政治问题和社会问题的民主化解决机制。社会冲突的司法解决具有事后救济的特征，绝大多数的社会冲突首先会经历民主的制度化解决

---

[1]　Akhil Reed Amar，America's Constitutiton, published in the United States by Random House,2005. PXI，P5.

[2]　强世功：《立法者的法理学》，生活、读书、新知三联书店2007年版，序言第7页。

机制，并主要被这一机制所化解。如现代选举制度提供了平等的利益表达机制以容纳多元的利益诉求；现代立法制度则提供了有效的利益协调机制，以平衡多元利益的竞争关系；现代地方制度则缓解了中央集权与地方分权的张力；民主的人事任免制度则化解了权力更迭过程中的统治危机；立法、行政、司法三机关的职权配置，则降低了权力冲突的概率并对权力实施有效的监督。上述制度都在一国宪法中有或原则或细致的规范依据，从而以根本法的形式提供了重大政治问题和社会问题的民主化解决机制。

使公民全面的民主参与成为可能。公民对于政治生活和社会生活的参与应该持续化、多样化、细节化。当代民主实践的发展使人们深刻认识到每四年或五年一次的选举不能真正解决民主参与问题，无法满足公民社会的自治需要，这推动了参与民主或协商民主理论的发展。参与民主理论认为："真正的民主应当是所有公民的直接的、充分参与公共事务的决策的民主，从政策议程的设定到政策的执行，都应该有公民的参与。只有在大众普遍参与的氛围中，才有可能实践民主所欲实现的基本价值，如负责、妥协、个体的自由发展、人类的平等等。"[①]我国宪法为公民的民主参与提供了根本法的规范依据。"国家的一切权力属于人民"，为公民的民主参与提供了逻辑前提；"中华人民共和国公民对于任何国家机关和国家工作人员，有提出批评和建议的权利"，为信访、听证制度的建立提供了公民权利的保障目标；国有企业"通过职工代表大会和其他形式，实行民主管理"，"集体经济组织实行民主管理，依照法律规定选举和罢免管理人员，决定经营管理的重大问题"，为公民的经济参与提供了规范依据。

（二）法治秩序的维度

宪法确认了一个国家的基本法治秩序。我国著名法理学家张文显教授提出"法治和国家治理要实现的秩序是'包容性秩序'"，即是"一种使自由而平等的竞争和人道主义的生活成为可能的秩序，是摆脱了单纯偶然性、任

---

① ［美］卡洛尔·佩特曼：《参与和民主理论》，陈尧译，上海世纪出版集团2006年版，推荐序言第8页。

意性、不可预测性的秩序,是各种社会分歧、矛盾和冲突能够在道德精神和法律理性的基础上得以和平解决或缓和的秩序,是社会组织健全,社会治理完善,社会安定团结,人民群众安居乐业的秩序。"①具有上述价值特征的法治秩序,可以在我国宪法中找到原则性的、概括性的规范依据。

现代法治秩序的基本表达。赋予宪法最高法律效力从而实现国家法律体系的统一,是宪法作为根本法的重要价值之一。"宪法具有最高的法律效力,在法律的效力位阶中处于最高处或者最顶端……其他所有的法律的效力都来源于、当然也就低于宪法的法律效力,任何违背宪法的法律都是无效的。"②以宪法为统帅构建起的法律体系的实施可以保证社会秩序的稳定、协调和可持续。法治精神是宪法的基本精神,宪法的实施是法治精神在社会诸领域的贯彻。

对国家公权力的宪法控制。宪法是"限法",即限制国家公权力之法。权力导致腐败,绝对的权力导致绝对的腐败。立法、行政、司法等国家公权力机关应在宪法和法律的授权范围内行使权力。只有将权力约束在法治的轨道上,公民的权利和自由才有充分的发展空间。在我国,国家权力缺乏有效的监督是国家治理中的制度顽疾,形成这种现状的原因众多,宪法的实施是最"有效的制度"。我国《宪法》序言以及总纲的第5条分别规定全国各族人民、一切国家机关和武装力量、各政党和各社会团体、各企业事业组织,"必须以宪法为根本的活动准则"。"一切违反宪法和法律的行为,必须予以追究。""任何组织或者个人都不得有超越宪法和法律的特权。"在明确了宪法的最高权威性地位的同时,也明确了对各类社会主体特别是国家公权力机关的权力进行控制或制约的立场。上述规定符合对国家公权力进行监督的世界法治潮流。

---

① 张文显:《法治是国家治理现代化的基本特征》,载张文显主编:《法治中国名家谈》,人民出版社2014年版,第139页。

② 姚建宗:《法理学——一般法律科学》,中国政法大学出版社2006年版,第109页。

(三) 公共生活的维度

理解宪法为何重要，还应该从公共生活的维度出发。作为社会动物，人除了拥有私人生活之外，还拥有公共生活。公共生活是一个现代术语，是伴随着公民社会的产生而产生的。"公共生活是指公民在通过聚会、社团组织、大众媒介等交往形式所形成的公共空间里围绕公共事务和公共利益而进行的社会交往、自由对话、表达意见、政策参与、监督公共权力等相互影响、相互联系的共同生活。"①公共生活之所以重要，是因为公共生活不仅是基于人的社会属性的本质需要，在现代社会中也是界定个人的政治地位、生活质量、发展空间的最主要的生活场域。并不是有了人群的存在就存在公共生活。"在现实中，公共生活的历史起点是作为市民的个人，而对于公共生活的理论建构来说，也是从独立平等的个人出发的。"②公共生活总是处在危险当中，这是因为独立自由的个人，可能会基于各种原因，如官僚组织的过度发展、经济的垄断、思想的统一，而受到限制。宪法可以为公共生活的发展，特别是个人在公共生活中的发展，提供基本价值和制度的规范基础。

开放的人际交流空间。开放的人际交流是公共生活的基础。交流使此人与彼人联系在一起，使个人与组织、社会、国家联系在一起，使人在过去、现在、未来的连结中发现自我，实现价值。人际交流使人成为社会人。开放的人际交流在现代国家中，使人在政治、经济、文化生活中成为具有独立意志的个体，并具备了选择的自由。

自主的社会治理空间。在公共生活中，每一个独立的个人和社会组织都有自我管理、自我服务、自我发展的权利。公共生活需要自主的社会治理空间。政府治理与适度的社会自治结合起来才能实现国家治理体系的现代化。根据民政部的统计，截至2017年底，全国共有社会组织76.2万个，其中，社会团体35.5万个，基金会6307个，民办非企业单位40.0万个。基层群众自治

---

① 沈亚平、刘志辉：《现代信息技术发展与公共生活变迁》，《南开学报》（哲学社会科学版）2014年第4期，第73页。

② 张康之、张乾友：《共同生活与公共生活的兴衰史》，《学术研究》2009年第10期，第56页。

组织共计66.1万个。①自20世纪80年代以来，社会组织在各国大量涌现，掀起了全球性的"社团革命"。"建设有限政府，逐步向企业、社会组织让权、放权，拓展企业自主、社会自治的空间，是历史的大趋势。"②这种趋势也正在中国发生。

（四）个人权利的维度

理解宪法为何重要还需要从人相对于国家的核心地位的价值立场出发。近代民主运动的发展使"人是国家权力运行的目的"的观念逐渐成为主流。没有这样的价值观念，就没有近现代的民主国家，也就不会有宪法这样的法律形式。"离开了人的权利和自由来讨论民主政治，就缺少衡量是非的标准；离开了人的权利和自由来讨论民主政治建设，就会失去正确的方向。"③宪法是对一个国家的人权观念、人权体系、人权的制度保障机制的最完整的法律体现。

人的尊严是我国宪法的最高原则。"人的尊严"被誉为现代宪法的"核心价值"④，是现代人权保障的哲学立场、价值基础或逻辑起点，是宪法的基础性价值原理之一。"人的尊严"也是我国宪法的最高原则，蕴含于我国宪法的规范体系之中。有宪法学者从我国宪法的整体结构以及宪法基本权利体系出发，论证了人的尊严在我国宪法中的核心价值地位。具体包括：我国宪法序言关于立宪目的的表述间接确认了人的尊严作为我国宪法最高原则的地位；我国宪法正文的整体结构安排蕴涵着人的尊严作为宪法最高原则的内涵；我国宪法人权规范的内容体现了人的尊严作为宪法最高原则的属性。⑤

不断发展的个人权利体系。宪法不仅确认了公民的基本权利体系，宪法

---

① 参见中华人民共和国民政部：《2017年社会服务发展统计公报》，http://www.mca.gov.cn/article/sj/tjgb/2017/201708021607.pdf，2018年11月14日访问。

② 梁成意、赖喆：《论社会组织在我国宪政体制中的合理定位——关于〈宪法〉第二条的完善建议》，《江汉大学学报》（社会科学版）2014年第4期，第40页。

③ 周光辉：《论公共权力的合法性》，吉林出版集团有限公司2007年版，第172页。

④ 林来梵：《人的尊严与人格尊严——兼论中国宪法第38条的解释方案》，《浙江社会科学》2008年第3期，第38页。

⑤ 参见李海平：《论人的尊严在我国宪法上的性质定位》，《社会科学》2012年第12期，第102页。

同时还为基本权利的发展留下了解释的空间。从历史的维度看，人权体系经历了从第一代人权到第三代人权的发展历程，其中，第一代人权以人身自由、精神自由和经济自由，即所谓的"三大自由"为核心。第二代人权则为第一代人权补充了社会权利类型，而第三代人权则包括生存权、发展权、文化权、环境权等新型权利。当代各国宪法中的基本权利大体包括平等权，政治权利，精神、文化活动的自由，人身的自由与人格的尊严，社会经济权利，以及获得权利救济的权利等。基本反映了现代人权理论的发展。我国宪法在2004年修改之后，将"国家尊重和保障人权"作为概括性基本权利条款写进了宪法。

基本权利的救济。宪法确认的公民基本权利常常在法律化和制度化的过程中被设定界限，这些界限存在削弱宪法基本权的可能，从而需要接受合宪性的检验，为基本权利提供救济。基本权利的救济机制是宪法在制度建构中必然考虑的内容。通过何种方式对宪法基本权进行救济，各国的具体制度机制不同，我国则建立了以全国人大及其常委会行使宪法解释权和监督权为重心的具有中国特色的宪法监督制度。

（五）后代人利益的维度

回答宪法为何重要不能忽略后代人利益的维度。不管"为后代人立法"在法哲学上的正当性如何，宪法的价值立场和制度设计都在事实上具有长久的"溢出"效应，影响着未来社会的发展走向。可以说，宪法既蕴含着历史也指引着未来。因此，宪法的文本内容虽然主要用来规范当下，但目的应该是为了创造更美好的生活。宪法的精神和原则、宪法基本权利体系、具体的制度将构成后代人享受个人生活和参与社会生活的前提。从立宪技术的角度看，宪法文本的原则性和概括性为宪法解释本身提供了较大的想象空间，也为宪法适应社会的发展需要留下了较大的解释余地，从而可能适应后代人利益的发展需求。

国家未来发展的设想。宪法在建构国家权力的结构、确认公民基本权利的时候，是具有明确的未来指向的。宪法通过树立自己的最高权威地位确保一国的政治秩序、法治秩序乃至经济秩序等的稳定性和持续性，从而使国家总体的宪法秩序按照最初的设计走向未来。宪法并不拒绝修改和变迁以适应社会的发展需要，但宪法的精神和原则往往以直接或间接的方式拒绝成为修改的对象，从而确保价值立场的稳固。如《意大利共和国宪法》《法兰西共和国宪法》《土耳其宪法》规定共和政体不得成为修宪的对象，而《联邦德国基本法》则规定联邦制原则不得被修改。我国宪法虽然没有明确规定哪些内容不得修改，但是却以在总纲中概括阐述国家发展目标的方式，明确了对国家未来发展的设想。

审慎的制度变革。宪法最大的财富之一是通过为国家权力的行使设定民主程序和法律界限，确保任何具有长远影响的制度变革都经过审慎、充分的民主协商，进而保证国家秩序的稳定性和未来生活的可预测性。审慎的制度变革是法治的要求，也是宪法对未来发展所应该提供的制度保障。审慎的制度变革可以提供稳定的社会秩序。法律具有持续的影响力，具有高度稳定性的宪法更是如此。宪法建构的国家权力的框架事实上是后代人生活的框架。对于当代人而言，宪法的内容总是意味着国家的权力怎么分配，个人的权利有哪些以及如何进行救济。对于后代人而言，上述内容构成了各领域生活的前提，宪法无论能否进行修改，都已经成为了一切行动的前提，宪法之优劣迁延于后代。任何制度变革都可能带来意想不到的后果，从而必须审慎对待。

二、本书的研究目的与结构安排

(一) 研究目的

自近代以来，预算权就被视作是掌管和控制国家"钱袋子"的权力，备受民主国家的重视，许多国家不仅制定了完备的预算单行法，而且还在宪法中设专章规定预算制度，在实践中政府预算公开也成为建立阳光政府的基本要求。通过对预算的合理分权实现财政民主，成为法治发达国家预算制度完善的目标。近年来，《预算与治理》《预算：比较理论》《美国政府绩效预算》

《德国公共预算管理》《公共预算：比较研究》等译著和国内学者的比较性研究著作，不仅使我们看到了国外预算制度和预算理论的发展状况，也使我们对国内预算制度的发展有了更清醒的认识和丰富的理论积淀。

《中华人民共和国预算法》于1994年制定，2014年做了系统修改，2018年做了微调。修改后的预算法经过五年的实施，分别从以下五个方面构建了具有中国特色的预算体制：第一，预算支出分类有所细化；第二，在一定程度上实现了预算直接民主与间接民主的统一；第三，完善了县级以上人大及其常委会的初步审查及反馈机制；第四，明确界定了各级人大预算审查重点内容，并建立人大预算审查结果报告机制；第五，强化了人大对预算执行的监督权力。预算制度的发展和完善背后隐藏着预算权力配置合理化这一根本的宪法问题。本书的研究目的，就是从宪法学的角度，对"预算权力的宪法规制"问题进行规范实证和社会实证的反思性和建构性的研究。

（二）结构安排

本书以我国预算制度为主要研究对象，以日本、德国的预算权力运行为分析参照，以我国预算权力的宪法规范为依据，致力于厘清预算权力运行的宪法逻辑。除前言外，本书在逻辑结构上分为七个部分。

1.现代国家的预算权及其配置原则

预算是"通过政治程序分配资源的尝试"[1]，预算活动贯穿国家权力运行的全部领域。研究预算权力及其配置原则可以作为一个理论支点，探索不同的权力配置模式在实现财政民主目标方面所存在的优劣得失。预算权力是一个权力群。从预算的基本环节出发，可以将预算权力分为预算立法权、预算编制权、预算审批权、预算执行权以及预算监督权。预算权力的配置应围绕民主原则、法治原则和监督原则展开。对预算权力及其配置原则的研究与专门就预算编制、执行中的制度性或技术性问题的研究不同。本研究主要关注

---

① ［美］理查德·J. 斯蒂尔曼：《公共行政学》，李方等译，中国社会科学出版社1988年版，第230页。

预算权力在不同国家机构间的配置以及因此所形成的不同权力关系。通过权力关系的研究，探索权力制约理论以及财政民主制度在预算领域的展现。

2.预算权力配置的法律框架

近代以来各民主国家在实现财政民主的发展进程中，为实现对预算权力的有效配置，逐步建构了包括宪法和预算基本法在内的各具特色的法律体系，在权力配置的原则以及预算权力的具体分配上，形成了丰富多彩的制度形态。在预算权力的具体配置上既有共通性，又因为国家制度的差异而表现出明显的不同。中国法治近代化过程中对日本的法治进行了多领域的借鉴和移植。当代日本的预算立法、预算权力配置和预算管理，仍有许多值得我们关注的制度内容。德意志联邦共和国是欧洲第一大经济体，在两德统一后其民主政治制度和联邦体制得以延续。由于中国现代法治建设过程中受到以德国为代表的大陆法系国家的重大影响，德国的法治理论包括公法理论对中国的法学理论正在发挥不可低估的影响，德国的预算制度备受关注。中国的预算制度长期滞后于社会的发展需要，2014年，我国开启了新一轮财税体制改革，要建立与国家治理体系和治理能力现代化相匹配的"现代财政制度"，预算制度改革是其中的关键。当代中国形成了较为完整的预算法律规范体系，也遵循人民大会制度的权力运行框架，形成了中国特色的预算权力配置实践。

3.日本、德国预算权力监督机制

"预算权力在行政与立法之间的分配就是预算权力配置的核心问题。"[1]围绕国家预算展开的一系列活动始终通过行政权力和立法权力的博弈和制衡来完成。纵观世界各国，每一种经济运行方式都必然需要与之相适应、相配套的财政模式与政治权力运行机制。[2]日本现行的预算制度框架立法层次分

---

① 朱大旗、何遐祥：《议会至上与行政主导：预算权力配置的理想与现实》，《中国人民大学学报》2009年第4期，第129页。

② 参见周刚志：《论公共财政与宪政国家——作为财政宪法学的一种理论前言》，北京大学出版社2005年版，第53页。

明，界限清晰，预算职能机关权责明确、分工合理。在预算权力的监督方面，构建起财政监督、审计监督、国会监督和公民监督相互配合的"四位一体"监督制度。[①]德国的预算监督体系由联邦议会（包括联邦议院和联邦参议院）和联邦审计院组成。如果以阿利克斯学派的划分方法来看，日本和德国皆属于独立性的公共预算监督模式。专门的预算监督机构与政府、议会和司法机关并列，使日本和德国成为为数不多实行独立性的公共预算监督模式的国家。

4.中国的预算权力监督机制

改革开放以来，我国预算改革主要沿着两个途径展开：其一为行政部门内部的预算管理制度改革，重点在于如何规范政府的收支管理，提高预算资金使用的效能；其二为行政部门外部的预算民主法治改革，着重点在于如何发挥人大及社会公众的监督制约作用，从而促进预算的民主化和法治化。[②]如果以政府为预算编制的主体来看，中国的预算权力监督机制可以分为内部监督机制和外部监督机制。其中内部监督机制主要指的是政府内部的审计监督，外部监督机制主要指的是以人大为核心的预算监督。当然从监督本身的广泛度来看，除了政府和人大外，公民参与的预算监督也构成预算权力监督的重要组成部分。

在内部监督机制方面，本部分通过整理分析《国务院关于上一年度中央预算执行和其他财政收支报告》和《国务院关于审计查出问题的整改情况报告》，以审计署和国务院在审计环节的互动为考察对象，观察审计署审计监督作为国家监督体系重要组成部分，实现政府内部自我监督的具体情况。通过研究可见：国家审计部门在整个预算监督环节发挥着重要的宏观管理作用，对国家政策落实起到推动作用；国家审计部门对政府财政管理方面的配套制度建设有推动作用；审计机关的审计监督能够为人大进行外部的预算监

---

① 参见傅宏宇、张明媚：《预算法律问题国别研究》，中国法制出版社2017年版，第61页。
② 参见魏陆：《完善我国人大预算监督制度研究——把政府关进公共预算"笼子"里》，经济科学出版社2014年版，前言部分第1页。

督创造良好条件。在外部监督机制方面，本部分选取30个省（自治区、直辖市）的人大常委会的预算监督条例或决定对关于本省的预算、决算的编制、审查、批准、执行、调整和监督问题进行实证分析。

5.中国的预算制度改革及其宪法规范基础

中华人民共和国成立以来，我国的预算制度历经改革与发展。1949年9月《中国人民政治协商会议共同纲领》规定："建立国家预算决算制度，划分中央和地方的财政范围"，成为中华人民共和国预算制度建立的基础。1951年8月，政务院颁布《预算决算暂行条例》，规定了国家预算的组织体系，各级人民政府的预算权，各级预算的编制、审查、核定、执行的程序，决算的编制与审定程序等，我国的预算制度初步建立起来。[①]但是，从20世纪50年代初期开始到改革开放之前，我国的预算制度具有典型的计划经济特征，预算制度的演进长期滞后。改革开放四十年来，我国预算制度经历了经验逐步积累时期（1978—1993）、法律体系形成时期（1994—1998）、编制与管理规范时期（1999—2007）、预算公开透明与监督强化时期（2008至今）等，预算制度趋于科学化、规范化，民主预算与法治预算逐渐成长。

预算制度是财政民主制度的核心内容。预算制度的建构需要宪法文本的基础，预算制度的改革和发展也需要在宪法的规范框架下进行。我国现行宪法以极其简略的方式规定了预算问题，实现了对预算权在人大与政府之间以及中央与地方之间的宏观配置，基本符合了现代预算体系的基本政治框架以及预算民主与预算法治的基本精神。简约的宪法预算条款虽然导致了一些不利于现代预算制度建立和发展的实践倾向，但是仍然可以在许多层面为预算改革提供根本法的规范依据，从而为预算改革设定宪法基调。

6.预算权力运行的合宪性控制

预算权作为国家公权力的重要组成部分，其运行过程应当受到宪法文本和宪法精神的拘束，但应当根据一个国家的宪法制度设计和宪法实践来确定

[①]　陈庆海：《政府预算与管理》，厦门大学出版社2014年版，第6页。

预算权合宪性控制的目标和手段。本部分从中国人民代表大会制度出发，分析了预算权合宪性控制的中国语境，并展示了预算权合宪性控制的中国实践。我国预算权合宪性控制的首要目标仍在于实现财政民主。根据我国的宪制设计，可以从两个角度观察预算权合宪性控制的实践：第一，预算立法过程的合宪性控制。在法律草案审议过程中，原全国人大法律委员会、现在的全国人大宪法和法律委员会可以依据宪法文本和宪法精神，对相关立法草案进行合宪性控制，一方面消除预算立法草案中的合宪性瑕疵，另一方面补强预算立法的合宪性。第二，全国人大预算监督过程中的合宪性控制。全国人大财政经济委员会在全国人大及其常委会行使预算监督权的过程中发挥了重要的作用。实证研究表明：全国人大财经委是有可能对中央预算的执行和编制活动进行实质性审查的。在这个基础上，全国人大财经委能够协助全国人大对相关预算的编制和执行进行监督。对于预算编制和执行过程中存在的合理性、合法性乃至合宪性问题，全国人大财经委在审查过程中有着较为清晰的认识。总体而言，我国预算权的合宪性控制并不在于解决预算实践中存在的具体问题，而是在于维护全国人大及其常委会与国务院在预算编制、批准、执行、监督过程中的宪法关系。

　　7.合宪性审查的"破题"与"激活"

　　本书以"代结语"的方式，落脚在了合宪性审查机制的探讨上。2018年3月，我国现行宪法进行了第五次修正，宪法第44条修正案将全国人大法律委员会更名为宪法和法律委员会，在原有职责基础上增加"推动宪法实施、开展宪法解释、推进合宪性审查、加强宪法监督、配合宪法宣传等工作职责"[①]。我国宪法监督制度经历了三十多年的理论探讨，最终选择了对现行制度变革最小的调整方案。宪法和法律委员会首任主任委员李飞提出要积极稳妥推进合宪性审查工作，审慎提出审查意见，努力实现政治效果和法律效

---

① 《全国人民代表大会常务委员会关于全国人民代表大会宪法和法律委员会职责问题的决定》（2018年6月22日第十三届全国人民代表大会常务委员会第三次会议通过）。

果相统一。^①可以预见，合宪性审查工作在现有体制机制基本不变的基础上，因为组织机构的完善势必会有所推进，但对于当下极不活跃、对实践需要缺乏回应的宪法监督制度会有多大程度的改变，尚待理论探讨和实践检验。本部分以上述制度变化为基础，通过分析合宪性审查事实上"备而不用"，从而导致功能被其他宪法实施机制所替代的制度现状，探索宪法和法律委员会在组织机构上"破题"后，最高权力机关应当从何种制度环节入手"推进合宪性审查"这一工作职责，从而起到激活宪法监督制度，形成良性的宪法实施制度循环的发展路径。

---

① 李飞：《坚决贯彻宪法精神　加强宪法实施监督》，http://www.npc.gov.cn/npc/bmzz/falv/2018-03/29/content_2052705.htm，2018年5月19日访问。

目 录

前 言

第一章 现代国家的预算权及其配置原则

第五章　中国的预算制度发展及其宪法规范基础

第六章　预算权力运行的合宪性控制

第一章　现代国家的预算权及其配置原则

现代国家的预算权及其在不同国家机构间的配置，隐含着民主制度运行的全部密码。自近代以来，预算权就被视作是掌管和控制国家"钱袋子"的权力，备受民主国家的重视，许多国家不仅制定了完备的预算单行法，而且还在宪法中设专章规定预算制度，在实践中政府预算公开也成为建立阳光政府的基本要求。对预算进行合理分权实现财政民主，成为西方法治发达国家对我国预算制度完善的核心启示。预算是财政收支的计划安排，正如亚当·斯密在《国富论》中所言"财政乃庶政之母"，国家的财政经费从何而来，如何分配，如何使用，达致何种目标，谁有权申请经费，谁有权决定经费的配置方向，谁来监管经费的支出等，看似繁复，却是国家运行的日常和根本。预算是"通过政治程序分配资源的尝试"①，预算活动贯穿国家权力运行的全过程。研究预算权力及其配置原则可以作为一个理论支点，探索不同的权力配置模式在实现财政民主目标方面所存在的优劣得失。

预算权力是一个权力群。从预算的基本环节出发，可以将预算权力分为预算立法权、预算编制权、预算审批权、预算执行权以及预算监督权。预算权力的配置应围绕民主原则、法治原则和监督原则展开。对预算权力及其配置原则的研究与专门就预算编制、执行中的技术性问题的研究不同。本研究主要关注预算权力在不同国家机构间的配置以及因此所形成的不同权力关系。通过权力关系的研究，探索权力制约理论以及财政民主制度在预算领域的展现。预算权力及其配置原则是多学科的研究论域，由于涉及到国家机构

---

① ［美］理查德·J. 斯蒂尔曼：《公共行政学》，李方等译，中国社会科学出版社，1988年版，第230页。

间以及中央与地方间宏观的权力配置问题以及公民的民主参与问题，这一制度领域不仅需要宪法文本提供根本法的规范依据，而且长期以来就是宪法学的研究对象。

第一节　预算权的构成

一、预算与预算权

预算的本意乃指收入与支出的计划安排，小到一家、一企业、一机构，大到一地方、一国家都需要预算，这是广义的预算；狭义的预算，即本书中所研究的预算，指国家预算，或称公共预算。"预算是经法定程序批准的国家各级人民政府和实行预算管理的各部门、各单位一定期间的财政或财务收支计划，具有计划性、法定性、政治性、预测性、公开性等基本特点。预算是国家管理经济社会事务和政府实施宏观调控的主要手段之一，在整个国家财政体系中居于核心地位。"[1]预算制度则指围绕着预算各要素和预算诸环节而形成的预算管理机制及相关法律规范的总和。现代预算制度起源于英国，到20世纪初大多数国家都建立了预算制度。[2]围绕着预算的编制、审批、执行、监督等诸环节，不同的国家在国家机关职权的配置、预算程序、预算收支范围、预算执行与调整、决算等方面形成了各具特色的制度内容。

预算权力是指参与预算立法以及预算的编制、审批、执行、监督等各环节的国家权力，是国家为实现管理预算职能，按照法律程序对公共财政资源进行有效分配的权力。对于预算权力的理解，有学者从预算的程序出发，认为"所谓预算权，就是进行预算编制、审批、执行和监督的权力，其中最为

---

① 刘剑文主编：《财税法学》（第三版），高等教育出版社2017年版，第66页。

② 参见李友元、姜竹、马乃云编著：《财政学》，机械工业出版社2009年版，第277页。

核心的是预算审批权"①。有学者将预算权仅仅看成政府行为的一部分，认为预算权是一项预算管理职权，"指通过财政预算权限划分，界定收支范围和明确管理权责，合理配置相关主体的控制权和监督权，协调预算相关者之间的利益和权责关系，从而形成相互制衡关系的预算管理体制"②。有学者认为预算权仅为代议机关专属职权，仅指议会审查批准预算的权力和监督审查批准后预算执行的权力。③还有学者根据公民参与预算程度的不同，区分直接性公民预算参与和间接性代议制预算参与两种预算民主模式，认为预算权呈现出公民预算权利和国家预算权力（又称预算管理权）两种面相。④以上，学界对预算权的理解因对预算权力实行程序的不同、对预算权力实行主体的不同、公民参与程度的不同而有所差异。

　　本书认为，预算权力不是专属于某一个国家机构的权力，而是一个权力群。其中，既可以根据预算的基本环节分为预算编制权、预算审批权、预算执行权和预算监督权，也可以根据预算权力的主体分为预算立法权、预算行政权、预算参与权等。对于预算权还可以做广义预算权和狭义预算权的区分。广义预算权包括行政机关的预算行政权力、人大及其常委会关于预算方面的立法权力和预算审查、批准、变更、撤销的权力以及与预算相关的国家权力和个人权利。狭义预算权仅指行政机关的预算行政权力，如预算编制权和预算执行权。同时，狭义预算权特别强调对预算权的监督，包括政府自身对预算的监督、人大对预算的监督以及社会公众对预算的监督，甚至还包括社会第三方机构参与的预算监督。本书采用广义预算权的概念。

　　各国的预算权力配置多有不同，优劣难以简单判断。但是，财政收支支撑国家治理各领域，对于预算权力的研究不仅涉及财政收支的配置效率问题，更是对一国民主权力运行的极富代表性的研究对象。从预算政治学的角

---

① 　刘剑文、陈立诚：《预算法修改：从"治民之法"到"治权之法"》，《中国财政》2014年第18期，第24页。

② 　罗春梅：《地方财政预算权与预算行为研究》，西南财经大学出版社2010年版，第14页。

③ 　参见张献勇：《预算权研究》，中国民主法制出版社2008年版，第31页。

④ 　参见岳红举、单飞跃：《预算权的二元结构》，《社会科学》2018年第2期，第109页。

度看，"公共预算过程就是一个政治过程。自现代公共预算诞生之日起，它就一直处于国家治理的核心，是现代国家治理的基本制度框架"①。阿伦·威尔达夫斯基在《预算与治理》一书中提出："预算是一个涉及权力、权威、文化、协商一致和冲突的过程，并在国家生活中占据重要地位。"②预算作为国家财政收入与支出的计划安排，涉及复杂的行政管理过程、庞大的法律规范依据以及特定的权力配置结构。预算以财政收入和支出的计划安排为表象，背后则是对公共资源的分配，以及国家权力在资源配置中的结构性安排。"预算过程中做出的资源配置实际上反映了政治权力的分配。在政治和政策过程中，无论政治家的目标是什么，预算过程都是一个政治工具。"③

科依（V.O.Key）在公共预算研究中提出了著名的"科依问题"，科依认为"公共预算理论必须回答的一个基本问题是：在什么基础上做出这样一个决定将某一数量的资金配置给活动A而不是活动B？"④对"科依问题"的任何有说服力的解答都将超越财政收入与支出的配置实践，而进入国家发展的价值目标以及决定资源配置的国家权力运行过程。所谓"一个能够回答这个问题的公共预算理论必然是一个能够配置权力和体现政治价值的理论"⑤。这意味着对于预算的研究，只有放到一个特定的权力配置框架中，遵循特定的价值目标体系，才能够做出全面、深入的理解。考虑到预算制度与现代民主制度的共生性，这个权力配置框架必然是特定国家的民主权力框架以及围绕预算的具体权力分配。

---

① 马骏、赵早早：《公共预算：比较研究》，中央编译出版社2011年版，前言第1页。

② ［美］阿伦·威尔达夫斯基：《预算与治理》，［美］布兰登·斯瓦德洛编，苟燕楠译，上海财经大学出版社2010年版，第1页。

③ Arron Wildavsky: Budgeting: A Comparative Theory of Budgetary Process. New York: Transaction Publishers 1997.

④ V.O.Key: The Lack of Budgetary Theory, *American Political Science Review*, Vol.34 No.12（1940），pp1137-1144. 转引自马骏、赵早早：《公共预算：比较研究》，中央编译出版社2011年版，第21页。

⑤ Schick, Allen: An Inquiry into the Possibility of a Budgetary Theory. In Irene Rubin. Eds. *New directions in budget history*. New York: State University of New York Press 1988. 转引自马骏、赵早早：《公共预算：比较研究》，中央编译出版社2011年版，第21页。

二、预算权的构成

预算权力从权力的行使主体出发，可以分为立法机关的预算权力、行政机关预算权力、司法机关的预算权力；从权力的纵向结构出发，可以分为中央预算权力与地方预算权力，在联邦制国家则是联邦预算权力和州的预算权力；从预算的基本环节出发，可以分为预算立法权、预算编制权、预算审批权、预算执行权和预算监督权。根据现代的民主权力运作机制，预算权力不仅要在立法、行政、司法之间进行配置，还要在中央与地方之间进行分配。但是，所有的权力运行都围绕着预算诸环节展开，因此，本部分重点分析从预算的基本环节出发而进行的权力分类。

（一）预算立法权

预算立法权是指预算法律法规的制定、修改、废止的权力。预算立法权的主体与一般立法权的主体基本上是重合的，拥有立法权的主体在遵循宪法和上位法的前提下，可以制定有关预算的法律、法规和规章。

预算法律规则体系由处于不同位阶的规范性文件组成。除宪法外，一国通常有关于预算的中央立法以及与预算执行等相关的行政法规和其他规范性文件。在我国，除《中华人民共和国预算法》[①]作为全国人大的立法外，还有国务院制定的《中华人民共和国预算法实施条例》[②]等行政法规以及《国务院关于试行社会保险基金预算的意见》[③]《国务院办公厅关于进一步做好部门预算公开工作的通知》[④]等规范性文件。另外，还有以《上海市预算审查监督条例》[⑤]《上海市预算执行情况审计监督暂行办法》[⑥]为代表的一批地方性法规和地方政府规章。

---

① 本法于1994年3月通过，2014年3月、2018年12月两次修改。
② 本条例于1995年11月通过。
③ 国发〔2010〕2号。
④ 国办发〔2011〕27号。
⑤ 本条例于2017年6月通过，2017年10月实施。
⑥ 本办法1996年2月发布，2010年12月修改。

在我国，预算立法权的行使受到《立法法》上法律保留原则的制约。根据《中华人民共和国立法法》①第9条第6项和第9项的规定，税种的设立、税率的确定和税收征收管理等税收基本制度以及财政、海关、金融和外贸的基本制度，只能制定法律，是全国人大及其常委会的立法权限。第9项虽然没有明确列举预算，但是由于预算是财政的核心，我国的"财政法体系主要由五个部门法构成，即首先是总体上的预算法，其次是侧重于调整财政收入管理关系的税法、国债法以及侧重于调整财政支出管理关系的政府采购法和转移支付法"②。因此可以推定关于预算的基本制度是法律保留的内容，除全国人大及其常委会之外，其他拥有立法权的主体不能行使关于预算基本制度的立法权。

其他国家和地区的预算立法权也体现出了由不同性质、不同层级的享有立法权的国家机关共同行使的特征。如联邦德国的预算法律渊源就包含了《联邦德国基本法》、各州宪法、联邦与各州的法律、联邦与各州的行政法规和行政规定以及地方条例等构成。

（二）预算编制权

预算编制是指各级政府、各预算部门、各预算单位制定筹集和分配预算资金年度计划的预算活动，是整个预算工作程序的开始。③预算编制权表面上是编制预算的权力，本质上是财政收支计划的提出权和财政资源配置的申请权。根据公共预算理论的研究，预算有五个基本要素，即资源生产（generating resources）、资源申请（claiming resources）、资源配置（allocating resources）、资源保护（conserving resources）和资源使用。④其中资源生产指向财政收入，资源申请指的是提出需求，资源配置顾名思义是资源的分配，资源保护则是对"各个支出机构的预算要求进行评估和筛选，同

---

① 本法于2000年3月通过，2015年3月修改。

② 张守文：《财税法学》，中国人民大学出版社2016年版，第22页。

③ 参见张小军主编：《财政学原理及应用》，华南理工大学出版社2016年版，第203页。

④ 参见马骏、赵早早：《公共预算：比较研究》，中央编译出版社2011年版，第34页。

意某些预算要求而拒绝另一些预算要求，支持那些有生产效率的资源申请而抵制那些没有效率的资源申请"①。最后则是资源使用。预算编制虽然是预算程序的开始，但事实上则关系到预算的前四个基本要素，既是对财政收入的计划安排，也是对资源申请、配置和保护的计划安排。实践中，预算编制是否科学规范，是否严谨透明，对于整个预算制度能否合理化运行，预算权力能否优化配置都起着决定性的作用。

实践中，预算编制权通常由行政机关行使。这也是目前通行的行政预算体制的基本特点。"在现代公共预算中，由于议会是人民的代议机构，因此，无论是总统制国家还是议会内阁制国家，都强调议会在预算中拥有最终的审查和批准权力。然而，一个关键问题是，谁可以向议会提出政府预算？""目前通行的做法是一种集中型的预算形成机制。在各个国家，政府各个部门的预算在提交议会审查之前都要由政府首脑在核心预算机构的协助下进行审查，然后汇总成一个整体的政府预算由政府首脑或者以政府首脑的名义提交议会审查、批准。在议会通过预算后，政府首脑负责执行预算。这即是所谓的行政预算体制。"②根据我国《预算法》的规定，国务院编制中央预算、决算草案；组织中央和地方预算的执行；决定中央预算预备费的动用；编制中央预算调整方案；监督中央各部门和地方政府的预算执行；地方各级政府编制本级预算、决算草案；组织本级总预算的执行；决定本级预算预备费的动用；编制本级预算的调整方案；监督本级各部门和下级政府的预算执行；各级政府财政部门具体执行上述职权。可见，我国也奉行行政预算体制。预算编制权由各级行政机关行使。

根据《预算法》和《预算法实施条例》的规定，政府预算编制经过如下程序：国务院下达关于编制下一年度政府预算草案指示，财政部根据国务院指示部署编制政府预算草案的具体事项；中央各部门根据国务院的指示和财政部的部署，结合本部门的具体情况，提出编制本部门预算草案的要求，具

---

① 马骏、赵早早：《公共预算：比较研究》，中央编译出版社2011年版，第32-33页。
② 马骏、赵早早：《公共预算：比较研究》，中央编译出版社2011年版，第125页。

体布置所属各单位编制预算草案；省、自治区、直辖市结合本地区的具体情况，提出本行政区域编制预算草案的要求；县级以上地方各级政府财政部门审核本级各部门的预算草案，编制本级政府预算草案，汇编本级总预算草案，按照规定期限报上一级政府；财政部汇总中央各部门和地方预算草案，汇编中央和地方预算草案。部门预算和单位预算在具体编制过程中，一般采取自上而下和自下而上，上下结合，"二上二下"，逐级汇总的程序。①

在我国尽管有学者提出："将当下的行政预算体制变革为人大预算体制，亦即所有关涉公共财政收支的部分都应由人大提出并真正决定。"②但是，目前的预算制度实践显然还无法接受。

（三）预算审批权

预算审批权是对预算编制草案的审查和批准的权力。预算审批权通常由立法机关行使。"国家的收入及支出，每年以预算的形式向国会提出，并由国会审议决定，这是近代国家通行的重大原则。"③行政机关行使预算编制权，立法机关行使预算审批权是现代财政民主制度机制的核心内容。"所谓财政民主，就是政府供给公共物品的民主决策机制。由于财政与经济和政治关系的特殊性，因此，财政民主既是经济民主的体现，亦是政治民主的体现。"④财政民主事实上是一国民主政治制度的一部分。

预算编制权本质上是财政收支计划的提出权和财政资源配置的申请权，预算审批权则是财政资源配置的决定权。在预算的五个基本要素中，预算审批权重点作用于资源分配和资源保护，既是一种独立的预算权力，又是对预算编制权的重要制约性权力。预算审批权由立法机关行使可以保证预算的民意基础，从而更好实现现代民主政治制度的核心价值。预算编制权与预算审批权在行政与立法机关之间的配置，反映了现代民主政治制度的结构。

---

① 参见陈庆海主编：《政府预算与管理》，厦门大学出版社2014年版，第94-95页。

② 秦前红：《走出书斋看法》，生活·读书·新知三联书店2015年版，第64页。

③ ［日］芦部信喜：《宪法》，林来梵、凌维慈、龙绚丽译，北京大学出版社2006年版，第315页。

④ 边曦：《中国：渐进改革中的财政民主制度建设》，《财政研究》2002年第3期，第46页。

我国《宪法》第62条第11项、第67条第5项、第89条第5项、第99条第2款，分别规定了全国人大及其常委会以及地方各级人大的预算审批权以及国务院的预算编制权和执行权。这样的规定完全符合人民代表大会制度框架下的国家权力关系。《预算法》第五章"预算审查和批准"详细规定了各级预算审查和批准的法定程序和执行程序的时间规定、内容标准、审查重点、执行规范，以及预算批准后的批复、上报、汇总、备案、审核等相关后续法定程序与要求，将宪法确立的基本权力关系进一步具体化。

为更有效地行使预算审批权，我国各级人大分别设立了财政经济委员会。1982年《宪法》制定以前，全国人大在开会时就设立预算委员会，但并不是常设机构。自1982年《宪法》起，全国人大开始设立专门委员会作为人大及其常委会的常设工作机构，其中包括财政经济委员会。财政经济委员会的主要职能是审查国家计划、预算及其执行情况的报告，提出审查意见；审议和处理全国人大及其常委会交付审议的有关财经方面的议案；起草并提出经济法律议案，组织或联系国务院有关经济立法起草部门，督促法律起草工作；就重大财政经济问题调查研究，检查经济法律的执行情况，向全国人大或常委会提出建议。财政经济委员会在预算监督工作中发挥了重要作用，不仅是预算草案的初审主体，而且还通过调研、调查、执法检查等手段，与政府财政部保持着紧密联系，随时发挥监督的功能。1986年12月第六届全国人大常委会第十八次会议通过的关于修改地方组织法的决定，明确规定省、自治区、直辖市、自治州、设区的市的人民代表大会根据需要，可以设立若干专门委员会。地方人大开始陆续仿照全国人大的做法设立专门委员会，其中包括财政经济委员会。

议会设立专门委员会协助议会行使预算审批权也是各国通行的做法。大部分国家议会都设有预算委员会，美国、英国、日本、澳大利亚等参议院、众议院都分别设有预算委员会，美国和英国议会中还设有拨款委员会，由其负责拨款的审查。[①]

---

① 参见王加林：《发达国家预算管理与我国预算管理改革的实践》，中国财政经济出版社2006年版，第42页。

立法机关在行使预算审批权时能否以及在多大程度上行使对预算的修正权，可以较为明显地反映出立法与行政在预算上的权力角逐，从而反映出预算制度在权力结构上的不同倾向。议会对财政预算的修正权基本上可以概括为三种模式：不受限制的权力，是指议会无须经政府同意即可直接修改预算，以美国、挪威、菲律宾等国最为典型；受限制的权力，是指议会修改预算的权力限制在规定的框架之内，通常只能在增加支出或减少收入的最大幅度内进行调整，英国、法国、德国等采取这种模式；平衡预算的权力，是指为了保持预算平衡，议会有权提出实现预算平衡的措施，包括增加和减少收支，但议会不审议具体的收支计划，芬兰属于这种模式。①

我国《宪法》《预算法》以及《各级人大常委会监督法》虽然规定了人大在预算方面的审批权，但是并没有规定撤销权和修正权，显示了人大在预算审查和监督方面的权力还有待加强。如我国《预算法》第48条规定全国人大和地方各级人大对预算草案及其报告、预算执行情况的报告重点审查8项内容，包括：（一）上一年预算执行情况是否符合本级人民代表大会预算决议的要求；（二）预算安排是否符合预算法的规定；（三）预算安排是否贯彻国民经济和社会发展的方针政策，收支政策是否切实可行；（四）重点支出和重大投资项目的预算安排是否适当；（五）预算的编制是否完整，是否符合预算法第四十六条的规定；（六）对下级政府的转移性支出预算是否规范、适当；（七）预算安排举借的债务是否合法、合理，是否有偿还计划和稳定的偿还资金来源；（八）与预算有关重要事项的说明是否清晰。《预算法》第49条规定全国人民代表大会财政经济委员会以及地方人大的有关专门委员会，要对总预算草案及上一年总预算执行情况进行初审，并提出审查结果报告。其中，审查结果报告应当包括下列内容：（一）对上一年预算执行和落实本级人民代表大会预算决议的情况作出评价；（二）对本年度预算草案是否符合预算法的规定，是否可行作出评价；（三）对本级人民代表大会批准

_____

① 参见王加林：《发达国家预算管理与我国预算管理改革的实践》，中国财政经济出版社2006年版，第46页。

预算草案和预算报告提出建议；（四）对执行年度预算、改进预算管理、提高预算绩效、加强预算监督等提出意见和建议。从《预算法》的规定可以发现，各级人大仅能就政府编制的预算草案在整体上提出审查意见，而不能就预算内容主动进行修正。

（四）预算执行权

预算编制审批通过后，紧接着就是预算的执行。所谓预算执行，就是将预算计划付诸实施的过程。根据我国《预算法》的规定，各级预算由本级政府执行，具体工作由本级政府财政部门负责。预算执行包括收入执行、支出和预算调整三个主要环节。收入执行由财政部门统一负责，是执行中的首要任务，是按照各项预算收入的性质和征收方式由相关部门负责征收和管理，具有就地缴库、集中缴库和自收汇缴三种缴库方式。支出是在财政部门主导下由各支出部门具体负责执行，是为实现政府的各项职能提供相应的财力保证。政府预算支出的拨款方式有划拨资金和限额拨款两种。预算调整指由各级政府在执行过程中通过改变预算收入来源、支出用途以及收支规模等方法组织新的预算平衡，以适应经济形势变化需要。根据相关法律、法规，各级政府的预算调整均须取得本级人民代表大会的批准。

预算执行权是将立法机关批准的预算付诸实施的权力，从权力性质上看主要是一种行政权。行政机关在行使预算执行权时必须在立法审批的权限内完成对预算的执行，不得随意改变资金的用途和方向，也不得随意增减某专项的支出定额。需要对已经审批通过的预算进行修改的，则需要经过立法机关的同意。这是各国通行的做法，也是财政民主的基本要求。

预算执行机关在预算年度终了后要编制决算。决算特指经法定程序批准的预算执行结果的总结，是国家年度预算收支情况的最终结果和国家经济活动在财政上的集中反映。编制决算是预算执行权力行使的内容之一。

（五）预算监督权

"监督"是一个用途极为广泛的概念，就其汉语本义而言主要指的是从旁察看、监视、检查并督促，防止出错并纠正错误。监督行为可能存在于各种具有权—责意义的社会关系中，如师生关系、母子关系、职务关系等。但宪法学对于监督、监督权以及监督制度的研究，则主要指向的是对国家公权力运行关系的研究。近现代代议民主制度和分权制度的发展，已使得国家权力在各国家机构间实现了适当的分离，但"监督"则又使这些权力彼此纠结、互相渗透，从而使纯粹的"分权"从来不曾真正存在过。预算制度运行过程中各国纷纷设计了监督机制，"预算监督主要是对预算的编制、执行以及决算等活动的真实性、合法性、有效性实施监察和督促"[①]。监督权也是预算权力的一种类型。我国《预算法》第九章专门就监督做了系统规定；《各级人大常委会监督法》第三章就人大常委会的预算监督权力行使做了规定。从世界范围内看，预算监督权是在不同国家机构间配置的。

第一，立法机关的预算监督权。监督权是近现代民主国家代议机构的重要职权之一。作为代议制度三大功能的民众控制（Popular control）、领导（Leadership）、系统维持（System maintenance），[②]都无一例外与监督权的行使相关。各国议会的研究性著作也无不将监督作为研究内容之一。如英国学者就将议会的职权主要分为四种，即立法（legislation）、对行政机关的监督（the scrutiny of the activities of the executive）、财政控制（the control of finance）、民怨救济（the redress of grievances）。[③] 2002年华夏出版社出版的"国外议会丛书"对各国议会职权的介绍中就包括了监督权。如《德国议会》一书中就认为"监督权是各国议会的一项传统权力，是议会代表主权者的人民对政府行为进行经常性控制的一个有效手段"。德国联邦议院当然也行使监督权。[④]《韩国议会》《法国议会》《俄罗斯议会》等书也分别介绍了各自议会的监督权。在一般意义上，我国人大及其常委会的职权就被概括为立法

---

① 任喜荣：《地方人大监督权论》，中国人民大学出版社2013年版，第230页。

② 参见应奇编：《代表理论与代议民主》，吉林出版集团有限责任公司2008年版，第115-133页。

③ See A. W. Bradley, A. D. Ewing: Constitutional and Administrative Law, Addison Wesley Longman Limited 1997, p198.

④ 参见甘超英编著：《德国议会》，华夏出版社2002年版，第225页。

权、决定权、任免权和监督权四项。①就监督权行使的方式而言，尽管各国的规定不尽相同，但仍然具有很大的共同性，如质询、调查、信任表决、弹劾以及近期发展起来的监察专员（Ombudsman）等，是西方国家议会的主要监督方式。②询问与质询、执法检查、特定问题调查、审查和批准财政预决算、规范性文件的备案审查等则是我国人大及其常委会主要监督方式。二者尽管有很大区别，但仍有一些监督方式是重合的。

对预算的监督是各国议会行使监督权的主要内容，但预算监督权的边界有所不同。如英、美、加拿大、澳大利亚、新西兰等国家的审计机关隶属于议会，大大提高了议会的预算监督能力。"在美国，审计总署有权审计联邦财政预算执行结果，有权审查联邦各部门和公共机构的内部财务、收入和支出状况及其合法性、合理性、经济效果。总审计长根据议会的需要，还可以组织对某些部门、特殊项目进行特别审议、检查、质疑。审计总署的审计师们也常常作为证人出席议会的监督听证会。"③在预算审计主要由行政机关或者独立的审计机构行使的情况下，议会的预算监督权能就会弱化。如德国拥有独立的审计法院，因此其议会的预算监督权主要通过对预算的审批和调整行使监督权。

第二，行政机关的预算监督权。行政机关作为预算的执行机关通过设置内部的监督机制实现对预算权力的自我约束。除通过预算编制和审批的内部流程加强对预算的监督外，有些国家的审计机关就设在行政机关内部，从而加强了行政机关的预算监督能力，特别是在立法机关与行政机关在预算监督权力的配置上，明显向行政机关倾斜。如瑞典、部分东欧国家以及我国都属于这种类型。"在瑞典，政府设计了国家审计办公室，下设年度审计司和效益审计司，分别负责审计政府机构、公共部门及中央对地方的补贴性转移支

①　参见蔡定剑：《中国人民代表大会制度》（第四版），法律出版社2003年版，第259页。

②　参见尤光付：《中外监督制度比较》，商务印书馆2003年版，第89-105页。

③　参见王加林：《发达国家预算管理与我国预算管理改革的实践》，中国财政经济出版社2006年版，第53页。

付，国有企业或国家参股企业的年度财务报告以及财政资金的运营效果。"①

　　第三，司法机关的预算监督权。司法机关行使预算监督权是较少出现的情况。但是，一些国家通过设计独立的审计法院而将预算监督权纳入司法机关，通过审计法院的判决行使预算监督权，提供监督的权威性。法国、意大利是典型的司法机关行使审计监督权的国家。"在法国，审计法院是最高的财政监督机构。它既不隶属于政府，又不隶属于议会，属于司法范畴。其主要职责是审计检查国家机关、公共机构和国有企业的账目和管理，审计法院每年都要对财政部提交的国家预算执行结果的总账目进行审核，并发布账目核准通告。然后将通告连同对预算年度执行结果的评价和对预算执行管理的意见一起送交议会。"②

　　第四，独立设置的预算监督机构及其权力。有些国家设计了独立的预算监督机构，独立于立法机关、行政机关、司法机关，单独行使预算监督权，只对法律负责。德国审计院的设计最为典型。德国设计了联邦审计院和各州审计院。联邦审计院和各州审计院彼此独立，但对于联邦和各州共同承担的支出，则共同行使审计监督权。审计报告每年直接向议会提交，从而保证联邦议院有能力对政府进行监督。根据《基本法》第114条第2款③和各州宪法规定，联邦审计院和各州审计院审查全部预算执行和经济执行的经济性与规范性。行政部门的大多数决定是裁量性的，在预估和使用预算资金时要通盘考虑各种可能性而找出最为经济的解决方案。如果审计表明，遵守一项法律

---

① 王加林：《发达国家预算管理与我国预算管理改革的实践》，中国财政经济出版社2006年版，第55页。

② 王加林：《发达国家预算管理与我国预算管理改革的实践》，中国财政经济出版社2006年版，第54页。

③ "Der Bundesrechnungshof, dessen Mitglieder richterliche Unabhängigkeit besitzen, prüft die Rechnung sowie die Wirtschaftlichkeit und Ordnungsmäßigkeit der Haushalts- und Wirtschaftsführung. Er hat außer der Bundesregierung unmittelbar dem Bundestage und dem Bundesrate jährlich zu berichten. Im übrigen werden die Befugnisse des Bundesrechnungshofes durch Bundesgesetz geregelt（联邦审计院，其成员享有法官的独立地位，负责审查结算以及预算执行和经济执行的经济性与规范性。除联邦政府外，联邦审计院每年直接向联邦议院和联邦参议院提交工作报告。联邦审计院的其他职权由联邦法律予以规定）。"

或行政法规的规定会导致不经济的情势，审计院可以建议修改该项规定。联邦审计院的成员拥有与法官相同的独立性。

第二节　预算权力配置原则

现代预算在发展过程中形成了一系列经典原则，如全面性原则、一致性原则、年度性原则、严格性原则、预算平衡原则、审计原则、公开透明原则等。①各国则根据自己的实际情况在原则问题上有所侧重，如根据联邦德国《基本法》和《预算原则法》的规定，联邦德国的预算原则可以分为实体原则和程序原则。其中实体原则包括：必要性原则、经济与节俭原则、总体覆盖原则、预算平衡原则、总体经济平衡原则以及禁止搭载原则；程序原则包括：事先原则、年度原则以及公开原则。②需要指出的是，预算原则与预算权力配置原则是不同的问题。预算权力配置原则顾名思义是指对于预算权力进行结构安排时所奉行的原则，预算权力在配置过程中应该有利于预算原则的实现，但是权力配置是在现代民主制度的框架下进行的，因此预算权力配置的原则有自己相对独立的内容构成。本书认为预算权力的配置原则应围绕民主原则、法治原则和监督原则展开。

一、预算民主原则

预算权力配置的民主原则是指预算权力的宏观配置应符合一国民主政治制度的基本结构，预算权力的具体行使应有利于民主决策、民主参与和预算公开。

其一，宏观权力配置的民主性。预算权力的宏观配置应符合一国民主政

① 参见马骏、赵早早：《公共预算：比较研究》，中央编译出版社2011年版，第15页。
② 参见［德］罗伯特·黑勒：《德国公共预算管理》，赵阳译，中国政法大学出版社2013年版，第42页。

治制度的权力配置结构。从前文对预算权力构成的分析可见，由于预算是一国财政制度的核心，因此预算活动几乎贯穿于国家权力运行的全过程和各领域。预算权力不是专属于某一层级、某一国家机构的权力，而是需要在立法、行政、司法以及中央与地方之间进行合理配置的国家公权力。自近代预算制度产生以来，预算权力如何在不同国家机构间分配，从来都是检验和评价一个国家民主制度发展程度和发展特色的实践标准。"预算是配置资源的公共权力在不同主体之间的分配，是一个制衡结构，本身就是一个民主政治程序。"①民主政治催生了预算民主原则，预算权力的配置关系已经成为现代民主制度框架下国家权力关系的一部分。

其二，预算的民主决策。不同类型和层级的预算权力的内部配置应符合民主决策机制的基本要求。民主决策机制是采用民主的方法、通过民主的程序做出特定决策的权力运作过程。除了预算权力的宏观配置应该符合民主原则外，不同类型的预算权力在具体运作中同样应该贯彻民主原则，以保障预算目标的实现。具体表现为在预算规则的制定，预算编制、审批、执行，以及监督中，都应该建构科学的民主决策机制。

其三，预算的民主参与。预算权力的运行应有利于公民的民主参与。"参与"是协商民主理论的内核。参与民主理论认为公共权力的合法性并不是来自于普遍选举、多数决，而是来自于具有互惠性、公共性和问责性的协商。②参与民主理论的主要目的是"力图在当代背景下进一步扩大政治参与方式和范围。在参与民主论者看来，参与不仅包括公民对国家政治生活的参与，还包括经济领域的参与（例如工人在工厂决策活动的参与）、社会领域的参与（例如成员对团体活动的参与、居民对社区管理的参与）、政党组织内部的参与等形式。③美国学者布坎南在《民主财政论》中描述："在一个民

---

① 焦建国：《民主财政论：财政制度变迁分析》，《社会科学辑刊》2002年第3期，第77页。

② 参见［美］阿米·古特曼、丹尼斯·汤普森：《民主与分歧》，杨立峰等译，东方出版社2007年版，第60页。

③ 参见［美］卡洛尔·佩特曼：《参与和民主理论》，陈尧译，上海世纪出版社2006年版，推荐序言第13页。

主化的社会里，即使在这一高度模棱两可术语的最广义的意义上，也必须假定这个人参与了公共决策的形成。"①公众有效参与是现代民主的基础前提，预算制度亦然。提高预算过程中的民主参与水平，我国一些地方已有一些实践，如2006年上海闵行区与财政部财政科学研究所、中国政法大学宪政研究所和美国耶鲁大学中国法律中心合作，启动预算审查监督制度改革，在决策过程中引入了调查评估和听证会制度。②

第四，预算的全面公开。预算公开是预算民主的必然要求。"政府预算公平的关键在于一个政府预算的透明度问题。"③实现公开才能谈及公平正义。"预算公开是指年度财政收支计划的编制、审批、执行的全过程都应当以适当方式向公众公开。"④公开亦有其例外。"在涉及保密需要情形，例如基于国家安全考虑，或基于给予政府机关小额或裁量使用之意思……甚至应以保密计划进行预算之管理。"⑤预算公开得以实现最重要的是应以法律的形式予以保障，这在多国宪法中和部门法得以体现，如《法国宪法》第33条规定："议会两院的会议公开举行，全部议事档案，记录在《政府公报》上发表。"⑥日本《财政法》第46条规定："在预算成立后，内阁必须及时将预算、上半年度财政收支决算、公债、借款、国有财产余额及其他相关财政事项，以印刷品、演讲或其他适当形式通报国民。"预算公开是限制国家权力，落实民主原则的重要手段。现代国家的公民享有知情权，预算公开是对公民的知情权在预算法上的保障。预算公开也是保证民主参与和民主监督的必要前提。通过预算公开，公民得以了解国家财政的收入与支出，进而通过代议机

---

① ［美］詹姆斯·M.布坎南：《民主财政论》，穆怀朋译，商务印书馆1993年版，第12页。

② 参见闫海：《公共预算过程、机构与权力：一个法政治学研究范式》，法律出版社2012年版，第74页。

③ 尹守香、王俊燕：《我国政府预算中公平与效率问题探析》，《山东工商学院学报》2013年第5期，第72页。

④ 胡锦光、张献勇：《预算公开的价值与进路》，《南开大学学报（哲学社会科学版）》2011年第2期，第72页。

⑤ 陈清秀：《预算法之基本原理之探讨》，《交大法学》2012年第1期，第53页。

⑥ 参见孙谦、韩大元主编：《世界各国宪法》，中国检察出版社2012年版。

构以及其他民主机制实现参政议政，充分表达自己的意愿。监督亦然，将预算暴露在阳光之下，充分接受监督机关和民众的监督，完善对预算的监督。

二、预算法治原则

预算权力的配置应贯彻法治原则。"在现代国家，法治是国家治理的基本方式，是国家治理现代化的重要标志，国家治理法治化是国家治理现代化的必由之路。"[①]法治是现代政治文明发展的结晶，与法治对立的是人治，如果人治意味着专制、集权、善变、奴性，法治则意味着民主、秩序、稳定和尊严。对法治的研究浩如烟海，几乎无法做出一个统一、公认的界定。其核心内涵可以表述为："国内的所有人以及机构，无论是公共机构还是私立机构，都应接受法律的约束，并且享有法律的利益，而法律则是公开制定的、在公布之后生效的（一般而言），并且在法院公开执行的。"[②]通过预算法治，保障国家资源的合理优化配置，减少资源配置过程中的权力冲突，明确各行为主体的责任，控制国家权力的滥用。

预算权力配置的法治原则至少包含如下四方面内容：

其一，预算权力内容法定。不同类型的预算权力，其权力边界应该由宪法和法律加以明确规定。权力界限法定可以有效防止权力滥用，明确预算权力在不同国家机关间的配置，从而实现预算效率，有效划定国家机构责任。为实现预算权力内容的法定，各国制定了内容不同、完整程度不同的预算法律体系。现代国家除了在宪法中对预算权力有原则性规定外，还有处于不同位阶的、专门的预算法律对预算加以调整。

其二，权力行使程序法定。预算权力运行需要一套正当程序加以规制，程序正义是现代法治追求的核心价值之一。预算程序可以规范权力的合理运行，也可以有效实现对权力的监督。可以说，只有确保预算程序正当，才能实现预算行为的正义。预算程序法定是现代国家预算法治的基本内容，由法

---

① 张文显：《法治与国家治理现代化》，《中国法学》2014年第4期，第5页。

② ［英］汤姆·宾汉姆：《法治》，毛国权译，中国政法大学出版社2012年版，第12页。

律明确规定预算诸环节，严格按照预算"编制—审批—执行"的顺序建构一国整体的预算制度。在预算的具体环节中，同样要求贯彻程序法定原则。

其三，预算责任法定。预算责任法定是法治原则的基本要求，预算行为过程，在宏观上受宪法调整，在中观和微观上受具体预算法律规范调整。"一个人在法律上要对一定行为负责，或者他为此承担法律责任，意思就是，做相反行为时，他应受制裁。"[1]权力与责任是相对应的，在现代法治环境下，权责明确的问责机制是必然的制度建构，法定的可归责性是民主和法治的集中体现。一方面，预算行为属于国家权力行为，行使预算权的主体需要对其行为负责，接受监督，有效的监督必然关乎可归责性；另一方面，责任法定是法治完善的重要保障，法律主体需要对行为后果做出前提性的判断，根据明确的法律依据和相关的行为主体及责任构成，才能形成一个完备的责任法定的制度框架。

第四，预算效力法定。经过立法机关审议通过的预算具有何种效力，各国的规定不尽相同。但是，在立法中明确预算的法律效力则是由法治原则引申出来的制度内容。有些国家在立法与实践中明确规定了预算的法律地位，如在日本，"预算是与法律并立的国法形式之一"[2]，在德国，"任何一部法律均须由联邦或州议会按照宪法规定的程序通过；与此相应，修改法律也必须遵守立法程序。因此，公共预算管理对于行政机关而言意味着提出法律草案，对于议会而言则意味着审议和通过法律草案"[3]。预算具有法律性质，因此具有法律效力。有些国家则没有明确规定预算的法律地位，如我国《预算法》第13条规定："经人民代表大会批准的预算，非经法定程序不得调整。各级政府、各部门、各单位的支出必须以经批准的预算为依据，未列入预算的不得支出。"尽管未对预算是否与立法具有同等效力进行规定，实践中行

---

① ［美］凯尔森：《法与国家的一般理论》，沈宗灵译，中国大百科全书出版社1996年版，第73页。

② ［日］三浦隆：《实践宪法学》，李力、白云海译，中国人民公安大学出版社2002年版，第271页。

③ ［德］罗伯特·黑勒：《德国公共预算管理》，赵阳译，中国政法大学出版社2013年版，第5页。

政机关对预算的调整也经常发生，但是对预算效力的严肃性给予了明确的重视。"预算法案的执行应当具有一定的灵活性，以应对在财政年度中的突发状况，减少预测偏差给国家经济活动带来的损失，这就是预算执行中的调整制度。"[①]对预算效力的不同规定影响着预算调整的难易程度，也反映出预算批准机关与预算执行机关的权力配置关系，但是预算效力法定则是现代预算法治的基本要求。

三、预算监督原则

预算监督原则是蕴含于预算民主原则和预算法治原则中的权力配置原则。预算监督原则强调预算权力的内部监督以及预算权力之间的外部监督和相互制约。预算监督原则与预算民主原则的理论重心不同，预算民主原则强调权力配置的民主多数同意和民主参与，预算监督原则强调权力的自我控制、相互控制和外部控制。从权力控制的角度看，监督是民主的内容也是民主的结果。现代国家的预算监督均需依法进行，因此预算监督也需要符合法治原则的要求。

预算监督原则体现在如下几个方面：

其一，权力的内部控制。预算是对财政资源的配置，在资源总是处于紧缺状态的背景下，为实现财政总额控制、资源配置效率、运作效率三大公共预算目标，[②]不同类型的预算权力都设置了内部运行控制机制，在各自权限范围内对权力运行施加限制。如预算编制与执行通常由行政机关行使，但是编制机关与执行机关往往是不同的机构，从而在行政机构内部构成内在制约关系；在行政机构的上下级之间又以领导或指导关系形成内在制约；不仅如此，许多国家的审计机关隶属于行政机关，成为行政系统内部专门的预算监督机构。如在我国，各级地方政府监督下级政府的预算执行，下级政府向上一级政府报告预算执行情况；地方各级财政部门监督各部门的预算编制、执

---

① 傅宏宇、张明媚：《预算法律问题国别研究》，中国法制出版社2017年版，第11页。

② 马骏、赵早早：《公共预算：比较研究》，中央编译出版社2011年版，第23页。

行、决算以及下级财政部门上报的预算编制、执行、决算情况。在英国，财政部实行会计长负责制，财政部向部门委派会计长，会计长的职责是提高该部门的财务管理水平，从经济和效益的角度出发，向部门长官提出建议。"如果部门长官的决策侵害了部门支出的经济效益或有违规之处，会计长有权提出异议，并以书面形式向财政部和总审计长汇报。"①行政机关内部有严格的预算监督机制。立法机关在预算的审批和监督过程中，也通过预算案的审议、质询、批准等工作机制，以及专门委员会的运行，形成内部的权力控制机制。如在美国，参众两院各有一套审核联邦预算编制的机构，包括两院的拨款委员会、筹款委员会、预算委员会，以及国会预算办公室等，②形成了卓有成效的内部控权机制。

其二，权力的外部监督。不同类型的预算权力之间往往构成对彼此的外部监督和控制，如预算立法权、预算行政权与预算司法权之间构成对彼此的外部控制。公民和媒体的监督构成对所有国家公权力机关的外部监督。外部监督是现代民主制度的基本制度内容。以立法机关与行政机关在预算权力的配置上来看，立法机关是行政机关主要的外部监督权力主体。行政机关编制预算，立法机关审议和批准预算，行政机关执行预算，立法机关对预算执行进行绩效评估，并对政府进行免责或责任追究。在美国，政府的预算草案如果不能得到议会的通过，可能导致政府非核心部门的关门；在英国，审计署隶属于议会下议院。审计署在预算监督中承担以下两方面的工作：一是在下议院每年度的财政监督工作启动之前，审计署先行对政府各单位实施审计，并由总审计长向公共账目委员会提交审计报告。二是在下议院每年度的财政监督工作结束后，审计署再检查政府各部门的整改情况，并将结果报告议会。③外部监督是实现财政民主的基本制度结构。

其三，预算的管理效率。预算监督权力的配置应该符合预算管理效率的

---

① 傅宏宇、张明媚：《预算法律问题国别研究》，中国法制出版社2017年版，第37页。
② 参见傅宏宇、张明媚：《预算法律问题国别研究》，中国法制出版社2017年版，第66页。
③ 参见傅宏宇、张明媚：《预算法律问题国别研究》，中国法制出版社2017年版，第35页。

实现。僵化的、叠床架屋式的监督不符合预算管理的效率原则。"在预算执行中，基本的控制机制是必要的。否则，就会出现贪污、挪用与浪费。不过，在控制的同时，必须确保各个部门拥有一定的灵活性，否则就会失去效率。同时，也必须考虑将节约与创新的激励植入对各种财政交易的管理中。在某些情况下，过分的控制可能会产生负激励。"[1]在各国的预算管理实践中，管理效率显然是重要的制度设计理念，以政府财政部门为核心预算部门的行政预算管理模式成为各国预算制度模式的主流。控制行政权力滥用是预算监督的重要制度目标，但是，行政权力具有高度的灵活性也是制度容忍的内容。在我国，根据《预算法》的规定，"预算年度自公历一月一日起，至十二月三十一日止"。但是，全国人大每年3月初召开已成为宪法惯例，因此对于预算草案的审查晚于预算年度的开始也已成为预算制度的客观实践，人大的预算监督权以最大的宽容度包容预算的管理效率需要。在美国，曾经采取过议会支配型预算模式，"从表面上看，议会支配型预算模式似乎是一种最能够确保公共预算实现财政问责的预算制度"，但是，从实际情况看，"这种分散和碎片化的预算过程也使得联邦政府的支出不断膨胀"，因此，1921年的预算体制改革建立了行政预算体制，"总统获得了对于政府各个支出机构的预算要求的审批权"。[2]

---

① 马骏、赵早早：《公共预算：比较研究》，中央编译出版社2011年版，第26页。
② 马骏、赵早早：《公共预算：比较研究》，中央编译出版社2011年版，第167页。

第二章　预算权力配置的法律框架

　　近代以来各民主国家在实现财政民主的发展进程中，为实现对预算权力的有效配置，逐步建构了包括宪法和预算基本法在内的各具特色的法律体系，在权力配置的原则以及预算权力的具体分配上，形成了丰富多彩的制度形态。在预算权力的具体配置上既有共通性，又因为国家制度的差异而表现出明显的不同。

　　日本是中国的邻国，二战结束后经济迅速腾飞，曾长期是亚洲第一大、世界第二大经济体，近年来被中国超越，但仍然是世界第三大经济体。中国法治近代化过程中对日本的法治进行了多领域的借鉴和移植。当代日本的预算立法、预算权力配置和预算管理，仍有许多值得我们关注的制度内容；德意志联邦共和国是欧洲第一大经济体，在两德统一后其民主政治制度和联邦体制得以延续。由于中国现代法治建设过程中受到以德国为代表的大陆法系国家的重大影响，德国的法治理论包括公法理论对中国的法学理论正在发挥不可低估的影响，德国的预算制度备受关注。

　　中国的预算制度长期滞后于社会的发展需要，2014年，我国开启了新一轮财税体制改革，要建立与国家治理体系和治理能力现代化相匹配的"现代财政制度"，预算制度改革是其中的关键。当代中国形成了较为完整的预算法律规范体系，也遵循人民大会制度的权力运行框架，形成了中国特色的预算权力配置实践。

第一节　日本预算权力配置的法律框架

一、日本预算制度发展史

（一）明治宪法下的预算制度

日本近代意义的预算制度产生于明治维新时代。[1]1869年，政府财务的中枢机关大藏省成立。1874年，大藏省事务总裁（现财务省事务次官）大隈重信公布了《明治六年岁入岁出估计会计表》，是日本最早的预算；1879年公布的《明治八年度决算》是最早的决算。1880年创设会计检查院，1882年颁布《会计法》，1884年确定了现在仍在执行的"4月1日至翌年3月31日"的会计年度。此时，作为以大藏省为中心的财务行政的预算决算制度基本建成，并在1890年颁布的明治宪法中予以确认。[2]

明治宪法体制下的预算制度，是以明治宪法（第六章会计）—会计法—会计规则等财政关系法体系为框架组成，它是仿效德意志（普鲁士）的制度设计实施的，其思想是以天皇权力为基础排斥议会控制政府。所以，明治宪法体制下的财政制度形式上是立宪的，实质上还是"王权财政"，是专制财政。议会只不过是绝对主义的天皇统治体制下的与立宪主义无缘的"装饰性"规定，天皇对议会不负任何责任。议会的财政控制权是受天皇及政府双重制约的有限权力。财政权实际上属于天皇，议会对于财政只有"赞同权"，实际上这种"赞同权"是想不要就可以不要的。在议会内部宪法虽然确定了众议院预算先议的原则，但根据宪法解释众议院修正的预算仅限于作为政府

---

[1]　明治维新狭义是指1866年讨幕派推翻德川幕府建立明治政权。广义是指日本从封建社会过渡到资本主义社会确立的全过程，时间是1853至1890年。明治宪法于1889年2月公布，1890年11月生效。

[2]　参见杨华编著：《日本政府预算制度》，经济科学出版社2016年版，第45页。

提案，审议权赋予给贵族院。众议院的预算先议权和议决权实际没有确立。这样，政府以及背后的天皇掌控财政权。所以，明治宪法体制下的财政民主主义是虚置的。[①]

（二）战后日本现行宪法下的预算制度

战后，明治宪法体制下的财政制度被废止。1947年实施新宪法，并在此基础上制定了《财政法》《会计法》《预算决算及会计令》等一系列财政法律法规，日本的财政制度也发生了深刻的变革，完成了从王权财政、专制财政向立宪财政、民主财政的转型。具体而言，战后日本财政制度的转型主要体现如下特征：

第一，确立财政议会主义原则，国会控制财政权。议会控制财政是财政民主主义的主要原则，也是议会权能中最本质的东西。战后日本新宪法规定，处理国家财政的权限，必须根据国会的决议行使。

第二，统一国家财政，废除军费会计制度，皇室收支置于政府财政之内，彻底铲除封建主义、军国主义财政生存的制度基础。战后改革，改变了战前国家财政、皇家财政、军费财政"三财分立"的状况。军费财政被废除，皇室财政统一到国家财政中来，并置于国会控制之下。

第三，"会计制度"提升为"财政制度"。明治宪法下，规范政府经济收支的制度是"会计制度"。理由是政府的经济收支是伴随行政行为而发生的，规范政府经济收支的法律不是财政法，而是会计法。战后，规范政府各种经济收支的制度由"会计制度"升格为"财政制度"，这不仅是称谓的变化，而是表明财政地位的变化，即由过去附属于行政的地位，升格为"国政的一部分"。

第四，确立"双重预算制度"。强化会计检查院的独立性和权限。会计检查院是宪法规定设置的机构，并受宪法保护。会计检查院作为独立的机关，既不属于国会也不属于内阁，拥有与内阁、最高法院相平行的地位。会

---

① 参见焦建国：《法律运营财政——日本的财政民主主义与立宪财政制度》，《财税法论丛》（第1卷），第445-446页。

计检查院与国会、最高法院一样，作为独立机构，在财政上享有"特殊待遇"，具有较高的预算自主权，即独立编制预算的权力。①

实际上，战后日本的现代预算管理制度也大体经历了两个发展阶段。第一个阶段是20世纪90年代中期之前，中央集权特征明显。中央通过税收立法权、"机构委任事务"等多项制度安排，对地方政府进行干预和控制，并通过地方交付税、国库支出金等转移支付形式，对地方财源进行分配。地方财政收入中地方税仅占三成，其余七成依赖于中央政府的转移支付。第二阶段是20世纪90年代之后，为抑制财政状况恶化、应对政府债务问题，日本先后推行了地方分权和"三位一体"改革，即缩减并逐步废除国库支出金、重新调整并削减地方转移支付、向地方转移财税源等三项制度改革同时推进，不断扩大地方财政自主能力，完善预算管理体制，寻求预算的动态平衡。②

（三）日本预算性质的理论争鸣

日本对预算的认识是独特的。日本明治宪法第64条第1项规定，预算和法律属于不同形式。现行《日本宪法》第86条也继承了这一理论学说。战后"麦克阿瑟草案"不承认与法律相区别的预算形式，欧洲各国通常对预算和法律也没有作形式上的区别。但日本学界一直对预算的法律性质存在争议，多数人认为预算是与法律不同的、特殊的法。③从战前到战后，日本关于预算的法律属性，形成了预算行政说、预算法规范说、预算法律说等三种学说的对立。

---

① 参见焦建国：《法律运营财政——日本的财政民主主义与立宪财政制度》，《财税法论丛》（第1卷），第446-449页。

② 参见张卫云：《日本预算管理体制经验借鉴与启示》，《福建金融》2018年第8期，第50页。

③ 参见焦建国：《法律运营财政——日本的财政民主主义与立宪财政制度》，《财税法论丛》（第1卷），第449页。

表2.1.1　日本预算性质的理论

预算性质的学说	预算的实质内容	国会决议的性质
预算行政说	预算会计表（财政计划）	对政府制定的财政计划的承认
预算法规范说	预算会计表（财政计划）	国会主导制定的财政计划
预算法律说	对国民作出的财政收入与支出的承诺	国会所制定的法律

　　1.战前形成的预算行政说。由于明治立宪政体中议会所处的孱弱地位，对于经议会决议通过的预算的性质，当时通说为预算行政说。该学说又分为训令说和承认说两派。训令说认为，预算是天皇对于行政机关的训令，训令是指上级机关对下级机关或长官对属官发出的职务命令，仅发生对内的约束力，而无对外的法律规范性。承认说认为，预算是议会对政府表示赞同的意思表示。因此，在战前，日本一直将预算视为行政行为的一种特殊形式。[1]

　　2.战后提出的预算法规范说和预算法律说。战后的《日本宪法》是盟军的宪法起草委员会主导制定的。当时的麦克阿瑟将军提出制定日本宪法应遵循的四项原则：（1）天皇制存续；（2）放弃战争与军备；（3）废止封建制度；（4）采英国式预算。《日本宪法》于1947年正式实施，并确立以国民主权、人权保障与和平主义宪法三原则。国会作为国家最高权力机关，在与其他国家机关的相互关系中处于优势地位，而预算审批又是国会的核心权能，这凸显了预算行政说的局限性。因此很多学者倡导预算法律说和预算法规范说（国法形式说）。预算法律说认为，预算是规范政府有关行为的法律规范，因此应被视为法律。该学说有助于提升预算的法律地位，但是回避了预算和法律的区别及二者不一致的问题。预算法规范说认为，预算作为国家的财政行为的准则，是根据议会的决议所确立的规范，预算是与法律并列的国法形式之一。该学说承认预算具备形式法的特征，但同时强调在审议程序、效力期限及规范对象上，预算与一般法律存在较大差别。

　　实际上，要界定清楚日本预算的法律属性，就必须结合当代日本预算的

---

① 参见闫海：《日本公共预算的宪政机理与制度规范》，《财政法论丛》第11卷，第23页。

实质内容和国会决议的性质展开分析。就预算的实质内容而言，日本从明治六年（1873年）到今天，一直将预算界定为"预算会计表"，换言之，预算属于财政计划。因此，无论是预算行政说，还是预算法规范说，均将预算的本质要素归结为"财政计划"。与此相反，英美则将宪法上的预算制度的本质界定为"对国民作出的财政收入与支出的承诺"，即法律。[①]由此可见，日本对预算性质的认识，自始至终与西方国家存在显著区别。[②]

那么，我们可以进一步观察日本的"预算"和"法律"的制定程序存在什么异同之处。根据《日本宪法》第83条的规定，国家财政的权限必须经国会决议行使之。具体而言，国家财政收入必须有法律依据（《日本宪法》第84条）。国家财政支出必须根据国会决议（《日本宪法》第85条）。由此可见，无论是收入还是支出，宪法均强调了国会决议的决定性作用。[③]这也是"预算"和"法律"的共同特征。但是，在"预算"和"法律"的决议程序上，二者却存在明显差异。例如，只有内阁才有预算的编制权和提交权，而每个国会议员都享有法律提案权。再如，预算必须先提交众议院，而法律草案则没有这种限制。又如，当国会两院作出不同的决议时，法律和预算成立的条件也不一样。对于法律，众议院两院决议不同时，众议院出席议员的三分之二以上的多数再次同意时该法律才能成立，而对于预算，当两院协议会不能达成一致意见时，众议院的议决就可以直接作为国会的议决，预算即可成立。

通过上述分析可以发现，由于日本特殊的议院内阁体制，预算的制定实

---

① ［日］夜久仁:《憲法と国家予算の理論》，第一法規株式会社2016年版，第141頁。
② 日本明治宪法深受普鲁士宪法的影响。明治宪法的起草者对当时很多国家都将预算视为法律而由议会予以统制的状况，无疑是具有充分认识和了解的。但明治宪法却不承认预算的法律地位，主要是基于两方面的理由：一是要避免普鲁士宪法所内涵的制度弊端。二是明治宪法自始就是建立在必须要限制议会预算审议权的基础之上的。到日本现行宪法时代，随着财政民主原则的确立，明治宪法上所规定的"法律费""既定费"等限制议会预算审议权的制度已经被全部废止。但是，预算区别于法律的理论学说仍然被继承下来。例如，日本现行宪法规定，预算的提出权专属于内阁，而国会的预算修正权受到的明显制约，也主要源于预算提出权作为内阁专属权的制度设计。虽然，在目前日本的宪法理论上，虽然也有学者主张将预算视为法律看待，但一直都不是主流学说。
③ ［日］桜井敬子:《予算制度の法的考察》，《会計検査研究》（2003.9），第23頁。

施必然是内阁和议会紧密合作的产物，日本公法学者樱井敬子认为，关于预算究竟属于行政权还是立法权的判断，单纯是三权分立理论之下的问题，并无太大实际意义。日本的预算与法律既相互区分，又紧密关联，但二者均是议会决议之下的维护国政运营的两大规范体系。当然，在日本现行宪法上，预算作为和法律并行但相区别的规范体系，二者之间如何协调？内阁和国会之间在财政权上如何分配？仍然是日本宪法理论持续讨论的问题。

（四）日本政府预算的构成

日本实行复式预算制度，中央预算分为一般会计预算、特别会计预算和政府关联机构预算。一般会计预算，也称一般账户预算，是指与政府基本职能密切相关的财政收支预算。它是以税收收入和国债收入为主要收入来源，对国家的国民经济、社会保障、科教文卫、国防等国家基本事务进行的支出安排。特别会计预算，也称特别账户预算，是指在国家基本事务之外，在经营特定事业或者运用特定资金时，为区别于一般账目，按照国家法令设置的支出预算。政府关联机构预算，是指与政府有关联关系的机构的财务预算。所谓政府关联机构，是指依据法律设立的，中央政府提供全部资本金的法人，主要从事事业性项目的经营或者融资业务。由于关联机构的经营全部由中央政府投资，为了保证政策执行的公正性，故其预算也必须接受国会审议。

政府提交国会的预算主要包括下列内容：(1) 预算总则，是总括性规定，也称为预算条文。除概括说明与财政收支预算有关的事项外，还需要说明国债发行额度、临时借款最高额度及其他与预算执行有关的事项。(2) 收入支出预算（甲号），是预算的主要内容。(3) 继续费（乙号），针对工程、制造（如军舰制造）等在5个年度以内才能完成的预算，在其开工年度确定支出总额和每年度的支出额，经国会审议批准后，在规定年度内不必再经国会批准便可支出的经费。(4) 结转明许费（丙号），对容易受天灾影响等在经费性质上就可预测在本会计年度内无法全部支出的经费，可以延期1年，结转至下一年度使用。(5) 国库债务负担行为（丁号），是政府因签订合同（通常是大型工程支出）而承担的为期2个年度以上的债务负担。这些负担需要事先报国会审议通过，通常只在年度预算中规定总的数额，不规定以后年度的具体支出数额（此点有别于继续费）。

（五）日本特殊的会计年度设计

国家对收入支出的管理与调整，需要区分一定的期间，即会计年度。日本《财政法》第11条规定："国家的会计年度自每年的4月1日起，次年的3月31日止。"

关于会计年度，宪法未作明文规定。但是，根据宪法的相关规定，日本国会的常会每年定期召开一次（《日本宪法》第52条）。国家的收支决算，每年均须由会计检查院审查，内阁必须于下一年度将决算和此项审查报告一并向国会提出（《日本宪法》第91条）。内阁必须定期，至少每年一次，将国家财政状况向国会及国民提出报告（《日本宪法》第91条）。由此可见，宪法虽未明文规定，但宪法宗旨确认了一年（12个月）作为会计年度的基本立场。当然，关于会计年度的起止日期，宪法则委托法律予以规定。

那么，日本的会计年度为何采用跨年制而没有采用历年制呢？实际上，日本的会计年度在历史上也经历了一个发展变迁的过程。日本目前的会计年度是"4月1日—3月31日"（以下简称4月—3月制），对于这一制度设计，在日本国内也有不同观点。有观点认为4月—3月制不符合日本寒冷地区工程建设适宜期的需要，应当改为历年制。但主流观点认为，会计年度与国家的经济和社会生活密切关联，需要全面慎重考量，对于个别地区和个别问题，完全可以灵活处理。日本不能改为历年制的主要原因如下：第一，对民间经济活动的考量。日本政府财政活动的季节（3月末）与民间经济活动的季节（12月末）保持适当的时间间隔是必要的，如果改为历年制将导致二者在时间上的重合。第二，预算编制上的问题。如果将会计年度的起始时间改为1月，那么预算编制时间就应集中在6月—8月，但这一期间正是各种建设项目和预算实施的关键时期，面临各种财政上的复杂问题，并且时值秋天台风灾害季节，此时次年度的灾后重建经费的统计是难以完成的。第三，预算审议问题。如果预算年度的始期是1月，那么国会的审议期间就要定在9月—

11月，但这一期间是日本国会常会召开期间，国会议事繁忙、对预算案难以充分审议。所以，会计年度始期定在元旦并不合适。第四，预算执行上的问题。由于日本各地的地理、气候以及工程建设的适宜期差别较大，所以对预算年度起始期的需求是不同的，因此，有人主张采用历年制，也有主张采用7月—6月制。但如果采用历年制，秋天台风期与会计年度末期相重合，作为灾害对策的"补正预算"的计算和筹集都将非常困难。另外，接近年度预算执行终期，也难以保障本年度的灾害对策预备费充分合理使用。第五，国家与地方公共团体的关系问题。当前，地方公共团体与国家的会计年度同样采用"4月—3月制"，如果变更为历年制，那么地方公共团体也必须随之变更，否则将产生诸多难题。因为如果地方公共团体与国家的会计年度不一致，那么对国家与地方公共团体经济一体化目标将产生巨大障碍，对经济和财政政策制定也会产生负面影响。

表2.1.2　各国会计年度设置方式

会计年度期间	代表国家
1月-12月	法国、德国、荷兰、比利时、瑞士、瑞典、中国、俄罗斯、南美诸国
4月-3月	日本、英国、印度、加拿大、新加坡
7月-6月	澳大利亚、新西兰
10月-9月	美国、泰国

如上表所示，法国在1789年就采用历年制，但在1929年，在相关财政制度未经统一调整的情况下就改为4月—3月制，因难以推行，两年后又改回历年制。战后的西德到1960年一直采用4月—3月制，1961年改为历年制。这是由于当时西德的社会保险、联邦铁路、联邦邮政均已采用历年制，并且也是顺应了欧洲各国的总体发展潮流。美国在1976年之前采用7月—6月制，但为了保留更加充足的预算审议期间，在1977年改为10月—9月制。应当注意的是，美国与日本的预算审议内容是不同的，日本议会主要承担对政府制定预算的审议职能。而美国议会也自行制定不同领域的岁出法案，需要进行个别审议。

二、日本预算管理的基本原则

（一）议会决议主义原则

日本预算制度总的原则是奉行国会表决主义。即经国会、地方公共团体议会事前决议和批准后，预算才能执行。日本宪法上的议会民主原则，也是日本财政管理的基本原则。议会民主原则在国家岁入方面要求遵循税收法定原则，在国家岁出方面则要求遵循议会决议原则。

《日本宪法》第七章用九个条款规定了财政处理权限的国会决议原则等诸多原则。《日本宪法》第83条规定："必须基于国会的决议行使处理国家财政的权限。"第85条规定："国家费用的支出或国家负担债务，必须根据议会决议。"第86条规定："内阁编制每个会计年度的预算必须提交国会，接受审议经过表决通过。"第87条规定："在发生不可预见的预算缺口时，经议会授权，内阁可以在行使其职责时，从预备费中进行开支。所有预备费之支出，内阁必须于事后取得国会的承认。"

概括而言，《日本宪法》第83条是对财政民主主义精神的宣誓和强调，即通过议会民主审议的方式，确保国民免于不当的税负和调控国家财政活动的适当运行。《日本宪法》第85条则是对宪法第83条立法宗旨的具体化，即强调国库的支出和发行国债均属于由国民负担的财政活动，其必须经过国会的民主审议才可实施。《日本宪法》第86条则是针对国民财政负担的具体表现形式——预算的流程作出基本规定，明确规定了内阁享有预算的编制权与提案权，国会则行使预算的审议和表决权。《日本宪法》第87条是有关预算预备费的规定。由于预算属于财政上的预判计算制度，因此预算执行中难免出现预算不足的情形，此时设置预备费和补正预算制度就具备合理性。其中的预备费属于岁出预算的一个科目，但与其他的一般预算科目不同，预备费并不事前规定经费支出目的，只是在预算不足时由内阁灵活开支，但需要国会事后认可。

（二）总计预算主义原则

"总计预算主义原则"，是日本预算法上特有的表达方式，相当于我们通常所说的"预算完整性原则"，是指政府各项可期待收入以及各项预计支出，应当全部编入预算，均应于预算计划案中表达，并应在统一的计划中表达。

日本《财政法》第14条规定："岁入和岁出必须全部纳入预算。"本条规定强调岁入岁出的各项总额必须计入预算。总计预算主义与纯计预算主义是相互对立的预算编制原则。日本禁止采用纯计预算主义的预算编制方法。总计预算主义强调政府的收入和支出必须纳入一个预算，二者不能建立联系，不得仅计入收入和支出相抵的差额，必须将年度一切经费支出均计入岁出，一切现金收入均计入岁入，即收入和支出分别计算的预算编制方法。所谓纯计预算主义，是指扣除收入所付出的各项成本支出后作为岁入计算，而扣除支出所伴随的收入作为岁出计算。例如，税务署征收法人税、所得税的场合，税务署及其工作人员必要的经费支出必须单独计入岁出，而不能从征收的税金中扣除该项支出来计算岁入。

应当说，总计预算主义，能够清晰体现预算收支的完整面貌，对确保预算案的正确实施和监督、强化预算执行责任具有重要意义。当然，在日本预算案制定的经验上，具体预算个案的收支计算，无论在法律上还是事实上也存在遵循纯计预算主义的例外情形。

《会计法》第2条："各省厅的长官必须将所掌管的收入缴纳国库，禁止直接使用之。"《会计法》第2条之规定，即所谓收支统一原则。该原则禁止以下行为：（1）将任何岁入所得扣除成本费用后再缴纳国库；（2）将任何岁出扣除所附带产生的收入后视为支出；（3）将预算外收入不列入岁入而径行直接使用。应当说，该原则与预算总计主义原则相契合，规定岁入必须统一缴纳国库，岁出必须依据岁出预算才能支出。即将收入与支出在总体上加以明确区分，与《财政法》第9条禁止国家财产用于交易或者支付手段的规定相呼应，充分体现了严禁岁入岁出相混同的财政理念。这里需要注意的是，《会计法》第2条之规定，并不应解读为禁止民法上抵销原则的适用。如果符合民法上"抵销适状"的情形，当然可以适用损益相抵规则。但是，由于法律规定严禁国家岁入岁出相混同，所以必须建立与其相适应的会计制度。总之，国家对外可以依据民法规定订立抵销契约，但在国家内部，必须遵循会计法规的规定进行核算统计。

（三）会计年度独立原则

所谓会计年度独立原则，要求一个会计年度的岁出应该由该会计年度的岁入进行开支。特定年度的收入支出应当与其他年度的收入支出明确区分。

日本《财政法》第12条规定："每一会计年度的支出，只能使用同一年度的收入。"第42条规定："除了结转明许费之外，每一会计年度岁出预算的经费，不得在翌年度使用。但是，如果会计年度岁出预算中的支出项目经费，因难以避免的事由无法在年度内支出完毕，则允许结转资金至翌年度使用。"应当说，日本《财政法》第12条和第42条之规定，共同宣示了会计年度独立原则的基本内容。会计年度设定的宗旨，是为了保证预算的严肃性和财政支出的纪律，维持财政的收支平衡，实现财政稳定健全运行。这就要求会计年度内的收入支出情况必须完整清晰地呈现，会计年度内的收入支出必须在此期间内完结，确保不影响其他年度。

如前所述，日本会计年度为每年的4月1日至翌年的3月31日。原则上预算的执行不能跨年执行，但由于国家财政运行的连续性，如果具备合理事由，则也会例外地允许支出延续至下一年会计年度执行。在法律上确立的例外情况包括：跨年度收入（《会计法》第9条）、跨年度支出（《会计法》第27条）、上年度剩余金收纳（《财政法》第41条）以及岁出预算结转（《财政法》第14条3款、第42条但书、第43条第2款）。另外，国债整理基金特别会计中的支出余额顺次结转制度，也是典型的例外情形。在地方层面，地方公共团体在会计年度内如果面临收支不平衡的情况，也可以使用翌年度的收入，但针对使用的额度必须编入翌年度的岁出或岁入预算（《地方自治法施行令》第166条第2款）。

需要在学理上重点关注的一个问题是，不应将会计年度独立原则与预算单年度主义原则相混淆。所谓预算单年度主义原则，强调的是政府必须编制每个会计年度的预算，并将其提交到国会审议。因此，会计年度独立原则的目的是确保会计年度内的收支平衡与财政健全，而预算单年度主义原则的目的是确保议会的预算审议权行使。

三、日本预算权力配置的宪法和法律规范体系

二战结束后，日本于1947年颁布了新宪法。明治宪法下的财政体制被废止。根据新宪法，日本陆续出台了《财政法》（1947年）、《会计法》（1947年）、《国库法》（1947年）、《会计检查院法》（1947年）、《国有资产法》（1948年）。在地方层面，先后出台了《地方自治法》（1947年）、《地方财政法》（1948年）、《地方交付税法》（1950年）等法律，基本上奠定了日本现行财政法律制度的框架。

（一）宪法

1947年颁布的《日本宪法》，对日本的财政制度进行了彻底的民主化改革，确立了议会决议主义原则，明确了内阁、国会、会计检查院三者在国家管理活动中的职责分工。一是将财政基本政策决定权授予国会；二是将预算编制权授予内阁；三是将财政监督权授予会计检查院。

（二）财政法

1947年制定的《财政法》，经多次修改沿用至今。《财政法》是日本财政管理的基本法。主要规定了日本预算管理的基本原则（包括征收法定原则、稳健财政主义原则和总计预算主义原则）、预算的种类、预算编制与执行、决算等内容。

（三）会计法

《会计法》于1947年制定，经多次修改沿用至今。主要规定了国家在财政收入、财政支出、签订政府合同等经济活动应当遵守的基本会计规则。

（四）会计检查院法

根据宪法的原则性规定，《会计检查院法》进一步规定会计检查院是日本最高审计机关，其属于政府序列，但依法独立开展审计监督，并向国会报告工作。该法主要规定了会计检查院的法律地位、检查官会议、事务总局、会计检查院信息公开和个人信息保护审查会等内部机构设置、会计检查院的职责和审计范围、检查方法及责任等。

（五）国库法

《国库法》于1947年制定，主要规定国家（财务大臣和各省厅长官作为代表）在财政收入、财政支出以及签订政府合同等财政活动时，应当遵守的基本原则。例如，《国库法》规定：由财务大臣负责财政收入征收和收缴相关事务的综合管理，各省厅长官负责其所管财政收入征收和收缴相关事务的具体管理。

（六）税法

日本的国内税法主要由宪法、法律、政令、省令、告示、条例等构成。日本宪法首先确定了"租税法定主义"原则，即课征新的税种或者变更税种时，必须根据法律或符合法律规定，"法律"是调整国家税收最重要的规范形式。日本的税收实体法包括《法人税法》（1965年）、《所得税法》（1947年）、《消费税法》（1988年）等，税收程序法主要有《国税征收法》（1959年）、《国税违法取缔法》（1959年）和《国税通则法》（1962年）。另外，日本内阁也会通过制定政令、相关省厅通过制定省令对税收法律的相关内容进行补充或解释。

（七）国有资产法

《国有资产法》于1948年颁布，是有关国有财产的取得、维持、保存、运用以及处置的基本法。其主要内容包括：国有财产的定义、范围及其分类，国有财产的管理主体和管理方式，国有财产的处置等。

（八）有关特别会计的法律

2007年之前，日本每一个特别会计都有相应的专门法。据统计1990年日本有38个特别会计。随着财政效率化、透明化改革，特别会计制度也进行了改革和整合。2007年废除了原有的各种特别会计专门法，统一制定了《有关特别会计的法律》，并就特别会计的设置目的、基本原则、管理和运营等作出规定。

（九）地方自治法

日本在1947年颁布了《地方自治法》，其规定了地方自治制度、地方财政与中央财政的关系等内容。1995年有计划地推进地方分权改革，制定了《地方分权推进法》。1999年根据内阁会议制定的"地方分权推进计划"，出台了《关于推动地方分权相关法律建设的法律》（简称《地方分权一揽子法》）。2003年日本据此对《地方自治法》进行了修订，进一步明确了中央政府和地方政府的职能划分。

（十）地方财政法

《地方财政法》于1948年制定，该法规定了中央财政与地方财政关系、地方财政运行等事项，进一步明确了地方政府的财权和事权，其立法目的旨在确保地方政府的财政稳健、促进地方自治发展。

（十一）地方交付税法

《地方交付税法》于1950年颁布，经多次修改后沿用至今。所谓地方交付税，是日本为协调地区间财力差异而实行的财政调整制度。立法目的是保证地方政府（包括都道府县和市町村）自主管理其财产、处理地方事务以及有效行使行政权，而实行的财源均衡化措施。[1]

---

[1] 关于日本预算管理的法律体系的介绍，主要参考了《日本政府预算制度》一书。参见杨华编著：《日本政府预算制度》，经济科学出版社2016年版，第67-75页。

四、日本预算权力在国家机构间的配置

日本的财政预算程序总体上可分为以下四个阶段：预算编制阶段、国会审议阶段、预算执行阶段和预算执行结果审查阶段。按照《日本宪法》和相关法律的规定，内阁负责准备及向国会提交预算，财务省负责预算的起草，政府各部门参与预算起草并负责执行预算、国会负责预算和决算的审议，会计检查院负责决算的审议，各级各类国家机关相互协作，共同完成预算的编制、执行与监督。以下将对日本预算权力在国家机构之间的配置情况做系统介绍。

（一）预算权力在国家机构之间的横向分配

1.内阁主导预算编制的基本方针

《日本宪法》第86条规定："内阁编制每一财政年度的预算必须向国会提出，经其审议通过。"比较而言，向国会提出法律草案，无论是内阁，还是参众两院的议员均有提案权，但预算案则只有内阁享有提案权。主要原因在于，预算由内阁主导，内阁也最熟知预算的构成。[①]内阁在预算编制过程中的主要职责是确定每一年度预算编制的"基本方针"和"概算要求基准"。内阁于每年6月召开内阁会议，根据经济前景、政策重点等决定下一年度的预算编制方针，并于每年8月经内阁会议确定概算要求基准。

实际上，日本预算编制的基本方针由内阁主导制定是在2001年之后才确立的。在此之前，预算编制方针完全由大藏省（财务省前身）负责制定，但由内阁决议通过。但随着日本中央省厅改革，2001年大藏省更名为财务省，在内阁增设了"经济财政咨询会议"。经济财政咨询会议作为内阁新设的合议制机关，由首相担任议长，并由内阁主要成员（如内阁官房长官、财务大臣、总务大臣、经济产业大臣）和日银总裁以及民间有识之士组成。经济财政咨询会议负责拟定国家经济财政运营和改革的基本方针、预算编制的基本

---

① ［日］小村武：《予算と財政法》（五訂版），新日本法規出版株式会社2016年，第223页。

方针等。自2002年起，内阁经济财政咨询会议开始制定"预算编制的基本方针"和"概算要求基准"，预算编制的内阁主导机制开始确立。

2.财务省掌控预算编制的全局事务

日本实行议院内阁制，内阁是最高行政机关，由1府12省厅组成。在内阁内部，则由财务大臣掌控预算编制的具体事务。财务大臣，又称为"国库大臣"，负责处理预算的编制、执行，国债、国有财产的管理事务。财务大臣一方面享有岁入（租税）的征收权限，另一方面则享有岁出（预算）的编制权限，二者是相伴而生的。

3.各省厅和财务省协调确定预算方案

第一，各省厅和机构根据内阁确定的预算编制方针和概算要求基准，各自制定并审核其支出和项目计划，并向财务省提交下一年的"概算要求书"。概算要求书主要记载岁入、岁出、继续费、结转明许费以及国库负担行为的估算事项。根据《预算决算以及会计法令》第8条的规定，各省厅和机构向财务省提交"概算要求书"的期限为每年8月31日之前。第二，各省厅和机构之后，财务省（主记局）针对各省厅提交的"概算要求书"进行审核。财务省可以听取各省厅财务负责人关于概算要求事项的详细说明，可以要求各省厅提供必要的资料，对各项经费进行细致核定。第三，财务省于每年12月下旬形成财务省的概算方案，向内阁会议提出，同时向政府各部门说明有关预算分配情况。第四，政府各部门对财务省的概算方案进行研究，并与财务省和财务大臣进行争取预算的各种交涉活动，这期间，各省厅与财务省之间协调决定预算分配和预算额度。第五，大约在本年度的12月底，由财务大臣将最后调整而成的预算方案向内阁会议提出，由内阁会议表决后作为政府预算草案，提请国会审议。[①]

4.国会对预算的审议权和修改权

《日本宪法》第86条规定："内阁编制的每一财政年度的预算必须向国会

---

① 参见杨华编著：《日本政府预算制度》，经济科学出版社2016年版，第85页。

提出，经其审议通过。"日本国会分参众两院，预算首先递交众议院审议。在众议院，首先是财务大臣就预算的编制方针、预算的内容和特点、经济现状等情况进行说明，然后议长将预算交付预算委员会审议。预算委员会由50名委员组成，是最大和最具分量的常任委员会。各政党对预算委员会高度重视，会选派资深议员担任委员，委员长也从执政党的实力派委员中选任。[①]众议院预算委员会先对预算进行详细的审议，之后众议院全体大会对审议后的预算再进行表决。如果获得通过则送至参议院，重复同样的过程。最后，如果众议院和参议院对预算的审核意见不一致，则由两院召开协商会议。如果仍然不能取得一致，则以众议院的决议为准。[②]预算案经国会充分审议和修改后，于每年3月下旬由众议院和参议院表决通过，每年4月1日开始执行。

众议院预算委员会审议预算的主要流程如下：（1）提案理由的说明。财务大臣说明提案理由后，惯例上一般由其他财经官员做补充说明。（2）总体质疑。预算说明涉及国政全局，委员对首相及全体阁僚的质疑主题没有限制。通常地，电视进行实况直播，媒体也展开详细报道，备受国民瞩目。在野党对于有关答辩常以不满意、答复不充分为由中断审议。（3）一般质疑。根据议员的要求，因质疑事项而确定相关主管大臣出席，质疑以国政特定的领域为主题，主要针对被提及的各省厅政策实施和问题。因被质疑的主题和范围是特定的，又称为详细的质疑。（4）听证会。为反映广大国民的声音，预算审查过程必须召开听证会，否则不能进行最终的表决。听证会是"听取来自利害关系者和学识经验者的意见"，安排在一般质疑的间隙，人员由各会派推荐而筛选产生，并且听证前后，经常选取国民特别关心的问题进行集中审议。（5）分科会。因预算涉及广泛，将委员分为数个分科会，以分科会为单位分别审查。分科会中，按各省厅听取由分担大臣和政府委员关于预算细目的说明并予以质疑。审查终了，由主要审查人员向委员长提出报告书，

---

① 参见闫海：《日本公共预算的宪政机理与制度规范》，《财政法论丛》（第11卷），第27页。
② 参见寇璇：《日本预算监督机制及其经验借鉴》，《公共经济与政策研究》2016年（下），第105页。

委员会听取主要审查人员的报告。（6）总括质疑。为梳理整个审议案，最终形成审议总结，对首相及阁僚再次进行总体质疑。（7）讨论和表决。代表各自政党的委员们按会派大小顺序，根据党派的决议表明赞成与否的态度，讨论后，通常采用起立并举手的方式予以表决。预算委员会通过预算后，将审查报告书向议长提出，议长立即提交全院大会。委员长作完委员会审查报告后，进入表态讨论。鉴于预算的重要性，也为使每个议员的个人态度能告知国民，表决采取记名投票方式。

预算在众议院通过后直接送达参议院，参议院的审议流程与众议院的基本相同，主要区别如下：（1）参议院的预算委员会由45名委员组成。（2）对质疑时间的计算，与众议院将质询和答辩两方时间都计算在内的往返方式不同，参议院采取的是答辩时间排除在外只计算质疑时间的单程方式。（3）与众议院的通过分科会审议不同，在参议院代之以将预算各部分交由相关各个委员会进行审查的"委托审查"方式。与法律案一样，对预算如果众参两议院的决定一致，则作为国会的决定成立。在众参两议院的决定不一致的情况下，必须召开两议院协议会，如果协议结果一致即可得到成案，成案在众议院先行审议，其后在参议院审议以成案获通过，则一致决定作为国会的决定而使之成立，预算成立。如果协议结果不一致，或即使协议中得到成案，众议院或参议院做出否决则等于两议院的决定不一致，则由当初众议院做出的决定作为国会的决定。日本国会的预算审议中，以下制度应予以关注：（1）众议院审议预算的优越性。由于预算的时效性以及众议院较强的民意代表性，《日本宪法》第60条规定众议院在预算审议中具有优越性，即第1款："预算，应先提出于众议院"，第2款："关于预算，参议院作出不同于众议院之决议，经依法律规定召开两议院协议会，意见仍不一致时，或参议院收受众议院通过的预算后，除国会休会期间外，于30日内不决议时，以众议院的决议为国会的决议"，这称为预算的"自然成立"。（2）国会预算修正权。国会有无预算修正权及预算修正权的行使限度是国会审批预算所面临的棘手问题。现行《日本宪法》未规定国会预算修正权。1977年度日本政府预算的审议过程中，围绕预算修正爆发激烈争议，在野党以宪法规定国会是国家权力的最高机关为由，认为国会当然具有修正权；内阁则以宪法赋予内阁预算提案权为由，主张修正权破坏提交预算案的同一性，最后朝野达成共识，即"国会的预算修改，可在不损害内阁的预算提案权之范围内"。（3）暂时预算。日本《财政法》第30条的暂定预算，即"内阁根据需要，编制与一个预算年度内的一定期间支出相关的暂时预算，并提交国会"，实践中还有临时预算转入补充预算的事例，临时预算的期限过后本预算仍不能成立的，依据《财政法》第29条规定，"为履行法律或契约规定的中央政府义务而出现经费不足时"，"内阁可依据预算编制程序，编制补充预算，提交国会"。①

（二）预算权力的纵向分配

1. 中央与地方之间的权力分配

战后的《日本宪法》第八章明确规定了地方自治制度。《日本宪法》第92条规定："地方公共团体之组织及经营事项，依地方自治本旨，以法律定之。"第93条规定："地方公共团体根据法律规定设置议会为其议事机关。地方公共团体的首长、议会议员以及法律规定的其他官吏，由该地方公共团体的居民直接选举之。"第94条规定："地方公共团体有管理财产、处理事务以及执行行政的权能，得在法律范围内制定条例。"该条是对地方自治体的自治财政权、自治行政权及自治立法权的原则性规定。战后，日本地方自治的法源除宪法外，还包括1947年《地方自治法》、1948年《地方财政法》、1950年《地方税法》及《地方公务员法》等，但是这些具体的制度安排并未得到严格的贯彻落实。反而是不断强化中央对地方的控制，以致出现地方自治萎缩与形骸化。②

20世纪90年代末以宪法上"地方自治"理念重构为目标开始了日本地方自治第三次革命，作为日本政治行政体制跨世纪改革的最为重要的成果之一，1999年《地方分权总括法》共有总则475条、附则252条，对《地方自治

---

① 参见闫海：《日本公共预算的宪政机理与制度规范》，《财政法论丛》（第11卷），第27-29页。

② 闫海：《日本公共预算的宪政机理与制度规范》，《财政法论丛》（第11卷），第32页。

法》等法律、法令予以475处修改，改革的主要内容是：（1）转变"中央集权型"行政模式的"上下、主从"为"对等、合作"关系；（2）明确划分中央和地方自治体的职能；（3）废除机关委任事务，对地方事务由传统的四分法改为自治事务、法定委托事务二分法；（4）对国家有关地方自治体事务的立法等做出限制性规定；（5）对地方自治体的事务处理程序予以规定；（6）规定政府或都道县府干预地方自治事务的原则与程序；（7）确定处理中央和地方自治体之间以及都道县府和市町村之间纠纷的解决程序；（8）废除地方事务官制，修改必置管制，推进权限让与。这次跨世纪的改革宣告"依赖中央政府的决策和行政管理来满足人们生活需要和维系地方发展"的时代的结束，标志地方政府由被传统政治行政结构纯化为执行和实施中央政府公共政策的"行政实体"，转型成以民主宪政结构为基础的和以地方利益政治为特征的"自治实体"。

2.自治体预算编制过程中的市民参加

20世纪90年代以来，日本地方分权改革加速实质化，地方治理民主化程度不断提高。在"官民协力""官民合作"理念的支撑下，作为代议制民主的重要补充机制，市民直接参与地方自治体政策形成与实施过程的现象成为常态。这种市民参与，起初集中在参与自治体计划制定过程，后来就逐步扩张到市民参与自治体预算编制过程。当然，从20世纪90年代开始，市民参与自治体预算编制的发展态势也具有特定的社会背景。第一，伴随地方分权改革和市民运动的兴起，市民参与地方公共事务的意识和能力不断提高。第二，由于经济长期低迷，地方自治体的财政紧张，如何将有限的财源予以有效利用，需要市民达成合意。特别是市民对自治体的不当财政支出，市民要求地方政府承担说明责任的呼声愈发强烈。[①]

---

① ［日］松田真由美：《自治体予算编成过程への市民参加》，https://www.kankyo-u.ac.jp/f/innovation/torc_report/report26/26-matsudam.pdf.

表2.1.3　自治体预算编制过程中的市民参加

自治体市民参加型预算	具体事例
1.预算编制过程的公开	2003年鸟取县，通过互联网公开预算编制过程（包括预算请求额、审定额等详细信息）
2.由市民委员会编制预算议案	2004年志木市，由市政府和市民委员会各自制定预算，由市长进行比照参考
3.部分预算经费交给自治体支配	2003年名张市，将总额5000万元交付该市14个地区自由支配，不设置用途限制
4.通过市民投票方式将住民税的1%补助民间公益组织	2005年市川市，通过纳税人投票方式，将2000万日元补助大约100个NPO
5.预算编制前接受NPO事业提案	2004年千叶县，接受5~7个NPO提案，投入预算资金1000万日元

（1）预算编制过程的公开

2003年6月，鸟取县开始通过互联网公开预算编制过程。信息公开的范围非常广泛，包括政府各部门的预算额，各项事业的预算请求额、审定额，各项事业的概况、必要性、增减额理由等信息。这一公开制度的采用，强化了政府税务课长、总务部长的说明责任，提升了县民对预算编制的关注度，并接受县民和媒体的评论与监督。从2011年开始，鸟取县又建立了"政策主导型预算编制体系"，设置"政策战略会议"，将政策讨论与编制预算相衔接。新制度将预算内容区分为"政策战略事业"和"一般事业"，相关政策讨论的内容通过互联网向社会公开，并需要听取县民和团体的意见。预算的审核环节也由过去的财政课长、总务部长、知事的三阶段审核变更为一阶段审核，实现了预算编制过程的简化，使预算编制充分反映了本县的政策方向。

（2）市民委员会编制预算（参考）议案

埼玉县志木市，在市政府编制预算的同时，授权市民委员会可以编制预算，并提交市长。市长则针对两份预算案进行对比研究，并确定最终预算案后提交市议会审议。任何市民均可申请参加市民委员会，并参与有关地方需求的调研为预算制定出谋划策。市民委员会关注和谋求社会福利政策上的预算分配的增加，并主张压缩其他财政支出。可以说，这种新的组织形式，加强了市民对预算知识的了解，也提升了自治体与市民的合作关系，对自治体财政的可持续发展发挥了积极作用。但是，在2004年和2005年市民委员会两度参加制定预算案之后，伴随市长选举和市长更替，新的行政首长并没有继续采用此种机制。因此，这一制度的可持续性值得反思。

（3）部分预算经费交付自治体各地区

三重县名张市从2003年开始，创建"创造梦想地域预算制度"，其核心目标是确保街区再造由"住民自主决策和自主实施"。2003年，名张市出台《名张市梦想创造型的地域交付金条例》，依法推行该项制度。在制度推进过程中，名张市以市内的公民馆为单位划分为14个地区，各地区都建立"地域创造委员会"，具体负责地区建设事业。市政府将总额约5000万元的预算金额按照各地区占全市的人口比例等标准，交付给各地区自由支配，并且不设置用途限制。各地区"地域创造委员会"具体承担地区内各项事业的规划、实施、监察、评价、公开和报告的义务。实践中主要将该资金用于防灾减灾、街区再造、历史文化保护等公益事业。比较而言，该项制度区别于市民提出有关预算案建议的参加制度，而是高度确保市民自主权的预算制度。

（4）通过市民投票方式将住民税的1%补助民间公益组织

2005年，千叶县市川市正式确立"市民选择的市民活动团体支援制度"（简称1%支援制度）。该项制度最早源于匈牙利，2000年以后开始被日本地方自治体广泛采纳。2004年12月，市川市议会制定了《对市川市纳税人选择的市民活动团体的支援条例》，此后，日本诸多地方自治团体效仿建立了类似的制度。所谓1%支援制度，是指符合一定条件（缴纳了上一年度个人市民税）的市民，可以投票选择自己支持的市民活动团体，然后可将自己缴纳的市民税的1%用于支援选定的市民活动团体开展公益活动。这项制度的具体运行流程大致如下：（1）市民活动团体制定活动开展计划，并向市政府提出争取支援金的申请；（2）市政府确定并向市民公开上述市民活动团体；（3）市民活动团体开展各项宣传活动，市民选择并向政府申报（投票）自己支持的市民活动团体；（4）政府将市民缴纳的市民税的1%的金额交付给被选定的市民活动团体;(5)市民活动团体以该资金为基础开展公益活动;(6)市民活动团体对活动开展情况予以公开。应当说,这一制度的核心目的是促进市民活动团体的活化和确保住民意思表示的直接效力,强化了市民对税金支出的自主性和市民的参与意识。

(5)预算编制前接受NPO的事业提案

2004年,千叶县建立了预算编制前接受NPO的事业提案的机制。这是在预算编制的初期计划阶段,即开始政府和NPO团体之间的互动合作。县政府首先设定政策议题,NPO可以提出项目计划或者建设方案,政府经过审查,在诸多提案中选择若干可行方案,并纳入预算计划。为了提高政府和NPO团体合作的有效性,双方会针对各项提案,进行研究讨论、修改变更,确保被采纳的事业方案具备合理性与可行性,并充分反映地方实际需求。[①]

第二节　德国预算权力配置的法律框架

在德意志联邦共和国,联邦(Bund)、16个州(Länder)和大约11000个市镇(Gemeinden)每年都要编制和执行预算。2016年,德国国内生产总值(Bruttoinlandsprodukt,BIP)为31341亿欧元,联邦、州和市镇的公共总体预算支出(Ausgaben des Öffentlichen Gesamthaushalts)为13261亿欧元,[②]后者占前者的42.3%。预算权(Budgetrecht)的配置及其行使,对德国政治、经济和社会发展有举足轻重的影响。

---

① 〔日〕松原明、鈴木歩:《まちづくりに関する日本の参加型予算の現状と可能性》,http://www.npoweb.jp/pdf/201103PB_01.pdf。

② Vgl. Statistisches Bundesamt,Statistisches Jahrbuch Deutschland und Internationales 2017,S. 262,327.

一、德国预算权力配置的宪法和法律规范体系

（一）德国预算立法简史

经过百年探索、变革与完善，德国逐步建立了总额控制、配置效率、运作效率和监督问责等方面都比较成熟的预算法律体系。德国百年预算立法史的各个阶段简述如下：[1]

1. 1922年《帝国预算通则》（Reichshaushaltsordnung）。第一次世界大战后，德意志帝国曾尝试制定《帝国预算法典》，因未成功，遂于1922年12月制定了作为预算法定标准的《帝国预算通则》。《帝国预算通则》建立在预算经济符合规范的原则之上，并服务于确保覆盖国家需求的财政目的。从预算体系的角度看，那时的预算法以正式预算与非正式预算的划分为标志。它建立在这样一种观点之上：符合规范的支出必须与符合规范的收入相匹配；一个通过信贷获得的财政融资应当仅准许用于非正式的需求并且作为规则仅用于债务目的。直到1969年预算改革，该通则仍在联邦与各州适用。

2. 1967年《促进经济稳定与增长法》和1969年预算改革。到了20世纪60年代，预算观念发生了根本性转变：公共预算不再仅仅服务于覆盖公共需求的目的，应当同时影响经济景气的发展。除了需求覆盖功能外，还应同时考虑总体经济的预算功能。这个领域也决定了横跨多年的财政计划的必要性以及联邦与各州合作的财政计划的需要。作为预算改革的序曲，德国1967年制定了《促进经济稳定与增长法》，明确把确保总体经济平衡作为国家经济与财政政策的目标，并预先规定了不同经济景气的掌控措施，通过该措施处理即将或已经发生的平衡风暴。预算改革的法律包括：（1）《基本法》有关预算宪法性规定的修正，尤其是引入针对联邦预算中预估投资最高限额的宪法性债务规则；（2）《预算原则法》；（3）《联邦预算通则》，取代了此前一直适

---

[1] Vgl. Bundesministerium der Finanzen, Das System der öffentlichen Haushalte (2015), Berlin. S. 18-29. Andreas Reus/Peter Mühlhausen: Haushaltsrecht in Bund und Ländern: Planung, Ausführung, Prüfung, C.H.Beck 2014.S.1-3.

用的《帝国预算通则》。改革的核心思想是联邦与各州预算经济有必要坚持统一原则。财政计划委员会作为综合性委员会，在联邦财政部的主持安排下，为联邦、各州、市镇或市镇联合的财政计划合作提供建议。

3.1997年《预算法—继续发展法》和2009年《预算原则现代化法》（Haushaltsgrundsätze-modernisierungsgesetz）。[①]前者引入灵活性原则，通过修改《预算原则法》和《联邦预算通则》，允许总体覆盖原则、事实拘束原则和时间拘束原则存在例外情形并予预算标注。在此基础上，联邦行政支出有可能通过预算法规定在限定支出领域的可覆盖性和可移转性上引入灵活性。除此之外，该法还规定所有具有财政效力之措施的经济性调查义务，以及从法律上确定了成本会计原则。后者引入复式簿记制度。复式预算仿照的是《商法典》的规范簿记原则和其他结算规定。下位法的规范体现了公共预算的特殊性。它们是政府会计科目表、整体产品目录和标准国家复式簿记。一方面，它规定了统一的框架，另一方面考虑到公共行政会计的特别需求。

4. 2009年《联邦体制改革第二方案》（Föderalismusreform II）。2003年10月，联邦议院与联邦参议院任命了"联邦国家秩序现代化委员会"（Kommission zur Modernisierung der Bund-Länder-Finanzbeziehungen）（联邦体制改革第一方案），其任务是努力提高联邦与各州完成任务的合目的性与效率，重新分配联邦与各州的立法权等。与此相衔接，2006年12月联邦议院和联邦参议院任命了"联邦–州财政关系现代化委员会"（联邦体制改革第二方案）。就预算政策而言，核心要素在于重新制定联邦与各州的国家信贷措施边界的宪法性规范。同样具有预算政策意义的是财政计划委员会进一步转变为稳定委员会，该委员会作为联邦与各州的整体委员会，为避免出现财政困境而监督其预算执行。

5.2012年《财政协定》。2012年3月，德国与另外24个欧盟成员国共同

---

① Vgl. Haushaltsrechts-Fortentwicklungsgesetz vom 22. Dezember 1997 (BGBl. I S. 3251); Gesetz zur Modernisierung des Haushaltsgrundsätzegesetzes und zur Änderung anderer Gesetze (Haushaltsgrundsätze-modernisierungsgesetz) Vom 31.7.2009, verkündet in BGBl I Jahrgang 2009 Nr. 51 vom 6.8.2009.

签署了《经济与货币联盟稳定、协调与治理的国际协定》（Der Vertrag über Stabilität, Koordinierung und Steuerung in der Wirtschafts- und Währungsunion），简称"财政协定（Fiskalvertrag）"。根据该协定，签署国有义务在其国内法律体系特别是在宪法层面确定统一的长期有效的预算规范。

（二）德国预算法律规范体系

就法律渊源而言，德国预算的法律依据由《基本法》、各州宪法、联邦与各州的法律、联邦与各州的行政法规和行政规定以及地方条例构成。与我国"一级政府一级预算"的财政体制不同，德国州以下仅有一级财政层次，即德国财政体系仅由三个层次构成：联邦、州和市镇。[①] 德国预算法律规范按其适用范围分为两大部分：一是联邦、各州和市镇共同适用的预算法律规范，二是联邦、各州和市镇分别单独适用的预算法律规范。第一部分主要包括《基本法》的相关规定以及《预算原则法》《促进经济稳定与增长法》《财政与人事统计法》《标准法》和《财政平衡法》等联邦议会制定的法律规范。第二部分的预算法律规范进一步分为联邦单独适用、各州单独适用和各市镇单独适用三种情形。联邦单独适用的预算法律规范包括《基本法》第110条至第115条等宪法规定和《联邦预算通则》《联邦债务法》《联邦审计院法》《年度预算法》等，各州单独适用的预算法律规范包括各州宪法相关规定和各州预算通则、年度预算法、州审计院法等，各市镇单独适用的预算法律规范包括《基本法》第28条第2款规定和地方通则、地方预算条例等（见表2.2.1）。[②]

---

① 德国州以下的地方（Kommunen），其行政层次分为行政专区（Regierungsbezirk）、县级市（kreisfreien Stadt）、县（Kreis）和镇（Gemeinde）。我国很多中文译著将Gemeinden译成"地方"，显然混淆了Kommnuen与 Gemeinden的区别。另参见财政部《税收制度国际比较》课题组编著：《德国税制》，中国财政经济出版社2004年版，第28页；朱秋霞编著：《德国财政制度》，中国财政经济出版社2005年版，第28-29页。

② Vgl. Robert F.Heller:Haushaltsgrundsätze für Bund, Länder und Gemeinden —Handbuch zum Management der öffentlichen Finanzen, 2.Aufl. R. v. Decker 2010. S. 3-22.

表2.2.1　德国预算法律规范体系

适用范围		联邦	州	市镇
共同适用	宪法	《基本法》第104a条至第109a条、第143b条		
	法律	《预算原则法》《促进经济稳定与增长法》《财政与人事统计法》《标准法》和《财政平衡法》等		
单独适用	宪法	《基本法》第110条至第115条	各州宪法	《基本法》第28条第2款
	法律	《联邦预算通则》《联邦债务法》《联邦审计院法》《年度预算法》等	各州预算通则、年度预算法、州审计院法等	地方通则、地方预算条例等

下面就德国预算的主要法律规范进行具体介绍（见表2.2.2）。

表2.2.2　德国主要预算法律一览表

适用范围	序号	德文全称（简称）	缩写	中文全称（简称）	制定日期	最新修正
联邦、各州与市镇共同适用	1	Grundgesetz für die Bundesrepublik Deutschland	GG	联邦德国基本法（基本法）	1949.05.23	2014.12.23
	2	Gesetz zur Förderung der Stabilität und des Wachstums der Wirtschaft	StabG	促进经济稳定与增长法	1967.06.08	2015.8.31
	3	Gesetz über die Grundsätze des Haushaltsrechts des Bundes und der Länder (Haushaltsgrundsätzegesetz)	HGrG	联邦和州预算基本原则法（预算原则法）	1969.08.19	2017.8.14
	4	Gesetz über die Statistiken der öffentlichen Finanzen und des Personals im öffentlichen Dienst (Finanz- und Personalstatistikgesetz)	FPStatG	公共服务中的公共财政与人事统计法（财政与人事统计法）	1992.12.21	2016.3.2

续表

适用范围	序号	德文全称（简称）	缩写	中文全称（简称）	制定日期	最新修正
联邦、各州与市镇共同适用	5	Gesetz über verfassungskonkretisierende allgemeine Maßstäbe für die Verteilung des Umsatzsteueraufkommens, für den Finanzausgleich unter den Ländern sowie für die Gewährung von Bundesergänzungszuweisungen (Maßstäbegesetz)	MaßstG	关于增值税收入分配、各州财政平衡及联邦补助拨款的宪法具体化的一般标准法（标准法）	2001.09.09	2017.8.14
	6	Gesetz über den Finanzausgleich zwischen Bund und Ländern (Finanzausgleichsgeset㉖)	FAG	关于联邦与各州之间的财政平衡法（财政平衡法）	2001.12.20	2017.8.14
	7	Gesetz zur Errichtung eines Stabilitätsrates und zur Vermeidung von Haushaltsnotlagen (Stabilitätsratsgesetz)	StabiRatG	建立稳定委员会和避免预算紧急情况的法律（稳定委员会法）	2009.8.10	2017.8.14
联邦单独适用	8	Bundeshaushaltsordnung	BHO	联邦预算通则	1969.08.19	2017.8.14
	9	Bundesrechnungshofgesetz	BRHG	联邦审计院法	1985.07.11	2009.2.5
	10	Gesetz zur Regelung des Schuldenwesens des Bundes (Bundesschuldenwesengesetz)	BSchuWG	联邦债务规范法	2006.12.07	2012.9.13

1.《基本法》。与我国宪法仅对预算权进行原则性规定不同，德国《基本法》对以预算权为核心的财政制度作了专章规定（第十章第104a条至第115条）。[①]其体系内容如下：支出权（第104a条、第104b条），收入权（第105条至第106b条、第108条），财政平衡（第107条），联邦与各州的共同预算依

---

① Vgl. Andreas Reus/Peter Mühlhausen: Haushaltsrecht in Bund und Ländern: Planung, Ausführung, Prüfung, C.H.Beck 2014.S.3-32.

据（第109条、第109a条），以及联邦预算通则（第110条至第115条）。[1]此外，《基本法》第91a条和第91b条有关共同任务的规定、第120条有关联邦承担战争后果负担和社会保险补助费的规定、第120a条有关负担平衡的实施规定以及第28条第2款有关地方自治担保的规定，对于预算经济都具有重要意义。[2]

2.《促进经济稳定与增长法》。该法的目标是公共预算不仅要实现财政需求的覆盖功能，而且要嵌入总体经济活力的操作系统。为此，就预算案编制和执行时应考虑的经济景气因素作了原则规定。联邦与各州、市镇与市镇联合均必须考虑总体经济平衡的需要。各州应采取适当的措施，使市镇与市镇联合的预算管理符合经济景气政策的需要。经济景气政策措施包括设立景气均衡储备金（第5条至第7条）、补助支出（第6条第1款和第2款）、五年财政计划（第9条）、多年投资项目（第10条）、投资计划的提前（第11条）以及财政补助（第12条第1款），均适用于各州的预算经济。

3.《预算原则法》。该法规定了联邦与各州预算法律共同适用的预算基本原则（详述见下文），从而确保联邦与各州预算的法律统一性，并建立公共预算在计划与结算结构上的可比性。由于公共预算与国民经济紧密交织，预算规范的统一性具有重大意义。其结构体系如下：第一章规定联邦与各州立法共同适用的原则，以及其他方面的联邦与各州法律付诸实施的需求。第二章是统一直接适用于联邦与各州的规定，因为它们的调整对象只能通过联邦法律进行规范。第三章规定过渡与终止条款。

4.《财政与人事统计法》。《预算法—现代法》生效后，通过该法提供所

---

① Vgl. Hans D.Jarass/Bodo Pieroth:Grundgesetz für die Bundesrepublik Deutschland:Kommentar, C.H.Beck,2016.S.1141-1217.

② 《基本法》在整体架构上体现了"财政是国家治理的基础和重要支柱"这一基本规律，第十章"财政制度"之前的各章内容分别是：第一章"基本权利"、第二章"联邦与各州"、第三章"联邦议院"、第四章"联邦参议院"、第四章A"联合委员会"、第五章"联邦总统"、第六章"联邦政府"、第七章"联邦立法"、第八章"联邦法律的执行和联邦行政管理"、第八章A"共同任务"，第九章"司法"。

有公共预算的可比财政统计数据，①确保公共预算财政的可靠全貌。该统计数据独立于联邦与各州为共同的财政统计功能与组织规划系统所确定的每个核算系统。

5.《标准法》。该法规定了联邦与各州分享增值税的份额确定、分配各州对增值税享有的补充份额、确定州际财政平衡中平衡请求权和平衡债务的前提、数额以及给予联邦拨款的一般标准。这些标准为预算经济的可计划性和财政经济基础的可预见性以及财政资金分配的透明性提供了保障。

6.《财政平衡法》。该法用于推导每年具体的分配和平衡结果，具体包括四个部分：一是联邦与州之间以及各州之间的税收分配，二是各州之间的财政平衡，三是联邦补充拨款，四是增值税分配、财政平衡和联邦补充拨款的实施与计算。

7.《联邦预算通则》。该法以《预算原则法》为依据，详细规定联邦预算权行使的规范，包括预算案的一般规定、预算案的编制、预算案的执行、账目公开、审计、联邦直属的公法法人、特别财产、免责、过渡与终结条款等规定。

8.《联邦债务规范法》。该法专门就联邦债务的偿还责任、议会控制、联邦借款与联邦账簿等相关问题予以规范。

9.《稳定委员会法》和《联邦审计院法》。两部法律具体内容，分别详见下文德国预算权力的"内部监督机制"和"审计监督"部分。

（三）德国预算原则

预算原则包括实体性原则和程序性原则，主要规定于《基本法》《预算原则法》《促进经济稳定与增长法》和《联邦预算通则》，适用于预算编制、执行、审批和监督等各个阶段。这些预算原则平等地适用于联邦、各州和市

---

① 比如，该法第1条就明确规定联邦公共财政与公职部门人员的统计数据的具体内容，包括：支出与收入（第3条），税收总收入，征收率和征收额（第4条），债务、任务担保和财政资产（第5条），公职人员（第6条），年金受领者（第7条）。

镇的预算，确保预算权运行的程序和工具得到统一适用。[1]

表2.2.3 德国预算主要原则一览表

原则体系	原则内容		法律依据
	德文	中文	
实体性原则 Materielle Haushaltsgrundsätze	Haushaltsausgleich	预算平衡原则	《基本法》第109条第3款、第110条第1款
	Gesamtwirtschaftliches Gleichgewicht	总体经济均衡原则	《基本法》第109条第2款、《促进经济稳定与增长法》第1条、《预算原则法》第2条、《联邦预算通则》第2条
	Wirtschaftlichkeit und Sparsamkeit	经济与节俭原则	《基本法》第114条第2款、《预算原则法》第6条、《联邦预算通则》第7条
	Bepackungsverbot	禁止搭载原则	《基本法》第110条第4款
	Notwendigkeit	必要性原则	《预算原则法》第5条、《联邦预算通则》第6条
	Gesamtdeckung	总体覆盖原则	《预算原则法》第7条、《联邦预算通则》第8条
程序性原则 Verfahrens-grundsätze	Vorherigkeit	事先原则	《基本法》第110条第2款
	Jährlichkeit	年度原则	《预算原则法》第4条、《联邦预算通则》第4条
	Öffentlichkeit	公开原则	《联邦预算通则》第10、10a条

1.一般实体性原则

（1）预算平衡原则：预算案应当收支平衡。预算平衡是指形式上的

---

[1] Vgl. Andreas Reus/Peter Mühlhausen: Haushaltsrecht in Bund und Ländern: Planung, Ausführung, Prüfung, C.H.Beck 2014.S.101-133. Robert F.Heller:Haushaltsgrundsätze für Bund, Länder und Gemeinden —Handbuch zum Management der öffentlichen Finanzen, 2.Aufl. R. v. Decker 2010. S. 219-258.另参见［德］罗伯特·黑勒：《德国公共预算管理》，赵阳译，中国政法大学出版社2013年版，第41-57页（《德国公共预算管理》是德国学者Robert F. Heller根据中方合作伙伴需求在其专著（Haushaltsgrundsätze für Bund, Länder und Gemeinden）基础上重新概括编写的缩略版（Management der öffentlichen Haushalte in Deutschaland）的中译本，相应译文参考不再一一注明）。

平衡，包括信贷收入和储备金预留。对于联邦预算部分，信贷收入不得超过名义国内生产总值的0.35%。当预算收入不足以覆盖各项支出时，为恢复预算平衡，应根据《预算平衡确保法》（Gesetz zur Sicherung des Haushaltsausgleichs），修改确定支出或提高税收的法律。

（2）总体经济均衡原则：国家预算立法机关不仅要为国家财政需求承担责任，而且要为预算对总体经济产生的效果承担责任。国家通过财政政策措施可以影响生产潜力发挥程度的波动（经济景气周期），从而实现平衡。根据《基本法》规定，联邦与各州应就非正常状态经济景气所产生的影响制定均衡兼顾经济繁荣与衰退的规范，并就国家无法控制且对国家财政造成重大影响的自然灾害或特殊紧急情况制定例外规范。对于例外规范，应制定相应的偿付规范。联邦与各州共同履行欧洲共同体根据其创立条约第104条为确保财政收支稳定而规定的德意志联邦共和国的义务，并在此范围内考量整体经济平衡的需要。根据《促进经济稳定与增长法》第1条规定，联邦和各州应采取各种为实现总体经济平衡所必要的经济政策与财政政策的措施，这些措施应在市场经济秩序下促进经济持续且适当地增长，同时保持物价稳定、高度就业和外贸平衡。根据《预算原则法》第2条规定，预算案服务于确定和覆盖联邦或州在批准期间为完成任务而预计必须产生的财政需求。预算案是预算执行和经济执行的依据。在预算编制和执行时，应考虑总体经济平衡。

（3）经济与节俭原则：编制与执行预算案时，应遵循经济与节俭原则，一方面，仅考虑那些在未来年度对完成联邦或州的任务有必要的支出和责任授权；另一方面，预算各项措施所追求的目标和所投入的资金之间要实现最优化的比例关系，即某一特定结果以最少的资金投入得到实现，或某一特定的资金投入实现了最佳结果。

（4）禁止搭载原则：预算法仅包含有关预算收入与支出的条款，并且只能涉及该预算法所适用的期间。要避免时间和事项方面的限制，则需要通过另外一部法律修改法，即预算平衡确保法。

（5）总体覆盖原则：全部收入应当覆盖全部支出；仅法律规定或预算案

许可时，收入的使用方可限于特定目的。换言之，除非法律另有规定或预算案另有标注，预算收入不得限定使用目的。

2. 一般程序性原则

（1）事先原则：为保证议会预算权的实现和预算有序进行，预算案的期限无论为一个或数个预算年度，均应于第一个预算年度开始前由预算法确定。由于议会审议拖延，则适用紧急预算法。根据《基本法》规定，下年度预算案直到本年度终了仍未以法律确定，联邦政府在此项法律生效前，有权执行下列必要支出：a）维持合法成立的机关并执行合法决定的措施；b）履行合法成立的联邦债务；c）在上年度预算批准的经费范围内，继续营建工程、购置及其他给付，或为此继续给与补助。根据特别法律规定的税费及其他来源的收入或运营准备金不足以满足前述所指的支出时，联邦政府可用贷款方式筹集上年度预算最后总额四分之一的必要经费，以处理当前政务。①

（2）年度原则：预算年度即公历年度。财政主管部门可以在某个领域作出另外规定，以使预算经济更为灵活。比如，特定情形时允许将一个预算的支出结转到下一年度，以应对实践中为避免预算授权过期作废而突击花钱的问题；或者在预算案中做出标注，说明支出授权在满足特定条件时失效，即使预算年度尚未结束。年度原则对预算执行权的影响较大。

（3）公开原则：预算周期的各个阶段所发生的有关预算的重要情况均须让公众知情，除非法律另有规定（如情报部门的支出）。

二、预算权力在国家机构间的分配

德国《基本法》第20条第1款规定："德意志联邦共和国是民主的和社会的联邦制国家（Die Bundesrepublik Deutschland ist ein demokratischer und sozialer Bundesstaat）。"该条款奠定了德国预算权配置的三条核心原则：联邦制原则、民主共和原则和社会原则。换句话说，预算权的纵向分配、横向

---

① Vgl. Art 111, GG.

分配和边界限定均为上述三项宪法原则的具体落实。根据联邦制原则，联邦和各州的预算彼此独立、互不依赖。根据民主共和原则，最核心的预算审批与免责决定权必须掌握在选民直接选举的议会手中；每年预算经议会审议通过后，必须经选民直接选举的国家元首签发才能正式生效。根据社会原则，预算必须以保障人的尊严并在全国创造均衡的公共服务水平为目标。

（一）预算权力行使的边界限定

1.上限：债务限制

德国预算权力行使的边界首先体现于债务限制。只有以可供支配的资源服务于政治目标实现时，才能确保预算的可持续性。截至2015年底，全国所负债务共计2.02万亿欧元，相当于德国国内生产总值（BIP）3.03万亿欧元的66.7%。[1]根据德国《基本法》第109条第3款、第115条和第143d条规定，自2020年起各州不得举借新债，联邦也只能在很小范围内进行，即信贷收入不超过名义国内生产总值的0.35%时，方为符合宪法规定。

（1）原则：不依靠信贷收入实现预算平衡

根据《基本法》第109条第3款规定，联邦与各州的财政预算原则上不得以贷款收入予以平衡。只有例外情形下，方可就非正常状态经济景气所产生的影响制定均衡的兼顾经济繁荣与衰退的规范，并可就国家无法控制且对国家财政造成重大影响的自然灾害或特殊紧急情况制定例外规范。对于例外规范，应制定相应的偿付规范。各州在其宪法权限内就其预算具体安排做出规定，其中必须明确：只有确实未批准借款，才符合不依靠信贷收入实现预算平衡的宪法原则。[2]

（2）例外：特殊情形可接受信贷

特殊情形首先指经济景气发展偏离正常情况。经济衰退时允许有基于景

---

①　Vgl. Statistisches Bundesamt, Statistisches Jahrbuch Deutschland und Internationales 2017，S. 262.

②　Vgl. Hans D.Jarass/Bodo Pieroth:Grundgesetz für die Bundesrepublik Deutschland:Kommentar, C.H.Beck,2016.S.1190-1193. Robert F.Heller:Haushaltsgrundsätze für Bund, Länder und Gemeinden —— Handbuch zum Management der öffentlichen Finanzen, 2.Aufl. R. v. Decker 2010. S. 394-395.

气因素的赤字，但必须附有义务，即经济上升时基于景气因素实现的盈余用于偿债。联邦和各州各自负责具体制定关于平抑经济景气周期的债务限制规定。其次是指自然灾害或特殊的紧急情况。自然灾害是由自然事件引起的产生直接威胁的大范围危险状态或损害。特殊紧急情况包括三层含义：一是超过国家控制能力；二是严重影响国家财政；三是特殊而不可预见。允许借贷的例外情形，应当制定相应的清偿规则。联邦和各州有义务要求立法者在关于提高净信贷净额的决议中加入有拘束力的清偿计划，保证超出正常界限的信贷重新回归到界限之内。①

（3）过渡期间安排

根据《基本法》第143d条规定，在2019年12月31日前，各州可依既有的州法律规定暂时排除《基本法》第109条第3款规定的适用。为帮助柏林、不来梅、萨尔、萨克森—安哈特和石勒苏益格—荷尔斯泰因这五个州从2020年1月1日起遵守《基本法》第109条第3款规定，2011年至2019年期间，每年可从联邦预算中获得总计8亿欧元的巩固性援助。其中，不来梅3亿欧元，萨尔2.6亿欧元，柏林、萨克森—安哈特和石勒苏益格—荷尔斯泰因各0.8亿欧元。该援助依据联邦法律规定的行政协议并经联邦参议院同意给付。该援助提供以2020年底前财政赤字全部削减为前提条件。基于巩固性援助给付而产生的财政负担，由联邦和各州平均分担，其中各州承担的部分从其最近分享的增值税份额中筹集。②

2.下限：法定社会福利支出

《基本法》第1条第1款规定："人的尊严不可侵犯。尊重和保护人的尊严是一切国家权力的义务（Die Würde des Menschen ist unantastbar. Sie zu achten und zu schützen ist Verpflichtung aller staatlichen Gewalt）。"结合第20条第1款

---

① Vgl. Robert F.Heller:Haushaltsgrundsätze für Bund, Länder und Gemeinden —Handbuch zum Management der öffentlichen Finanzen, 2.Aufl. R. v. Decker 2010. S. 396-397.

② Vgl. Hans D.Jarass/Bodo Pieroth:Grundgesetz für die Bundesrepublik Deutschland:Kommentar, C.H.Beck,2016.S.1316-1319.

规定，德国作为社会福利国家，保障人的生存最低需要（Existenzminimum）是其最低限度的义务。生存最低需要的标准通常根据统计结果确定。决定性尺度是按净收入排序的单人家庭中最穷（领取社会救济者除外）的1/5的支出。生存最低需要原则对于公共预算的影响包括两个方面：一是对于没有收入的个人，国家应当按最低生存的标准发给社会救济；二是对于有收入的个人，在其生存最低需要的范围内，国家不得征税（即免税额）。其次，对于居民享有的受法律保障但不由社会保险机构收取的保险费覆盖的社会福利给付请求权而进行的支出，联邦、各州和市镇必须在其预算中预估。[①]

（二）纵向分配

德国预算权的纵向分配是指预算权在联邦、州和市镇三个层级上进行的三次分配：一是预算立法权的分配，二是财权与事权相对应的分税制，三是四级财政平衡体系。

1.预算立法权分配

根据《基本法》规定，预算立法权限包括联邦基本原则立法权、联邦专属立法权（ausschließliche Gesetzgebung）、联邦与州竞合立法权（konkurrierende Gesetzgebung）、州专属立法权和政府经授权的立法权等五种形式（见表2.2.4）。联邦基本原则立法权是指联邦法律可以规定联邦与各州共同适用的有关预算法、因应经济景气的预算管理及多年期财政计划的基本原则，比如《预算原则法》和《促进经济稳定与增长法》。专属立法权是指仅联邦或州才享有的税收立法权，竞合立法权是指联邦和州均享有的立法权，但联邦享有优先权。对于关税和财政专卖，联邦享有专属立法权。对于其他税收，当其全部或部分归属联邦或符合本《基本法》规定的要件时，联邦享有竞合立法权。对于地方性消费税和奢侈物品税，只要联邦法律未规定同类税收，各州即享有立法权。各州有权规定土地取得税的税率。有关税收

---

① 参见［德］罗伯特·黑勒：《德国公共预算管理》，赵阳译，中国政法大学出版社2013年版，第115-116页。

的联邦法律，若税收全部或部分归属于各州或市镇（市镇联合），须取得联邦参议院同意。除了议会立法外，德国还允许政府在法律授权下制定行政法规。德国预算立法权的配置，既保证了联邦在涉及国计民生的重大事项立法上的主导权，又兼顾了州和政府部门在具体事项立法上结合实际情况相机而行的灵活度。[①]

表2.2.4　德国预算立法权配置一览表

预算立法权		《基本法》依据	主要内容
联邦主导立法权	基本原则立法权	第109条第4款	经联邦参议院同意，联邦法律可以规定联邦与各州共同适用的有关预算法、因应经济景气的预算管理及多年期财政计划的基本原则
	联邦专属立法权	第74条第1款第5项、第105条第1款	对于关税和财政专卖，联邦享有专属立法权
	联邦与州竞合立法权	第105条第2款	除关税外的其他税收，当其全部或部分归属联邦或符合本基本法第72条第2款规定的要件时，联邦享有竞合立法权
州与地方补充立法权	联邦与州竞合立法权	第72条第1款	对于竞合立法事项，各州仅在联邦不行使其立法权的范围内享有立法权
	州专属立法权	第70条第1款	本基本法未授予联邦立法权的事项，各州享有立法权
		第105条第2a款	对于地方性消费税和奢侈物品税，只要联邦法律未规定同类税收，各州即享有立法权。各州有权规定土地取得税的税率
政府经授权的立法权	行政法规制定权	第80条第1款	经法律授权，联邦政府、联邦部长或州政府可以颁布行政法规。该授权的内容、目的和范围必须以法律规定。该行政法规应当表明其法律依据。如法律规定授权可再转移，则授权转移必须在行政法规中明确规定

[①]　参见许闲：《德国权力制衡模式下的政府间财政关系》，《经济社会体制比较》2011年第5期，第31页。

2.财权与事权相对应的分税制

《基本法》第104a条第1款规定："联邦与各州各自承担执行其任务所产生的支出，本基本法另有规定除外（Der Bund und die Länder tragen gesondert die Ausgaben, die sich aus der Wahrnehmung ihrer Aufgaben ergeben, soweit dieses Grundgesetz nichts anderes bestimmt）。"该财政支出责任条款包含两层含义：第一层含义是财政与事权相一致，即谁承担任务，谁负责支出；第二层含义是有原则必有例外，例外情形只能由《基本法》予以明确规定。

先看第一层含义。联邦、各州和市镇是否应当在它们的预算中对支出做出估算，原则上取决于相关任务由谁来完成，而联邦、各州和市镇各自应当承担哪些任务，又取决于《基本法》有关行政管理权限的规定。[①]对于联邦政府的各项事权领域，《基本法》第八章专门作出规定，具体包括：外交事务、联邦财政行政、联邦水路与航运、社会保险、国防、空运行政、联邦铁路运输行政、联邦邮政与电讯勤务、主宰国内货币业务的联邦银行体系、国有水路与航道、国有高速汽车道路及国有公路、国家紧急状态下的各项行政事务等。[②]州政府的事权领域包括：州级行政事务、财政管理；维护社会秩序和司法管理；教育和社会文化事业；医疗卫生；环境保护等。[③]地方政府的事权领域涵盖了本地的一切行政事务及其相应活动、公共交通基础设施、地方性文化教育娱乐部门、地域性住宅规划以及城市建设发展之要务、社会福利体系的本地化义务等极其琐碎却又细致入微的职能领域。[④]

根据"以支定收、以收抵支、收支对应"的财权与事权相一致原则，德国建立了专享税与共享税并存，并以共享税为主体的分税制。根据《基本法》第106条至第106b规定，以税收归属权为标准，德国现有的41个税种可

① Vgl. Robert F.Heller:Haushaltsgrundsätze für Bund, Länder und Gemeinden —Handbuch zum Management der öffentlichen Finanzen, 2.Aufl. R. v. Decker 2010. S. 32-34.
② Vgl. VIII.Die Ausführung der Bundesgesetze und die Bundesverwaltung (Art 83-91),GG. Hans D.Jarass/Bodo Pieroth:Grundgesetz für die Bundesrepublik Deutschland:Kommentar, C.H.Beck,2016. S.951-1002.
③ 参见孙开：《德国各级政府间的财政关系及启示》，《德国研究》1996年第2期，第31页。
④ 参见罗湘衡：《德国联邦制下府际财政关系研究》，南开大学2014年博士学位论文，第141页。

分为共享税、联邦税、州税、市镇税、欧盟税和教会税等六类。从表5可知，2017年德国税收收入为7324亿欧元，上述前五类税分别为5324亿、1054亿、217亿、677亿、52亿欧元，各占73%、14%、3%、9%和1%（教会税数量太小，忽略不计），其中共享税占绝对优势，最大的三个税种（薪资税、增值税和所得税）全部收入囊中（见表2.2.5）。对于税收征收管理权，根据《基本法》第108条规定，关税、财政专卖、联邦法律规定的消费税，包括进口增值税和机动车辆税和其他与机动运输方式有关的运输税、欧洲共同体范围内的税收，均由联邦征税机关征收管理。设置中级征税机关时，其首长的任命应征求州政府的意见。其他税收由州征税机关征收管理。该征税机关的组织和人员统一培训可由联邦法律规定，并取得联邦参议院同意。设置中级征税机关时，其首长的任命应与联邦政府协商一致。州征税机关征收税收时，若该税收全部或部分归属联邦，该征税为联邦委托（见表2.2.5）。

表2.2.5　2017年税权配置一览表[①]

序号	税种		税权及其宪法依据			收入（亿欧元）	占比
			归属权	立法权	征管权		
	德文	中文	《基本法》第106—106b条	《基本法》第105条	《基本法》第108条		
1	Lohnsteuer	薪资税	联邦/州、市镇	联邦	州（联邦委托）	1943	27%
2	Umsatzsteuer	增值税	联邦/州、市镇	联邦	州（联邦委托）	1739	24%
3	Einkommensteuer	所得税	联邦/州、市镇	联邦	州（联邦委托）	769	10%
4	Einfuhrumsatzsteuer	进口增值税	联邦/州	联邦	联邦（海关）	537	7%
5	Körperschaftsteuer	法人税	联邦/州	联邦	州（联邦委托）	271	4%

① Vgl. Bundesministerium der Finanzen, Finanzbericht (2018), Berlin.S.270; Bundesministerium der Finanzen, Steuern von A bis Z (2018), Berlin.S.28-29.

续表

序号	税种		税权及其宪法依据			收入（亿欧元）	占比
			归属权	立法权	征管权		
	德文	中文	《基本法》第106—106b条	《基本法》第105条	《基本法》第108条		
6	Abgeltungsteuer	补偿税	联邦/州、市镇	联邦	州（联邦委托）	65	1%
7	Abzugsteuern bei beschränkt Steuerpflichtigen	非居民纳税人的预提税	联邦/州	联邦	联邦/州（联邦委托）		
8	Kapitalertragsteuer	资本利得税	联邦/州	联邦	州（联邦委托）		
	共享税（Gemeinschaftsteuern）合计					5324	73%
9	Energiesteuer	能源税	联邦	联邦	联邦（海关）	402	5%
10	Solidaritätszuschlag	团结附加税	联邦	联邦	州（联邦委托）	176	2%
11	Tabaksteuer	烟叶税	联邦	联邦	联邦（海关）	142	2%
12	Versicherungsteuer	保险税	联邦	联邦	联邦（联邦税务总局）	132	2%
13	Kraftfahrzeugsteuer	机动车辆税	联邦	联邦	联邦（海关）	90	1%
14	Stromsteuer	电税	联邦	联邦	联邦（海关）	66	1%
15	Alkoholsteuer	烈酒税	联邦	联邦	联邦（海关）	21	0%
16	Kaffeesteuer	咖啡税	联邦	联邦	联邦（海关）	10	0%
17	Luftverkehrsteuer	航空运输税	联邦	联邦	联邦（海关）	11	0%
18	Schaumweinsteuer	汽酒税	联邦	联邦	联邦（海关）	4	0%

续表

序号	税种		税权及其宪法依据			收入（亿欧元）	占比
			归属权	立法权	征管权		
	德文	中文	《基本法》第106—106b条	《基本法》第105条	《基本法》第108条		
19	Alkopopsteuer	中度酒税	联邦	联邦	联邦（海关）		
20	Zwischenerzeugnissteuer	中间产品税	联邦	联邦	联邦（海关）		
	联邦税（Bundessteuern）合计					1054	14%
21	Grunderwerbsteuer	土地交易税	州	联邦	州	127	2%
22	Erbschaft-Schenkungsteuer	遗产与赠与税	州	联邦	州	60	1%
23	Rennwett-und Lotteriesteuer	博彩税	州	联邦	州	19	0%
24	Biersteuer	啤酒税	州	联邦	联邦（海关）	7	0%
25	Feuerschutzsteuer	消防税	州	联邦	联邦（联邦税务总局）	5	0%
26	Spielbankabgabe	赌场税	州	联邦/州	州		
	州税（Ländersteuern）合计					217	3%
27	Gewerbesteuer	营业税	市镇（联邦与州也有上交）	联邦	州/市镇	521	7%
28	Grundsteuer	土地税	市镇	联邦	州/市镇	140	2%
29	Getränkesteuer	饮料税	市镇	联邦	市镇		
30	Hundesteuer	犬税	市镇	州	市镇		
31	Jagd-Fischereisteuer	狩猎与捕渔税	县/市镇	州	县/市镇		
32	Schankerlaubnis-steuer	酒吧许可税	县/市镇	州	县/市镇		
33	Vergnügungsteuer	娱乐税	市镇	州	市镇		
34	Zweitwohnungssteuer	第二住宅税	市镇	州	市镇		
	市镇税（Gemeindesteuern）合计					677	9%

续表

序号	税种		税权及其宪法依据			收入（亿欧元）	占比
			归属权	立法权	征管权		
	德文	中文	《基本法》第106—106b条	《基本法》第105条	《基本法》第108条		
35	Zölle	关税	欧盟	欧盟/联邦	联邦（海关）	52	1%
36	Agrarabgaben	农业上缴	欧盟	欧盟/联邦	联邦（海关）		
37	Ausfuhrabgaben	出口上缴	欧盟	欧盟/联邦	联邦（海关）		
38	BNE-Eigenmittel		欧盟	欧盟/联邦	联邦		
39	Mehrwertsteuer-Eigenmittel		欧盟	欧盟/联邦	联邦		
40	Zucker-Produktionsabgabe	糖税	欧盟	欧盟/联邦	联邦（海关）		
	欧盟税（EU-Eigenmittel）合计					52	1%
41	Kirchensteuer	教会税	教会	州	州/教会		
	税收总计（Steuereinnahmen insgesamt）					7324	100%

　　再看第二层含义。《基本法》规定的例外情形可分为两类：一是财政混合资助（Mischfinanzierungen），具体包括联邦委托管理、资金给付法律、财政援助、共同任务和特别负担补偿等五种情形（见表2.2.6）；二是联邦与各州对于承担国际义务和欧盟义务时的财政负担。

表2.2.6　德国财政混合资助一览表

序号	例外情形	宪法依据	具体内容
1	联邦委托管理（Bundesauftrags-verwaltung）	《基本法》第104a条第2款、第108条第3款	各州受联邦委托管理事务产生的支出由联邦承担。州征税机关征收税收时，若该税收全部或部分归属联邦，该征税为联邦委托
2	资金给付法律（Geldleistungs-gesetze）	《基本法》第104a条第3款	提供金钱给付且由各州执行的联邦法律，可规定金钱给付全部或部分由联邦承担

序号	例外情形	宪法依据	具体内容
3	财政援助（Finanzhilfen）	《基本法》第104b条	在基本法授予的立法权限范围内，联邦可对各州及各市镇（市镇联合）的特别重大投资予以财政协助，该投资须出于如下必要：1.防止对整体经济的干扰，或2.平衡联邦领域内的不同经济力量，或3.促进经济增长。除此之外，发生国家无法控制且对国家财政造成重大影响的自然灾害或特殊紧急情形时，联邦在无法定权限时也可提供财政协助
4	共同任务（Gemeinschafts-aufgaben）	《基本法》第91a与91b条	当各州无法独自完成特定任务时，联邦参与对相关任务提供资金。共同任务包括改善地区经济结构、农业结构和海岸保护，以及具有跨地区意义的科学、研究与教学等
5	特别负担补偿（Sonderlasten-ausgleich）	《基本法》第106条第8款	联邦在某个州或市镇（市镇联合）设立特别机构，直接导致该州或市镇（市镇联合）支出增加或收入减少（特别负担）时，若该州或市镇（市镇联合）支出增加或收入减少（特别负担）不得要求其承担特别负担时，联邦给予必要补偿。此项补偿应考量该州或市镇（市镇联合）因设立特别机构而产生的对第三人的补偿给付及财政利益

联邦与各州承担国际义务和欧盟义务的财政负担主要有两种：一是因违反超国家或国际法上的义务而产生的负担；二是欧洲共同体基于其创立条约第104条规定为确保财政收支稳定所采取的制裁措施。对此，《基本法》第104a条和第109条第5款分别作了相应规定。（1）根据《基本法》第104a条规定，德国因违反超国家或国际法上的义务而产生的负担，由联邦与各州依国内管辖权与任务分配予以承担。因欧盟跨国性财政调整所产生的负担，由联邦与各州按15：85的比例予以承担。当此情形时，总体负担的35%由各州按一般分配比例承担；总体负担的50%由导致该负担的各州按所得资金的数额比例承担。（2）根据《基本法》第109条第5款规定，欧洲共同体基于其创立条约第104条规定为确保财政收支稳定所采取的制裁措施，由联邦与各州以65：35的比例承担。由各州承担的预算费用，其中35%由各州按其居住人

口比例分摊；其余65%由引起该承担的相关州按比例承担。经联邦参议院同意，其具体内容由联邦法律规定。

3.四级财政平衡体系

根据《基本法》第72条第2款规定，德国应在全国范围内提供均衡的生活条件（gleichwertiger Lebensverhältnisse）。[1]为保障这一宪法目标的逐步实现，德国建立了联邦、各州及市镇的四级财政平衡体系（见表2.2.7）。[2]

表2.2.7　德国四级财政平衡一览表

层级	平衡目标	法律依据
第一级（初次纵向财政平衡）	税收收入在联邦和州之间分配，保证联邦和各州获得原始财政配备（originäre Finanzausstattung）	《基本法》第106条、《标准法》第4条、《财政平衡法》第1条
第二级（初次横向财政平衡）	按照当地收入原则（Prinzip des örtlichen Aufkommens），税收收入在各州之间分配，保证财力弱小的州达到各州平均财政实力的92%	《基本法》第107条第1款、《分割法》、《标准法》第5条
第三级（二次横向财政平衡）	税收收入在各州之间再分配，目的是以自有财政资金（eigene Finanzmittel）对初次财政平衡进行修正，保证财力弱小的州达到各州平均财力的95%	《基本法》第107条第2款、《标准法》第7条至第9条、《财政平衡法》第4条至第10条
第四级（二次纵向财政平衡）	联邦补充拨款以及州对市镇（市镇联合）的补充拨款，为财力弱小的州或市镇（市镇联合）提供补充	《基本法》第107条第2款、《标准法》第10条至第12条

在上述财政平衡体系中，增值税（Umsatzsteuer）的收入分配发挥了"移动缓冲器（beweglichen Puffer）"的特别功能。首先，分量重。增值税在德国是仅次于薪资税的第二大税种，2017年收入为1739亿欧元，占全国税

---

[1]　Vgl. Hans D.Jarass/Bodo Pieroth:Grundgesetz für die Bundesrepublik Deutschland:Kommentar, C.H.Beck, 2016.S.861.

[2]　Vgl. Robert F.Heller:Haushaltsgrundsätze für Bund, Länder und Gemeinden ——Handbuch zum Management der öffentlichen Finanzen, 2.Aufl. R. v. Decker 2010.S.63-92. Andreas Reus/Peter Mühlhausen: Haushaltsrecht in Bund und Ländern: Planung, Ausführung, Prüfung, C.H.Beck 2014.S.33-82.

收收入的24%（见表2.2.5）。其次，影响大。根据《基本法》106条第3款和第5a款规定，增值税按照不同比例由联邦、州和市镇（市镇联合）三个层级共享。第三，分配比例兼顾分配和平衡工具的灵活性与正常运转。《基本法》仅规定确定增值税分配比例的基本原则，而分配比例具体确定所依据的则是经联邦参议院同意的联邦法律《分配法》（Verteiungsgesetz）。两者区别在于，修改联邦法律可以由联邦议院和联邦参议院各以简单多数通过，而修改《基本法》则需要议员三分之二的多数才能通过。除增值税外，其他税种的分配比例由《基本法》直接确定。增值税收入分配包括三种情形：一是联邦与州之间的纵向分配；二是各州之间的横向分配；三是市镇（市镇联合）之间的横向分配。

（1）联邦与州之间的纵向分配。根据《基本法》第106条第3款规定，联邦与各州对于增值税收入的划分比例由联邦法律确定，并取得联邦参议院同意。该比例确定应遵守下列原则：一是在经常性收入范围内，联邦与各州均有同等的满足必要支出的请求权。对此支出的界限，应结合五年财政计划予以确定。二是联邦与各州的覆盖需求（Deckungsbedürfnisse）应相互协调，以达成合理的平衡，避免税收负担过重，并确保联邦境内生活条件的一致性（Einheitlichkeit der Lebensverhältnisse）。此外，当联邦与各州的收支关系发生重大变化时，应重新确定联邦与各州对于增值税收入的划分比例。

（2）各州之间的横向分配。根据《基本法》第107条第1款规定，对于归属各州的增值税份额，由各州依据居民数量（至少3/4）和财政实力（至多1/4）进行分配。增值税原则上按居民数量而不是当地收入原则分配，原因在于其课税对象和征税方法不同于其他税种。增值税是间接税，税负由最终消费者承担，作为计税依据的应纳税销售额在不同地点实现，而征收环节却发生在企业，因而当地收入与消费地不再发生关联。以居民数量作为分配依据，实际上是建立在平均消费的基础上，明显有利于经济实力及其财政实力较弱的州。为了进一步缩小各州财政实力方面的差距，人均州税收入、所得税、法人税和依《基本法》第106b条规定收入低于各州平均水平以下的州，可额外获得州分配额中的一部分（补充份额），但不得超过其四分之一。

（3）市镇（市镇联合）之间的横向分配。根据《基本法》第106条第5a款和《财政平衡法》第1条规定，自1998年1月1日起，在增值税收入分配给联邦和各州之前，首先由市镇（市镇联合）共同享有增值税收入的2.2%。该收入由各州按照与地域、经济实力挂钩的分配方案转交给市镇（市镇联合）。具言之，首先将此份额在原西德各州（85%）和新加入各州（15%）之间划分，然后各个市镇（市镇联合）依据不同的分配指标得到增值税份额。[①]

（三）横向分配：以联邦为例

联邦、各州和市镇的预算都是一个周期性过程，即预算周期（Haushaltskreislauf）。每份预算案都要经历编制（Aufstellung des Budgetentwurfs）、议会审议与通过（parlamentarische Beratung und Verabschiedung）、执行（Vollzug des Budgets）和监督（Kontrolle des Budgets）的阶段，并以政府免责（Entlastung）而告终[②]。无论是联邦预算、各州预算和市镇预算，其权力的横向分配都包括四层含义：一是预算权在政府、议会和监督机关之间的总体分配；二是预算编制权和执行权在政府内部的分配；三是预算审批权在议会内部的分配；四是预算监督权在议会、审计机关、司法机关以及政府部门之间的分配。联邦预算、各州预算和市镇预算在权力横向分配上的宪法规定大体相同，因此，本书仅以联邦为例，详细论述德国预算权的横向分配（其中第四层含义的具体分配由下文"预算权力监督机制"详细展开）。

1.联邦预算权的总体横向分配

德国预算权按其内容划分为编制权、立法权、执行权和监督权，[③]其中

---

① Vgl. Robert F.Heller:Haushaltsgrundsätze für Bund, Länder und Gemeinden —Handbuch zum Management der öffentlichen Finanzen, 2.Aufl. R. v. Decker 2010.S.77-84.

② Vgl. Andreas Reus/Peter Mühlhausen: Haushaltsrecht in Bund und Ländern: Planung, Ausführung, Prüfung, C.H.Beck 2014.S.133-152.

③ 其中立法权类似于我国的预算审批权。

预算编制权和执行权整体上属于联邦政府，预算立法权整体上属于联邦议会，预算监督权主要归属联邦议会、联邦审计院和司法机关。

2.联邦预算编制权和执行权在联邦政府内部的分配

（1）联邦预算编制权在联邦政府内部（包括内阁、联邦财政部和联邦各专业部）的分配。首先，由联邦专业部提出估算方案。联邦财政部发出预算编制通知，从财政政策方面对收入和支出、人事岗位编制、需提交的材料以及期限做出限定。据此，各专业部为各自的个别规划（Einzelplan）提出估算方案，并送交联邦财政部。[1]其次，由联邦财政部编制预算草案。联邦财政部在审查估算方案的基础上编制年度联邦预算草案。预算收入由税收估算工作组提供咨询。联邦财政部在各个层级的预算协商框架下，可与专业部协调变更估算方案的数额；如果协商不能达成一致，该专业部部长可请求联邦政府做出决定。[2]最后，由联邦政府内阁就预算草案作出决议。联邦政府内阁对预算草案的决议作出后，联邦预算编制程序（Aufstellungsverfahren）也就基本结束。联邦预算经联邦议会审议通过后，由联邦财政部和联邦总理副署，由联邦总统签发并在《联邦法律公报》（Bundesgesetzblatt）公布，成为法律正式生效。联邦财政部向各专业部发出预算执行通知后，联邦预算正式执行。

编制预算案，既是政府的权力，同时也是政府的义务，政府必须按时提出可以被议会通过的成熟的草案。因此，政府在编制预算时必须遵守以下原则：一是统一与完整原则（Einheit und Vollständigkeit）。为保证整个国家财力受到议会决定的约束，每个地域实体的各项财政经济规划都要汇总到一部预算案之中，所有收入和支出必须在这部统一的预算案中预估，防

---

[1]　各专业部的估算方案也要提交联邦审计院，其代表参与联邦财政部和专业部之间的处长层级预算协商，既可以发表意见，也可以不发表意见。联邦审计院的早期参与，主要是为了便于履行《联邦预算通则》第88条第2款规定的咨询义务，同时有利于提前为监督做准备。

[2]　作为预算协调例外情形的是联邦预算机动经费（flexibilisierter Bereich），只要估算不超过预算编制通知中为预算子目设定的上限，可以不对预算支出进行科目协商，而且未使用的预算资金可以被结转到未来的预算年度。

止通过不受监控地进账或出账的资金建立小金库或特别基金。二是当期原
则（Fälligkeit）。预算案中只对那些将在预算年度中付现的收入和支出进行
预估。对于责任授权，应当专门预估，并与支出分开。换句话说，相关预算
年度中应承担的某项责任预期在其后的预算年度造成到期支出，编制预算
案时应对责任授权进行预估，而不是对支出授权。在编制相应年度的预算案
时，再由责任授权衍生出支出授权。三是预算清晰原则（Haushaltsklarheit）。
即清楚明了地描述预算内容，从其目录中即可看出所预估的收入来自哪里，
数额多少；所预估的支出用于什么目的、其数额及其依据是什么。四是毛额
估算原则（Bruttoveranschlagung）。为确保议会对收入和支出进行全程监督，
既不能从收入中扣除支出，也不能以收入冲抵支出（其例外情形是，法律允
许将信贷收入与偿贷支出进行折抵，只估算净额）。该原则对预算编制和预
算执行的影响：一方面，对于收入、支出和责任授权必须分别估算；另一方
面，有关授权只能用于预算案中规定的目的与给付，并只能在预算年度结束
前给付或主张。[①]

（2）联邦预算执行权在联邦政府（联邦财政部和联邦各专业部）内部的
分配。联邦预算的具体执行者是联邦各专业部及其管理机构，它们对各自
所属部门的开支负责。每个下属机构设预算执行专员一名，具体负责预算的
执行。预算执行专员的总管由部长任命，同时对联邦最高机构本身的预算执
行负责。预算执行专员直接参加具有重要财政意义的措施的实施，负责与联
邦财政部和联邦审计院联系，磋商有关预算执行方面的事务。财政部的任务
是监督各个专业部的预算执行，当某个部门执行状况偏离预算时，财政部可
以提出限制和冻结该部门资金，同时有权对预算计划外的特殊支出作出决
定。[②]

---

① Vgl. Robert F.Heller:Haushaltsgrundsätze für Bund, Länder und Gemeinden —Handbuch zum Management der öffentlichen Finanzen, 2.Aufl. R. v. Decker 2010.S.259-273.
② 参见朱秋霞编著：《德国财政制度》，中国财政经济出版社2005年版，第52-53页。

3.预算立法权在联邦议会内部的分配

具体而言，该分配指联邦议院的"三读"与联邦参议院的"两议"。与其他法律草案可以由联邦议院成员或联邦参议院提交不同，预算草案及其追加或补充都只能由联邦政府提交。根据《基本法》第110条第3款规定，《预算法》及其预算草案应当在预算年度开始前提交（Einbringung）联邦议院并递交（Zuleitung）联邦参议院。此即预算立法程序（Haushaltsgesetzgebungs-verfahren）的启动。联邦财政部应就财政经济的现状和预期并结合总体经济的发展提出财政报告（Finanzbericht），该报告不得隐瞒对预算规划做出专业判断所必需的信息。

根据《基本法》第110条第1款规定，所有的收入与支出均应列入法律所确定的预算规划。预算规划由法律确定，这是议会预算权的体现。与任何一部法律的通过程序相同，《预算法》也要由联邦议院三读审议通过。一读由联邦财政部报告联邦政府的财政政策，代表各个党派的议员对草案提出基本看法，联邦议院预算委员会作出具体的书面结论，联邦财政部据此作相关调整后提交二读。二读由预算委员会将其预算草案决议提交议院全会，对各个预算计划进行审查，并逐个作出决议。三读由议院全会对所有的关于预算草案决议进行表决通过。

联邦参议院"两议"的依据分别是《基本法》第110条第3款和第77条第3款规定。根据《基本法》第110条第3款规定，联邦参议院有权在六周内对法律提案提出意见，在三周内对修正提案提出意见。该意见递交给联邦政府，再由后者将其答复附上，一并提交联邦议院。根据《基本法》第77条第3款规定，对于联邦议院通过的《预算法》和预算规划，联邦参议院可以在两周内提出异议（Einspruch）。对此异议，联邦议院可通过多数表决驳回。

预算由法律确定，只有《预算法》规定的支出才可以给付，从而确保议会独立享有预算制定的最终权力。立法程序意味着要在议会中进行公开辩论，自然会吸引媒体注意，从而为公众监督提供条件。在审议《预算法》草案时，预算委员会的地位尤其突出。作为议会的一个常设委员会，预算委员会负责审议《预算法》和预算规划，并监督预算的执行。

第三节 当代中国预算权力配置的法律框架

对当代中国预算权力配置的认识,应当将其放在相关的财税体制背景之下,由此才能加深对预算权力配置的理解。与其他国家"财政制度"的描述相称,我国往往称之为"财税体制"。原因在于我国的财政与税务部门在管理体制上实行分设,因此财政和财税无异,两者同义。[①]

财税体制作为国家宏观经济制度的重要组成部分,推动着整个国家经济体制改革不断向前发展。"建国以来财政体制的频繁变动是与国家整体的经济管理体制和经济、政治形势的变化紧密联系在一起的。财权在放与收、集中与分散之间屡经周折,也在很大程度上反映了持续、反复进行的对于'社会主义经济如何更有活力地发展'的探索。"[②]中华人民共和国成立初期,由于长期革命战争的影响,恢复经济发展的需要,我国实行高度集中、统收统支的财税体制。[③]但是地方财政始终无法摆脱高度集中的财税体制带来的束缚,因此严重缺乏自主权。

改革开放以来,党的十一届三中全会决定把全党的工作重点转移到经济建设上来,经济体制改革的大幕正式拉开。为了调动地方政府积极性,我国实行"分灶吃饭"的包干财税体制。这期间通过对企业、地方放权让利,中央稳步促进经济改革和社会事业改革的发展。但这也造成了中央财政收入在全国财政收入中的比重严重下滑、中央对地方政府调控能力明显下降的后果。

1994—2014年,财税体制改革在社会主义市场经济改革的大潮中推进。

---

① 参见高培勇:《论国家治理现代化框架下的财政基础理论建设》,《中国社会科学》2014年第12期,第105页。

② 贾康、阎坤:《中国财政:转归与变革》,上海远东出版社2000年版,第5页。

③ 关于计划经济时期的财政体制划分时期的具体时间点,理论界存在不同意见。参见高培勇主编:《中国财税体制发展道路》,经济管理出版社2013年版,第3页。

我国的财税体制改革逐渐完成了从"包干制"到"分税制"再到建立"公共财政体制框架"的重要转变。①1994年，国务院发布了《关于实行分税制财政管理体制的决定》，开始实行分税制财政管理体制改革。改革从制度上规范了中央和地方的收入分配关系，也充分调动了地方发展经济和组织财政收入的积极性。国家财政的宏观调控能力得到提升，"两个比重"持续下降的趋势得以改善。②但促进市场经济发展的同时也带来了地方财政日益吃紧的难题。各地方在教育、社会保障和就业等方面的民生支出逐年提升，造成地方财力与事权之间的差距进一步扩大。③

20世纪90年代中后期，财政支出仍处于大包大揽状态。随着改革开放逐步深化，一部分由计划转向市场的行业需要公共财政的支出，比如为国有企业亏损提供财政补贴。另一部分属于国家公共支出的部分却难以有效供给，如科教兴国战略、社会保障支出等。国家财政这种既"越位"又"缺位"的局面加剧了有限的财政供给和无限增长的支出需求之间的矛盾。④因此，"在上个世纪90年代后期，以规范政府收支行为及其机制为主旨的'税费改革'以及财政支出管理制度的改革，先后进入财税体制改革的中心地带并由此将改革带上了财税体制整体框架的重新构造之路——构建公共财政体制框架。"⑤"但总的来说，上述一系列改革措施都未脱离1994年建立起的制度框

---

① 参见吕炜、陈海宇：《中国新一轮财税体制改革研究——定位、路线、障碍与突破》，《财经问题研究》2014年第1期，第3页。

② 从1993年到2000年，财政收入占国内生产总值的比重分别为12.6%、11.2%、10.7%、10.9%、11.4%、12.6%、13.9%和15%，中央财政收入占全国财政收入的比重分别为22%、55.7%、52.2%、49.4%、49.8%、49.5%、51.1%和52.2%。从8年的数据中可以发现，自分税制改革以来经过不断调整，"两个比重"下滑的局面得以扭转。数据来源自《分税制以来"两个比重"变化情况表》，《地方财政研究》2007年第3期，第65页。

③ 参见赵晔：《改革开放以来中国财税体制改革研究》，西南交通大学出版社2017年版，第1页。

④ 参见马海涛：《中国特色财政改革的伟大实践——改革开放40年回顾与思考》，载第十四届中国财税法前沿问题高端论坛《回顾与前瞻：中国财税法40年的发展（1978—2018）论文集》，第172页。

⑤ 高培勇：《中国财税改革40年：基本轨迹、基本经验和基本规律》，《经济研究》2018年第3期，第7页。

架，并且，从政府支出规范性角度来看，有效的公共支出体制仍未建立起来。"[1]特别是我国现行的财税体制仍存在一系列矛盾和问题，如分税制框架下中央与地方财权与事权的不匹配、税制不完善对市场的限制和扭曲、公共产品和服务供给不足等问题。[2]

从2014年开始，我国开启了新一轮"建立现代财政制度"的财税体制改革。改革的目标清晰明确，即建立与国家治理体系和治理能力现代化相匹配的现代财政制度。党中央决定将财税制度建设提升到国家治理"基础"和"重要支柱"的战略高度。从构建公共财政体制基本框架到建立现代财政制度，中国财税体制改革历经40年的发展，正在经历一场前所未有的蜕变。财政关系是各级政府间关系的核心问题，预算又是财政关系的"牛鼻子"。作为财税制度改革的前提基础，预算制度改革便显得尤为重要。

改革开放以前，我国财税体制围绕中央和地方利益分配的关系经过多次调整，但预算管理制度改革却相对滞后。在高度集中的计划经济体制之下，资源配置的权力相对集中，此时预算管理体制与计划经济体制相适应，计划是资源配置的主要手段，预算只是计划的反映。"1978年经济改革以前，中国是一个'自产国家'，国家的财政收入主要来源于国家自有的财产形成的收入，国家以国有企业为核心自己生产财政收入。"[3]曾任财政部部长的王丙乾认为国家预算制度的主要特点是"通过不断的财政体制和预算制度调整，集中财力办大事，并考虑各地经济发展不平衡等特点，给予地方一定的机动财力"[4]。随着党的十一届三中全会的召开，国家工作中心重新转到经济建设上来，预算制度也发生了相应变化。中国从自产国家开始向税收国家转

① 吕炜主编：《中国：新一轮财税体制改革》，东北财经大学出版社2013年版，第12页。
② 参见吕炜主编：《中国：新一轮财税体制改革》，东北财经大学出版社2013年版，第4页。
③ 王绍光、马骏：《走向"预算年国家"：财政转型与国家建设》，载马骏、谭君久、王浦劬主编：《走向"预算国家"：治理、民主和改革》，中央编译出版社2011年版，第24页。
④ 王丙乾：《中国财政60年回顾与思考》，中国财政经济出版社2009年版，第284页。

型。[1]改革开放以来我国预算管理制度改革主要经历了四个阶段：[2]

第一阶段1978—1993年，是预算管理制度建设的经验积累阶段。这一时期预算编制经过规范和调整，预算报告和批准制度得到恢复，《国家预算管理条例》发布，预算管理更加注重预算平衡和赤字控制，预算监督制度得到完善发展。

第二阶段1994—1998年，是与市场经济相适应的预算管理制度的初步形成阶段，也是我国预算法律体系形成时期。这一时期，《预算法》《审计法》《预算法实施条例》《审计法实施条例》相继通过，预算法治领域的国家立法得以实现。为应对国家财力困境，预算管理尤为注重收入管理；为适应不同资金需要，初步形成了复式预算体系。同时进一步加强预算平衡与赤字控制，注意对债务规模的控制。

第三阶段1999—2007年，是预算编制与管理规范阶段。2000年开启了部门预算改革，后在预算执行方面建立起国库集中收付制度；为适应财政管理的需要，启动了政府收支分类改革；为推动财政资金专门化预算管理，政府性基金预算、国有资本经营预算、社会保险基金预算得到规范化管理；为促进预算资金的使用效率，实行了预算绩效改革；为提高公众参与程度，推行了广泛的预算公开。[3]

第四阶段2008年至今，我国预算逐渐公开透明，监督不断强化。这一时期，我国预算管理制度向全面规范、公开透明的总体方向迈进。2007年《政府信息公开条例》颁布，明确财政预算、决算报告要在县级以上各级政府及其部门的职责范围内主动公开。2014年《预算法》修改要求提升财政透明

---

① 参见Jun Ma & Yilin Hou.2001. From an Owner-State to a Tax-State: A challenge for China. Paper presented to Western Society of Social Science (Nevada, May, 2001), 转引自马骏：《中国公共预算改革：理性化与民主化》，中央编译出版社2005年版，第32页。

② 参见杨志勇：《我国预算管理制度的演进轨迹：1979—2014年》，《改革》2014年第10期，第5-19页。

③ 杨志勇对2000年—2013年我国预算管理制度逐步健全的阶段对债务管理和预算监督部分也有部分论述，在此不再赘述。参见杨志勇：《我国预算管理制度的演进轨迹：1979—2014年》，《改革》2014年第10期，第15-17页。

度，推进公开透明的预算运行机制。2017年预算联网监督模式的创新又为政府财政信息的公开和建立现代化的政府预算制度开辟了新路径。

事实上，改革开放四十多年来，我国政府预算改革伴随财税体制的变化而变化，无论在理论还是实践方面都取得了瞩目的成就。特别是在预算法治化的演进发展和预算权力在国家机构间的分配方面，都为我国走向"预算国家"①创造了有利条件。

一、预算权力配置的宪法和法律规范体系

政府预算②是政府的财政收支计划安排。预算权力配置的发展在规范层面上反映着法律制度发展的理性建构主义特征。③

（一）宪法规范

1949年9月，中国人民政治协商会议第一届全体会议通过了具有临时宪法性质的《中国人民政治协商会议共同纲领》（以下简称《共同纲领》）。《共同纲领》第40条明确提出，在财政方面，我国要建立国家预算决算制度，同时划分中央和地方的财政范围。④《共同纲领》对国家预算内容的相关规定，是"新中国最早记载预算管理制度的文献，它是建立我国预算制度的基

---

① 王绍光提出"预算国家"的概念，其将"预算国家"定义为拥有现代预算制度的国家。其认为现代预算必须是经法定程序批准的、政府机关在一定时期的财政收支计划。参见王绍光：《从税收国家到预算国家》，载马骏、侯一麟、林尚立主编：《国家治理与公共预算》，中国财政经济出版社2007年版，第15页。

② 政府预算与国家预算还有所区别。一般认为国家预算指以中央政府为主体的预算，或是一国各级政府预算汇总后形成的总预算，而政府预算则指各级政府编制的预算，所以每一级地方政府的预算都可以称为政府预算，但不可称为国家预算，而国家预算通常涵盖所有的政府预算，或特指中央政府预算，甚至说只有中央一级政府的预算，在特定语境中才可以称为国家预算。参见杨光焰主编：《政府预算管理》，立信会计出版社2016年版，第1-2页。作者将政府预算设定为泛指中央政府和各级地方政府的预算。

③ 参见任喜荣：《地方人大预算监督权力成长的制度分析——中国宪政制度发展的一个实例》，《吉林大学社会科学学报》2010年第4期，第90页。

④ 《中国人民政治协商会议共同纲领》第40条规定："关于财政：建立国家预算决算制度，划分中央和地方财政范围，厉行精简节约，逐步平衡财政收支，积累国家生产资金。"

础"[1]。

1954年宪法是我国第一部社会主义类型的宪法。1954年宪法确定了全国人大行使包括审查和批准国家预算和决算在内的权力,[2]规定在全国人大设立预算委员会,[3]地方各级人大在本行政区域内行使审查和批准地方预算和决算的职权。[4]1954年宪法还规定了国务院执行国民经济计划和国家预算的职权。[5]至此,预算权力配置的初步形式在宪法上得到正式确认。

1975年宪法和1978年宪法基本延续了1954年宪法对人大和政府有关预算权力配置的基本架构。其中1975年宪法增加了国务院"制定"国家预算的职权。[6]1982年宪法增加了国家的预算执行情况报告需由全国人大审查和批准的规定。[7]同时,还要求全国人大常委会在全国人大闭会期间审查和批准国家预算在执行过程中所必须作的部分调整方案,这在我国宪法史上尚属首

---

[1]　任喜荣:《预算监督与财政民主:人大预算监督权的成长》,《华东政法大学学报》2009年第5期,第102页。

[2]　1954年宪法第27条规定:"全国人民代表大会行使下列职权:……(十)审查和批准国家的预算和决算;……"

[3]　1954年宪法第34条规定:"全国人民代表大会设立民族委员会、法案委员会、预算委员会,代表资格审查委员会和其他需要设立的委员会。……"

[4]　1954年宪法第58条规定:"地方各级人民代表大会在本行政区域内,……审查和批准地方的预算和决算,……"

[5]　1954年宪法第49条规定:"国务院行使下列职权:……(七)执行国民经济计划和国家预算;……"

[6]　1978年宪法第32条规定:"国务院行使下列职权:……(五)编制和执行国民经济计划和国家预算;……"

[7]　1982年宪法第62条规定:"全国人民代表大会行使下列职权:……(十)审查和批准国家的预算和预算执行情况的报告;……"2018年通过的《中华人民共和国宪法修正案》将第(十)项变成第(十一)项。

次。①与此同时，1982年宪法还规定设立财政经济委员会。②

　　根据上述梳理可知，1982年宪法同前三部宪法相比，在继续确认我国各级国家立法机关对政府预算审查和批准的权力外，还呈现出显著的差异性。第一，1982年宪法删除了人大审查和批准国家决算的内容。出于对人大会议召开的实际情况考虑，县级以上地方各级人大会议，一般每年召开一次；乡级人大会议一般也是一年召开一次，有的一年开两次或者三四次。第六届全国人大会议之前的五届全国人大会议召开时间都没有固定。直到第六届开始，大会召开时间才逐步规范，且基本固定在每年的第一季度。当时在国家决算草案编制工作尚未完成的情况下，决算草案无法提交到大会进行审查和批准。"因此，过去几届全国人大就都曾采用过由代表大会授权人大常委会审查和批准国家决算的办法。"③第二，增加了国家预算执行情况报告需由全国人大审查和批准的规定。预算执行情况报告是对于本年度预算执行的基本情况、落实人大预算决议情况以及下一步财政工作安排的详细描述。可以说，预算执行情况报告是本年度预算执行的"晴雨表"，其在应对各阶段经济形势，做好财政经济管理决策中承担着重要的参照作用。"1982年宪法中的这一规定，对于体现经人民代表大会审查和批准的国民经济计划和预算草案的严肃的法律效力，保证计划和预算监督过程和监督制度的连贯和完善，

---

① 1982年宪法第67条规定："全国人民代表大会常务委员会行使下列职权：……（五）在全国人民代表大会闭会期间，审查和批准国民经济和社会发展计划、国家预算在执行过程中所必须作的部分调整方案；……"

② 1982年宪法第70条规定："全国人民代表大会设立民族委员会、法律委员会、财政经济委员会、教育科学文化卫生委员会、外事委员会、华侨委员会和其他需要设立的专门委员会。……"2018年通过的《中华人民共和国宪法修正案》将"法律委员会"改为"宪法和法律委员会"。

③ 王敏：《国家权力机关的国民经济计划和预算监督制度》，中国民主法制出版社1993年版，第38页。后来，在2006年8月通过的《各级人民代表大会常务委员会监督法》第15条中明确规定了每年的六月由全国人大常委会审查和批准中央决算草案；每年的六月至九月期间，由各级人民代表大会常务委员会审查和批准本级决算草案。

进而确保国民经济计划和预算安排的科学合理，都是十分必要的。"①

（二）法律规定

我国先后通过《地方各级人民代表大会和地方各级人民委员会组织法》②《地方各级人民代表大会和地方各级人民政府组织法》（以下简称《组织法》）③《全国人民代表大会议事规则》（以下简称《议事规则》）《预算法》④《审计法》⑤《各级人民代表大会常务委员会监督法》（以下简称《监督法》），对我国政府的预算编制权和执行权、人大及其常委会的预算监督权力作了规定。

特别是在预算监督方面，《组织法》与宪法相似，对我国地方人大及其常委会预算监督权力的规定更多的是授权性的原则规定。在第8条、第9条和第44条的规定中，要求地方人大审查和批准本行政区域内的预算及其执行情况的报告；地方人大常委会则负责决定对本行政区域内预算的部分变更。这些规定标志着预算监督权力配置中我国立法机关权力的确定，也为接下来预算监督法律规范的体系化和精细化奠定了基础。《议事规则》专设第三章系统阐述全国人大审查国家预算的规定。《议事规则》不仅对财经委预算初步审查程序作了规定，还对大会期间审查国家预算的程序性问题首次作了确定。这也为后续法律的接续和发展提供了有益的规范指引。《预算法》《审计法》《监督法》的相继出台，促使预算监督的法律规范体系更加丰富和完善。1994年《预算法》的实施对我国加强财税管理，建立规范的预算管理制度，推进依法理财提供了法律基础。它对人大在预算编制、审批、执行、调整、

---

①　王敏：《国家权力机关的国民经济计划和预算监督制度》，中国民主法制出版社1993年版，第37页。

②　本法于1954年9月通过，1987年失效。本法第6条列举了地方各级人大职权，规定县级以上地方各级人大有权"审查和批准预算和决算"。上述规定标志着我国各级国家立法机关的国民经济和社会发展计划以及预算、决算的监督制度已经正式确立。参见任喜荣：《地方人大监督权论》，中国人民大学出版社2013年版，第236页。

③　本法于1979年7月通过，经过1982年、1986年、1995年、2004年、2015年五次修正。

④　本法于1994年3月通过，并于2014年、2018年两次修改。

⑤　本法于1994年8月通过，并于2006年完成修改。

决算审查监督以及法律责任方面作了明确规定。自2004年开始,《预算法》历时十年,征求到共计330960条相关建议,经过四次审稿并分组审议,最终于2014年通过全国人大常委会的修改决定。①2014年《预算法》强化了人大的预决算审查监督作用,也开创了我国向现代财税制度迈进的新征程。《预算法》在推进财税体制改革的基础上,立足于我国国情,分别从以下五方面构建了具有中国特色的预算体制:第一,预算支出分类有所细化;第二,在一定程度上实现了预算直接民主与间接民主的统一;第三,完善了县级以上人大及其常委会的初步审查及反馈机制;第四,明确界定了各级人大预算审查重点内容,并建立人大预算审查结果报告机制;第五,强化了人大对预算执行的监督权力。②

《审计法》对我国的审计监督地位、作用原则、审计机关、人员及其职责权限、程序责任作了相应规定。除了规定政府审计机关依法对预算执行、决算实行审计监督之外,《审计法》还在立法机关预算监督内容方面作出如下规定:首先,政府及其各部门财政收支的真实性、合法性和效益性都要受到审计监督;其次,地方政府有义务向本级人大常委会提交审计工作报告,在必要的时候,本级人大常委会也可以对审计工作报告作出决议;最后,对审计工作报告中提出的问题,其改正情况与处理意见结果还要向本级人大常委会进行报告。有学者因此表示国家审计机关是我国财政预算监督的另一主体。③但审计机关依然隶属于政府系统,我国宪法虽然规定各级审计机关依法独立行使审计监督权,审计监督仍然是一种典型的行政型审计模式。④相较于立法型审计体制、司法型审计体制和独立型审计体制,仍不能具备监督

---

① 数据来源自《预算法修改历程》,《中国财政》2015年第1期,第27页。
② 参见陈治:《推进国家治理现代化背景下财政法治热点问题研究》,厦门大学出版社2015年版,第22-24页。
③ 徐曙娜:《地方人大预算监督的制度环境分析》,《上海财经大学学报》2008年第6期,第55页。
④ 《宪法》第91条第1款规定:"国务院设立审计机关,对国务院各部门和地方各级政府的财政收支,对国家的财政金融机构和企业事业组织的财务收支,进行审计监督。"第109条规定:"县级以上的地方各级人民政府设立审计机关。地方各级审计机关依照法律规定独立行使审计监督权,对本级人民政府和上一级审计机关负责。"可知审计机关对政府负责,独立性相对较弱。

者与被监督者相互分离的条件，因而存在所谓"自我监督"的悖论。①因此，即使审计机关每年受政府委托向人大常委会提交审计报告，但其实并不向人民代表大会负责。②

《监督法》对我国各级人大常委会的监督职责进行了规定，同时也把以往在实践工作中的经验做法加以法律化。在与《预算法》《审计法》等相关法律的衔接基础之上，《监督法》在第三章专门对各级人大常委会审查和批准决算，听取和审议本级政府包括预算执行情况报告，听取和审议审计工作报告在内的立法机关预算监督进行了规定。③从条文第15条到第21条的规定可知，《监督法》在审查和批准的时间、决算草案所必须包含的项目、审批的重点内容、预算调整的审批、审批意见的处理结果以及结果的公开方面都在《预算法》的基础上作了详细规定。《全国人民代表大会常务委员会关于加强中央预算审查监督的决定》（以下简称《决定》）④对各级人大预算监督工作的开展也起到极大的推动和指导作用。特别是《决定》着眼于细化《宪法》以及有关预算方面的法律条文，对预算监督中的突出问题提供了审查监督办法，为人大提高预算监督权能行使的质量提供了有力支持。

（三）行政法规

预算行政法规对我国预算权力配置和预算管理制度的有效运行发挥着举足轻重的作用。早在1951年，当时的中央人民政府政务院根据《共同纲领》第40条的规定就制定了《预算决算暂行条例》，全文共五章47条。这也成为

---

① 关于审计权的不同模式分类，可参见王世涛：《论宪法视域下审计体制的变革——检察机关行使审计职权的可能路径》，《法治研究》2015年第4期，第7页。

② 但根据党的十八届四中全会通过的《关于全面推进依法治国若干重大问题的决定》表示，要求强化对行政权力的制约监督，提出"加强党内监督、人大监督、民主监督、行政监督、司法监督、审计监督、社会监督、舆论监督制度建设，努力形成科学有效的权力运行制约和监督体系，增强监督合力和实效。"该《决定》将审计监督和人大监督、行政监督并列为八大监督体系组成部分之一，以此表明审计监督作为监督形式的独立地位及应当发挥的审计作用重要性。

③ 在《监督法》的第六章、第七章还规定了人大常委会的询问和质询权以及特定问题调查权，实际上这些都和立法机关预算监督职能的行使有密切关系。

④ 1999年12月第九届全国人民代表大会常务委员会第十三次会议通过。

政府预算依据的最重要的预算法律文件。"尽管此后的四十年间，我国先后制定了四部宪法，但国家预算制度的单行立法却一直没有实现，这个暂行条例一直沿用了四十年。"①随着40年来我国政治经济环境的变化，1991年国务院颁布《国家预算管理条例》，《预算决算暂行条例》同时废止。该条例共九章78条，对我国财政预算管理工作逐渐走向法制化、规范化、科学化有重要意义。《国家预算管理条例》对于纠正当时预算管理中存在的各种混乱现象，具有明显效果。如有些地方在预算编制中不坚持量力而行、收支平衡的原则，打赤字预算；有些地方在预算执行中冲击预算，随意减收增支；有些地方违反国家规定，节流收入、乱退库款；有些地方以包代管，以拨代支，以领代报。②《国家预算管理条例》给预算管理树立了新规矩，强调"国家预算应当坚持收支平衡"的原则；强化国家财政的职能作用；突出要理顺中央财政与地方财政、国营企业之间的分配关系；明确预算执行在实施中要有有效的监督。③

现行的《预算法实施条例》于1995年底由国务院颁布。该条例的制定主要参照《预算法》（1994）。条例对《预算法》的内容作了较为详细的规定，为政府对预算编制、执行以及人大在预算审批、监督方面提供了更具体的技术依据。在预算监督方面，《预算法实施条例》要求，地方政府必须认真研究处理本级人大代表及其常委会组成人员有关改进预算管理的意见，并及时作出答复。值得一提的是，2014年《预算法》的修改后，我国现行《预算法实施条例》也正着手进行调整和修订。《审计法实施条例》是1997年10月国务院根据《审计法》制定的，并于2010年初作了修订。为完善政府审计部门监督职责，规范审计监督行为，《审计法实施条例》对《审计法》的有关规定加以细化。预算相关的行政法规在法律规定基础上更有可操作性和可实施性，是我国预算权力行使中重要的规范依据。

---

① 王永礼：《预算法律制度论》，中国民主法制出版社2005年版，第50页。
② 参见《财政》评论员：《认真执行〈国家预算管理条例〉强化预算管理》，《财政》1991年第12期，第17页。
③ 参见朱庆丰：《学习〈国家预算管理条例〉的几点体会》，《财政》1992年第4期，第27-28页。

（四）其他行政规范性文件

在政府预算管理过程中，政府自身也在努力发挥对预算的管理和监督作用。以预算外资金管理为例，1983年财政部发布《预算外资金管理试行办法》[①]，1986年国务院颁布《关于加强预算外资金管理的通知》[②]，以应对经济体制改革和生产事业发展过程中由于管理制度不健全、财经纪律松弛出现的资金管理和使用问题。为进一步加强预算外资金管理，加强对财政的监管，1996年国务院对预算外资金开展了专项治理活动。1996年国务院颁布了《关于加强预算外资金管理的决定》[③]，使预算外资金管理有据可依。其中对部分预算外资金纳入财政预算管理的规定引发了广泛关注。"从1996年起，将养路费、车辆购置附加费、铁路建设基金、电力建设基金、三峡工程建设基金、新菜地开发基金、公路建设基金、民航基础设施建设基金、农村教育事业附加费、邮电附加费、港口建设费、市话初装基金和民航机场管理建设费13项数额较大的政府性基金（收费）纳入财政预算管理。"[④]同年，财政部印发了《预算外资金管理实施办法》[⑤]和《中央预算外资金财政专户管理暂行办法》[⑥]，要求各部门和单位按照"收支两条线"管理预算外资金，且如实向财政部门报送预算外资金收支计划。[⑦]2010年财政部下发了《关于将按预算外资金管理的收入纳入预算管理的通知》[⑧]，决定从2011年起将按预算外资金管理的收入（不含教育收费）全部纳入预算管理。"2011年，我国全面取消预算外资金，将所有政府性收入全部纳入预算管理，这是财政预算管理制度改

---

① 财政部83财综字4号。

② 国发〔1986〕44号。

③ 国发〔1996〕29号。

④ 杨志勇：《我国预算管理制度的演进轨迹：1979—2014年》，《改革》2014年第10期，第10页。为规范政府性基金管理，1996年财政部印发《政府性基金预算管理办法》（财预字〔1996〕435号）；同年财政部还颁布了《预算外资金管理实施办法》（财综字〔1996〕104号）。

⑤ 财综字〔1996〕104号。

⑥ 财综字〔1996〕121号，其已于2016年8月《财政部关于公布废止和失效的财政规章和规范性文件目录（第十二批）的决定》中被废止。

⑦ 参见赵兴罗：《我国政府预算改革四十年：回顾与展望》，《财政监督》2018年第8期，第11页。

⑧ 财预〔2010〕88号。

革取得的重大成果，使财政预算朝着全口径预算管理迈进了一大步。"[①]2014年《预算法》修改，规定政府的全部收入和支出均应纳入预算，即实行全口径预算，在法律上为预算完整性提供了依据。

二、预算权力在国家机构间的分配

"财政是国家治理的基础和重要支柱"，2013年党的十八届三中全会上通过的《中共中央关于全面深化改革若干重大问题的决定》中旗帜鲜明地提出要"深化财税体制改革"，并将财政与国家治理的关系紧密联系在一起。在政治学学者欧树军看来，现实政治世界中的财政权力配置主要建立在包括收入制度、支出制度、转移支付制度、预算制度、决算制度和审计制度六项制度之上。[②]历史发展的演进过程中，现代预算和现代国家治理形成了"整体共生、具体相关和制度同构"的关系。[③]因而，如果说财政是国家治理的基础和重要支柱，那么预算在国家财政体制中的核心地位则决定了预算是国家治理基础之基础。

政府预算是对社会公共资源的配置，这一过程极富政治性。正如美国政治学者阿伦·威尔达夫斯基所说："预算——即企图通过政治过程配置稀缺的金融资源，以实现各种美好生活——是政治过程的中心。"[④]预算权力按照一定的标准和原则，对不同的国家机关所享有的职权范围及权力限度进行法律上的界定，以确保对预算权力进行必要的限制和制约。[⑤]王承礼认为预算权的横向配置就是将预算权在立法机关、行政机关、司法机关、政府财政职

---

① 杨燕英、丁树：《从管理到治理：改革开放四十年我国财政监督的演进与完善》，《财政监督》2018年第11期，第14页。

② 欧树军：《"看得见的宪政"：理解中国宪法的财政权力配置视角》，《中外法学》2012年第5期，第1008-1009页。

③ 参见曹堂哲：《现代预算与现代国家治理的十大关系——基于文献的审视》，《武汉大学学报（哲学社会科学版）》2016年第6期，第23页。

④ ［美］阿伦·威尔达夫斯基、［美］内奥米·凯顿：《预算过程中的新政治学》，邓淑莲、魏陆译，上海财经大学出版社2006年版，第7页。

⑤ 参见王承礼：《预算法律制度论》，中国民主法制出版社2005年版，第25页。

能部门和财政职能内部各组织机构之间进行分配。预算权的纵向分工，更多地是指政府的收入和支出权力如何在各级政府之间得到有效划分。①李淑芳和张启春认为预算过程中的编制、审批、执行、调整等预算权力在各预算参与者之间分配的管理权责是横向的预算权力，而需要在中央政府和地方政府以及地方政府之间的事权及支出责任明确的前提下界定收支范围，在各级政府之间界定国家财力的分享方式的权力则为纵向预算权力。②在谈到财政法定时，杜坤也以横纵两轴划分，横向权力配置以立法机关和行政机关为重心，包括财政权的授予与规制，实现对政府财政权力的法定化；纵向权力配置以上下级政府间以及政府内部财政权力的规范为重心，落实法定义务、程序和责任的法定化。③"在整个社会的语境下检视，公共资源和价值既是权力的对象，又是权力的载体，还是权力大小的量角器。"④事实上，对预算权在国家机构间横纵向分配的探讨，殊途同归都是在找寻现代国家治理中，不同主体如何进行合理的社会资源分配、使用和监督，从而最大限度满足和实现人们对社会生活的基本需求和向往，谋求社会福祉。总体来看，预算权力在国家机构间的横向分配主要以行政机关和立法机关为核心；纵向分配主要以预算权在上下级政府间特别是中央和地方之间的财政权力配置为主。有宪法学者从宪法文本和规范的角度观察财政分权中横向分权和纵向分权二者关系，认为两种分权体制存在两种互动形态。⑤第一，立法、行政与司法的横向分权构成了对中央与地方财政权力的制约，使其保持在必要的界限范围里。通过横向分权形成权力分支并赋予其权力继而确保中央政府实现对财政

---

① 参见王承礼：《预算法律制度论》，中国民主法制出版社2005年版，第26-27页。

② 参见李淑芳，张启春：《横向预算权力配置与政府治理能力：一个预算交易费用的视角》，《地方财政研究》2016年第12期，第38页。

③ 参见杜坤：《全口径预算实现的法治化进路——以新〈预算法〉第4、28、55条为线索》，《地方财政研究》2015年第1期，第13页。

④ 刘剑文：《由管到治：新〈预算法〉的理念跃迁与制度革新》，《法商研究》2015年第1期，第6页。

⑤ 参见王理万：《中央与地方财政分权的合宪性检视》，《上海政法学院学报》2014年第1期，第71-72页。

分权的约束。第二，中央和地方的财政分权，使得作为"临摹"中央政府横向分权的地方政府各个权力分支，由于利益分殊产生了地方各自独立的利益倾向。因此横纵向财政分权的相互牵制反映出极为复杂的中央地方权力博弈样态。

　　预算过程作为一种政治行为而言，具有强烈的政治权力分配烙印。因此分权学说对预算权力分配有重要影响。亚里士多德认为每一个政治制度都具备包括深思性要素、管理性要素和司法性要素在内的三重要素。深思性要素与立法职能有着某种关系，且与司法和行政职能相关。但遗憾的是亚里士多德没有将这种区分职能的思想转到该由不同机构支配政府权力的考虑上来。[①]分权学说最早可追溯到17世纪，英格兰人首先领悟到政府所具备的立法、行政、司法三种职能。洛克在《政府论》中将国家权力区分为立法权、执行权和对外权。18世纪孟德斯鸠将"司法职能"拉回到公众视野，在权力的划分上提出包括立法权、执行权和司法权在内的国家权力划分，从而实现了简单分权到分权与制衡的重要转变。权力之间的相互制衡能够有效防止因某种权力过分扩张而导致可能的腐败和失控。

　　预算权力控制本身离不开社会契约理论的滋润。社会契约理论为民主社会建设勾勒了一幅壮美图景，"要寻找出一种结合的形式，使它以全部共同的力量来维护和保障每个结合者的人身和财富，并且由于这一结合而使得每一个与全体相结合的个人又只不过是在服从其本人，并且仍然像以往一样地自由。"[②]根据卢梭的设想，人民之间共同订立契约，在共同体中接纳作为全体成员的每一个人成为其中不可分割的一部分。社会契约和民主财政本身具有极高的耦合性，双方兼具自由与平等、自愿与合意、合作与互利的属性。[③]在代议民主制国家里，人民通过选举产生议会和其他政府机关，形成

---

① 参见［英］M. J. C维尔：《宪政与分权》，苏力译，生活·读书·新知三联书店1997年版，第20-22页。

② ［法］卢梭：《社会契约论》，何兆武译，商务印书馆2003年版，第19页。

③ 参见李一花、李秀玲：《社会契约论的"经济观"探析——兼谈中国民主财政建设的理论基础》，《山东大学学报（社会科学版）》2006年第4期，第116页。

管理权上的委托——代理关系。政府预算正是人民委托政府行使公共财产的处分权利形成的对社会资源配置的社会契约，人民由此获得一系列公共产品和服务。

（一）预算权力在国家机构间的横向分配：政府和人大的关系

在我国，政府预算管理流程涵盖预算的编制、审查、执行、调整、决算和审计。[①]在这之前预算方案要受到当下的政治、经济和社会环境影响，因此预算的安排要建立在中长期财政规划基础上。结合了经济运行和社会发展状况制定的预算规划接下来才正式进入到预算的制定环节。以总预算的编制为例，[②]首先由政府下发预算编制通知，财政部门向各单位和有关主管部门布置预算编制工作。经过上报预算建议数、政府综合平衡，财政部门根据汇总后的各部门预算编制本级财政预算草案，将草案报政府、党委审定。各预算单位和部门经过"两上两下"的编制程序完成编制任务。随后，各部门编制的预算还需经过人大及其常委会的预算审查程序。预算审批环节包括人大会议举行前对预算草案或编制中的主要内容的初步审查和人大会议对预算草案的审查和批准两个阶段。接下来，本级政府组织本级预算，由财政部门负责具体执行，这一阶段也是决定预算决策能否落实的关键。在预算执行期间，政府对出现的法定情形安排预算调整，各级政府编制预算调整方案，提请人大常委会审议决定预算调整。预算执行周期过后，政府财政部门根据预算执行情况负责编制本级决算草案，并交由本级人大有关专门委员会进行初审，[③]提交决算草案审查结果报告，继而由人大常委会举行会议审查和批准。预算的审计和评价是审计部门通过对预算结果和预算目标的差异等部分的分析，及时发现预算问题，提高预算政策效应的环节。

---

① 虽然有学者认为决算是纯粹的会计审查，和预算是截然不同的两种程序，但决算作为对预算的总结，笔者认为仍应当归在整个决算程序中。对决算和预算的关系讨论，参见朱大旗：《论修订预算法的若干具体问题》，《安徽大学法律评论》2005年第1期，第84页。

② 相对于部门预算编制程序而言。

③ 县、自治县、不设区的市、市辖区政府财政部门将本级决算草案送交本级人大常委会有关工作机构征求意见。

从预算权力在国家机构间的横向分配角度来看，预算权力的配置使各国家机关在预算过程的各阶段合理分工、配置权力，实现预算目的。"预算编制是政府支出政策的抉择、预算执行是政府公共施政行为的落实"[①]，预算编制权和执行权通常交由行政机关行使，预算审批权、预算执行情况的报告审批权和决算审批权通常交由立法机关行使。以县级以上地方预算的权力分配行使为例，《宪法》第99条规定县级以上的地方各级人民代表大会行使预算和执行情况报告的审批权。《监督法》第15条规定人大常委会行使决算审批权。我国《宪法》第107条规定县级以上政府管理本行政区域内的经济、财政等行政工作。《预算法》第23条规定县级以上政府编制本级预算、决算草案和预算的调整方案。《宪法》第109条规定县级以上政府设立审计机关，对本级政府和上一级审计机关负责，独立行使审计监督权。具体而言，预算权力横向划分的基本构成为：

1.立法机关的预算权力。立法机关具有对政府预算编制、执行情况的审批权，以及对预算、决算不适当决定的撤销权等。立法机关虽然不直接编制政府预算，但对政府预算管理的监督是全方位的。

2.各级政府的预算权力。政府的预算管理相较于立法机关则更为直接和日常化。政府组织预算的编制、执行和组织决算。国务院作为国家最高行政机关，除了负责中央预算外，还要负责全国预算的管理。

3.财政部门的预算权力。政府的财政部门具体负责政府预算收支的管理工作，故而具体负责政府预算的编制、执行和决算等工作。根据《预算法》的规定，国务院财政部门具体编制中央预算、决算草案，具体组织中央和地方预算的执行，提出中央预备费动用方案，具体编制中央预算的调整方案，定期向国务院报告中央和地方预算的执行情况。地方各级政府财政部门具体编制本级预算、决算草案，具体组织本级总预算的执行，提出本级预算预备费动用方案，具体编制本级预算的调整方案，定期向本级政府和上一级政府财政部门报告本级总预算的执行情况。

---

① 朱大旗：《论修订预算法的若干具体问题》，《安徽大学法律评论》2005年第1期，第84页。

4.政府预算收支的具体管理机构。如税务机关和海关负责组织预算收入执行,中央银行、有关商业银行和政策性银行负责组织预算支出执行,国家金库负责政府预算执行的重要任务。①

除此以外,各级政府设立审计部门对政府财政收支、财务收支以及有关的其他经济活动进行审计。按照审计的内容和目的不同,又分为财政审计、财务审计、政府绩效审计、经济责任审计和专项审计调查。其中财政审计指的就是对本级财政预算执行情况、下级政府财政预算的执行情况和决算,乃至预算外资金的管理和使用情况的真实性、合法性和效益性进行审计。②

我国预算权力的横向分配体现在行政机关和立法机关的权限划分,这一预算权的配置也成为《预算法》实施成败的核心问题。③从我国预算权力的横向分配情况来看,随着公共财政框架体系的逐步建立,我国的预算权力配置基本呈现出"内外制约、协调分配"的鲜明特征。应当注意的是,这样一种内外部相互制约的分配特征是站在政府预算管理的角度而言的。

首先,政府作为预算活动的实际管理者,根据"一级政府一级预算"设立的中央、省(自治区、直辖市)、市(设区的市、自治州)、县(自治县、不设区的市、市辖区)、乡(民族乡、镇)五级预算,形成上下级政府间的预算关系,因而形成了上级政府对下级政府预算监督的责任。第二,财政部门一方面组织编制预算、执行预算,另一方面还要对预算本身的真实性、合法性和有效性实施审查监督。财政部门的监督是一种行政监督,属于内部监督的范畴。第三,政府各职能部门作为预算资金的具体使用者,根据法律法规和各种其他财政制度规章以预算作为财政活动的主要参照。第四,政府审计部门对被审计单位的预算收支安排、预算执行和决算情况进行审查和评价。第五,人大虽然不是政府预算的实际执行者,但在预算编制初期,就提前介入到预算草案的编制活动中,对预算草案编制进行研究、讨论并提出相

---

① 参见李燕主编:《政府预算管理》,北京大学出版社2016年版,第46页。
② 参见刘三昌主编:《政府审计》,东北财经大学出版社2012年版,第10页。
③ 参见黎江虹:《新〈预算法〉实施背景下的预算权配置》,《税务研究》2015年第1期,第73页。

应的意见建议。事实上，人大通过事前的介入，会对预算草案的编制产生影响。在政府预算编制完成后，人大对预算进行审查和批准。这也是政府预算草案生效的必经程序。人大对预算执行过程中的预算调整监督以及人大常委会对政府决算的监督同样是法律赋予立法机关的权力，也是对政府预算所进行的外部制约。第六，公民、法人和其他组织通过政府预算信息公开对政府预算管理活动展开广泛的社会监督，从某种程度上说这也是社会公众参与预算的表现之一。

政府财政部门、其他各职能部门以及审计部门作为政府内部的预算权力行使主体，根据自身的职权设置和工作特点行使预算职权。这些预算权力行使主体看似多样，但都属于预算行政权力主体的范畴。人大和公民相对于预算执行活动的行使主体——政府，是预算权力的外部行使者。其中，人大作为立法机关，通过预算立法、预算审批以及预算执行的监督形成对政府预算外部制约。人大的预算监督贯穿预算活动的始终，是事前监督和事后监督结合的全面性监督，是人大对政府进行监督的最为重要的权力类型。人大通过监督政府预算活动，既可以促进政府财政活动科学有效，保障国家财政职能顺利实现，又符合建立和完善社会主义市场经济公共财政体系的客观需要。

对于国家权力横向配置的实践，有学者指出存在着两种相反的趋势，一种是各个权力主体在发展过程中既相互协调、合作，又彼此约束和平衡的趋势；另一种是各权力主体之间，某一个主体地位和重要性日益突出，有压倒、控制其他主体的趋势。[1]其中国家权力行使不同主体间既相互协调、合作，又彼此约束和平衡的趋势是漫长历史发展阶段中的一般趋势，而某一机关集权的趋势只能是阶段性的趋势，是一般历史趋势阶段性波动的表现。[2]就预算权配置而言，影响预算管理制度和预算监督问题的关键始终围绕着行政机关和立法机关权限划分的问题。就目前我国预算权力的运行状况而言，横向预算权力涉及的各方包括各级政府财政部门、预算支出部门以及各级人

---

[1]　参见童之伟：《法权与宪政》，山东人民出版社2001年版，第325-326页。

[2]　参见童之伟：《法权与宪政》，山东人民出版社2001年版，第326页。

大，他们的运行存在较多与国家治理现代化不匹配的地方。例如，行政机关和立法机关预算权力配置不均衡，预算的编制、执行都由政府掌握，行政机关占据主导地位，相较而言立法机关的监督更多地呈现为形式化审查。有学者通过美国政治学者尼斯坎南的"官僚预算最大化理论"模型，映射在我国的预算权运作方面，发现存在着立法主体预算权力虚置、行政主体预算权力独大和责任部门内部弱化以及社会主体预算权力薄弱的困境。①十多年前，朱大旗针对我国预算决策的现实情况表示，预算权力在立法机关与行政机关之间分配的基本情况是"立法机构基本上无权、行政系统内高度集权、审计机关审计未能形成制度、预算决策过程和结果高度封闭"②。尽管我国预算权力配置的基本架构已经搭建完成，但是人大在预算监督方面的权力还没有充分有效地行使。

第一，预算监督的范围上，人大预算监督的审查范围未实现全覆盖。按照《预算法》规定政府所有收支都应纳入预算，实行全口径预算管理。但是，非税收入预算管理形式仅包括政府性基金、国有资本经营收入。非税收入除了政府性基金、国有资本经营收入以外，还包括国有资源、资产有偿使用收入、以政府名义接受的捐赠收入等。非税收入预算管理形式和非税收入两者本身外延的不同致使仍有大量资金游离于预算体系之外。"全口径预算力图实现财政收入形式与预算资金管理形式有效对接，但事实上二者之间的对接并未实现。"③

第二，在预算监督的权限上，人大的预算监督权虚置问题突出。表2.4.1是自2006年以来中央和地方预算执行情况与中央和地方预算的反对票统计情况，从表中可以发现全国人大代表在不享有预算草案修正权的情况下，对我国预算草案态度的差异。自2012年以来，预算草案报告有三年出现反对票数

---

① 参见王云霞：《治理范式下我国预算权法律规制的困境与突破》，《现代经济探讨》2017年第2期，第83-85页。

② 朱大旗：《论修订预算法的若干具体问题》，《安徽大学法律评论》2005年第1期，第87页。

③ 杜坤：《全口径预算实现的法治化进路——以新〈预算法〉第4、28、55条为线索》，《地方财政研究》2015年第1期，第14页。

最多的情况。[①]即在相当程度上，人大代表对政府提交的预算草案报告并不满意。《预算法》只规定人大有权审批预算草案，但是对人大是否有权对预算草案进行修正却只字未提。预算审批是否仅流于形式，无法发挥人大对预算的实质性监督，这里恐怕就要打上一个问号了。

表2.4.1　中央和地方预算执行情况与中央和地方预算的反对票统计[②]

年份	名称	赞成票	反对票	弃权票	备注
2018	关于2017年中央和地方预算执行情况与2018年中央和地方预算的决议（草案）	2838	87	37	
2017	关于2016年中央和地方预算执行情况与2017年中央和地方预算的决议（草案）	2555	208	71	反对票最多

① 这里所谓的"反对票数最多"是相对于当届人大开会审议的政府工作报告、上一年国民经济和社会发展计划执行情况与当年国民经济和社会发展计划草案报告、全国人大常委会工作报告、最高人民法院工作报告、最高人民检察院工作报告的投票结果而言的。

② 资料来源自联合早报网：《中国预算案以96%支持率通过》，http://www.zaobao.com/realtime/china/story20180320-844188，2018年5月23日访问；新华网/中国政府网：《表决通过关于2016年中央和地方预算执行情况与2017年中央和地方预算的决议草案》，http://www.xinhuanet.com/politics/2017lh/2017-03/15/c_129509886.htm，2018年7月20日访问；刘洋：《今年，预算报告反对票又得第一了》，http://news.sina.com.cn/c/zg/2016-03-16/doc-ifxqhmvc2541253.shtml，2018年7月20日访问；新华网：《表决通过关于2014年中央和地方预算执行情况与2015年中央和地方预算的决议草案》，http://www.xinhuanet.com/politics/2015lh/2015-03/15/c_127582125.htm，2018年7月20日访问；中国网：《人大7项报告票数一览　高检报告赞成率最低》，http://ucwap.ifeng.com/news/zhuanti/mainland/qglh/zx/news?aid=79734395&srctag=cpz_newsnext，2018年7月20日访问；新华网：《政府工作报告获2799张赞成票　101票反对　44票弃权》，https://news.qq.com/a/20130317/000429.htm，2018年7月2日访问；叶青：《代表谈财政》，人民出版社2017年版，第206页；词条"中华人民共和国第十一届全国人民代表大会"，搜狗百科https://baike.sogou.com/h53614803.htm?sp=Sprev&sp=l167714782，2018年7月20日访问；中国人大网文字直播"十一届全国人大一次会议闭幕会"，http://www.npc.gov.cn/npc/zhibo/zzzb8/node_4306.htm，2018年7月20日访问；中国网（北京）：《大会通过2007年中央和地方预算的决议草案》，http://news.163.com/07/0316/10/39MSRLUH000127FP.html，2018年7月20日访问；新华网：《2520票通过2006年中央和地方预算的决议草案》，http://news.163.com/06/0314/09/2C5PEEE80001124L.html，2018年7月20日访问。

续表

年份	名称	赞成票	反对票	弃权票	备注
2016	2015年中央与地方预算执行情况与2016年中央与地方预算的决议（草案）	2467	299	90	3人未按表决器；反对票最多
2015	2014年中央与地方预算执行情况与2015年中央与地方预算的决议（草案）	2483	304	87	反对票最多
2014	2013年中央与地方预算执行情况与2014年中央与地方预算的决议（草案）	2504	293	102	反对票倒数第三
2013	关于2012年中央和地方预算执行情况与2013年中央和地方预算的决议（草案）	2307	509	127	反对票倒数第二
2012	关于2011年中央和地方预算执行情况与2012年中央和地方预算的决议草案	2291	438	131	12人未按表决器；创下了未投赞成票比例20.2%的历史新高，反对票最多
2011	2010年中央和地方预算执行情况报告与2011年中央和地方预算草案	2391	362	118	
2010	2009年中央和地方预算执行情况报告与2010年中央和地方预算草案	2458	317	116	
2009	2008年中央和地方预算执行情况报告与2009年中央和地方预算草案	2440	315	124	
2008	关于2007年中央和地方预算执行情况与2008年中央和地方预算草案	2462	362	102	
2007	关于2006年中央和地方预算执行情况与2007年中央和地方预算的决议草案	2532	220	131	
2006	关于2005年中央和地方预算执行情况与2006年中央和地方预算草案	2520	256	111	

第三，预算执行的监督上，部分财政资金不受监督。新《预算法》将预算调整的适用范围扩大，关注的焦点不再局限在预算平衡，而是包括改变预算的相关情况，应当说对预算执行的制约是有利的。但是对预算调整会否成为预算执行中的常态化变更机制，导致其可能成为"随用随取"的工具，造成预算本身成为一种空架子，有学者对此表示出极大担忧。[①]预算执行的随意性大，且超收收入未纳入《预算法》的预算调整情形，很大程度上会形成人大对政府财政资金监督的盲区。还有学者表示目前行政主导型的预算执行监督制度造成立法机关权威受损、财政资金管理水平、违规违法使用等顽疾"屡审屡犯"、不利于地方政府性债务的风险防控。[②]

第四，就政府预算监督的机构人员而言，力量薄弱。就全国人大及其常委会而言，人大预算监督机构主要有作为全国人大专门委员会的全国人大财政经济委员会和全国人大常委会工作机构的全国人大常委会预算工作委员会。财经委主要审查国家计划、预算及其执行情况的报告，提出审查意见。预算工委协助全国人大及其常委会审查预决算、审查预算调整方案和监督预算执行方面的具体工作；经委员长会议专项同意，要求政府有关部门和单位提供预算情况，并获取相关信息资料及说明；经委员长会议专项批准，对各部门、各预算单位或重大建设项目的预算资金和专项资金的使用进行调查。[③]第十三届全国人大财经委主任委员和副主任委员、委员一共23名。[④]全国人大常委会预算工委也仅有20名编制。人员编制不足，且无法保证预算审议人员的专业化水平，这些都极大影响了人大预算监督职能的发挥。

预算权力的横向分配关键在于权力的制约和平衡，从而促进预算权力运行科学、合理及规范。我国目前立法机关在预算监督表现出的示微和行政机

---

① 参见陈治：《迈向实质意义的预算法定》，《政法论坛》2014年第2期，第143页。

② 参见曾凡证：《加强人大对预算执行监督的路径》，《法学》2017年第12期，第108-110页。

③ 参见中国人大网：《预算工作委员会职责》，http://www.npc.gov.cn/npc/ysgzwyy/node_5868.htm，2018年7月21日访问。

④ 参见《第十三届全国人民代表大会财政经济委员会主任委员、副主任委员、委员名单》，《全国人民代表大会常务委员会公报》2018年第2期，第287页；魏陆：《完善我国人大预算监督制度研究——把政府关进公共预算"笼子"里》，经济科学出版社2014年版，第211页。

关在系统内的强势格局亟待转变。正如朱大旗和何遐祥所言，[①]就预算权力分配中存在的问题，在预算领域并不存在明显的权力配置不足或受立法权力侵蚀的问题。与之相比，如何确立对立法权威的尊重和对法律治理规则的服从则显得更为重要。除了通过法律赋予职权、程序安排、组织建设强化人大在预算审查监督的作用外，对政府自身的预算管理也要进行更为科学和规范化管理，转变行政主导的传统预算管理模式，切实发挥政府和人大预算权力的内外部制约协调。

（二）预算权力在国家机构间的纵向分配：中央和地方的关系

"各级人大和各级政府之间的财政预算关系不是简单的监督与被监督的关系，而是权力和权力来源的关系，各级政府财权和事权来自于各级人大的授权。"[②]放在横纵两种预算权力分配的不同视角下来理解，各级人大和政府之间的监督与被监督关系恰好体现在预算权力于国家机构间的横向分配架构，而权力和权力来源的关系，即各级政府来源于各级人大授权的财权和事权关系则在预算权力的纵向分配架构中能够得到较为深刻的体现。正如学者对财政治理架构的分析，"在'理财治国'的视野下，国家的财政治理架构不仅包括横向的政府与人大间财政权划分，还包括纵向的中央与地方间财政权划分"[③]。

1.概念的厘清

对央地关系的理解离不开事权、财权、财力和支出责任几个概念。

事权按照字面意思理解，就是处理事情的权力。从宪法的角度看，事权是宪法赋予政府的职权。我国宪法和法律关于国家机关职权的条款主要包括：《宪法》第62条规定了全国人大常委会的职权，第67条规定了全国人大

① 参见朱大旗、何遐祥：《议会至上与行政主导：预算权力配置的理想与现实》，《中国人民大学学报》2009年第4期，第134页。

② 乔新生：《财权与事权划分应当充分发挥人大作用》，《人大研究》2017年第1期，第1页。

③ 刘剑文：《地方税立法的纵向授权机制设计》，《北京大学学报（哲学社会科学版）》2016年第5期，第113页。

常委会的职权，第89条规定了国务院的职权；《组织法》第8条规定了县级以上地方各级人大职权，第44条规定了县级以上地方各级人大常委会的职权，第59条规定了县级以上地方各级政府的职权，第61条规定了乡（民族乡、镇）政府的职权。有学者就事权主体的不同对事权进行过详细区分。[①]国家事权，指依据自身职责，保护国家安全，规范国家政治、行政、经济、军事、法律、社会、文化等方面的行为，制定与处理其相关事务的权力，并且是国家内的最高裁决权。政府事权，是政府依据宪法规定所拥有事务的管理与处理权。中央政府主要负责全国性的事务，在保卫国家国防安全与国内社会安定的前提下，进行行政管理、经济管理、社会管理等活动。财政事权，指财政部门根据国家与政府实现其职能的需要，按照社会公共管理的内容与层次，进行财政分配的事务，即财政部门本职的收入、支出、管理工作。还有学者认为事权就是指支出责任，就是哪些支出应由哪一级政府承担或某些事务该由哪一级政府管。[②]事权，通常认为就是一级政府"该干什么事"，指政府的职责或职能。支出责任是政府履行财政事权的支出义务。但是事权和支出责任不能相提并论。只能说支出责任只是事权的一个侧面。因为从两者所属范畴来看，事权是行政范畴，强调权力的归属和主体，而支出责任是财政范畴，更强调谁来承担履行事权的成本和花费。[③]事权和支出责任相互联系，密不可分。事权是支出责任的前提，有什么样的事权，就要承担相应的支出责任。支出责任又是事权得以落实的有效保障，明确的支出责任才能够确保政府事权的顺利履行。

财力的内涵，指可用财富的价值形式与实物形式。从外延来看，财力的概念也有不同的延伸。与本部分相关的国家财力，是指中央政府所具有的财

① 对事权概念的界定和讨论参见谭建立编著：《中央与地方财权事权关系研究》，中国财政经济出版社2010年版，第6页。

② 参见吴笛：《中央和地方事权与财权的划分与改革思路》，《合肥工业大学学报（社会科学版）》2010年第2期，第57页。

③ 参见建立事权与支出责任相适应财税制度操作层面研究课题组：《建立事权与支出责任相适应财税制度操作层面研究》，《经济研究参考》2015年第43期，第4页。

力。地方财力指地方政府所具有的财力。良好的财力保障需要赋予政府能够获得同支出责任相当的财权。财权是政府或国家财政所拥有的对财政的支配或财产的所有权。①申言之，财权能够决定某一项财政收入归入哪一级政府使用。事权是财权的前提，财权是事权的保证。事权决定公共财政的支出范围，财权划定相应的收入范围。政府拥有的财权必须和事权相匹配，才能确保政府职能的实现。在财税法学者刘剑文看来，财权和事权的关系好比权力和义务的关系。②财权就是财政收支的决定权，事权是一种向社会提供公共产品的义务。因而，中央和地方政府间的事权（权力）和财权（义务）公平配置显得尤为重要。合理划分财政收支对处理央地政府间事权关系，调动中央和地方两个积极性都具有重要现实意义。

童之伟认为在国家权力行使权纵向配置和运用中存在着全国性政府集权与区域性政府分权、自治两种趋势并存的情况。无论国家权力行使权的纵向配置重心是何种趋势，纵向配置状态的基本方向也会因为社会经济发展阶段性的差异有所不同。在承认权力配置重心下移总趋势的前提下，也要考虑特定阶段的国情和社会经济文化发展水平，兼顾全国性政府集权和区域性政府分权自治的程度。③我国预算权力在国家机构间纵向分配的划分也伴随着国家社会经济发展阶段的不同水平而有所不同。事权划分与财政关系密切相关，中央和地方政府间财政关系的调整又与财政体制改革密不可分。中央和地方政府间财税关系改革中政府间财政分权的改革思路（如表2.4.2所示），④经历了从"事权与财权相结合"到"财力与事权相匹配"再到"事权和支出责任相适应"的转变。但这些变化绝非后一种表述对前一种表述的完全取代。相反，这些变化理顺了财政体制改革的逻辑思路，为事权与支出责

---

① 参见谭建立编：《中央与地方财权事权关系研究》，中国财政经济出版社2010年版，第1页、第11-12页。

② 参见刘剑文：《理财治国观：财税法的历史担当》，法律出版社2016年版，第103页。

③ 参见童之伟：《法权与宪政》，山东人民出版社2001年版，第326-330页。

④ 此表参照刘剑文、侯卓：《事权划分法治化的中国路径》，《中国社会科学》2017年第2期，第106页表1顶层设计文件对财政分权的相关表述。

任相适应提供了有益方向，从而更加明确了中央和地方的收入分配，实现财力与事权相匹配的目标。[①]当然，无论"事权"和"财权""财力"，抑或是"支出责任"相匹配，其所强调的也始终是事权与其物质保障之间的对应关系。[②]

表2.4.2　关于"中央和地方财政分权"的改革表述[③]

年份	文件	表述
1993	《国务院关于实行分税制财政管理体制改革的决定》	分税制改革的原则和主要内容是：按照中央与地方政府的事权划分，合理确定各级财政的支出范围；根据事权与财权相结合原则，……
2003	《中共中央关于完善社会主义市场经济体制若干问题的决定》	合理划分中央和地方经济社会事务的管理责权
2007	《高举中国特色社会主义伟大旗帜　为夺取全面建设小康社会新胜利而奋斗——在中国共产党第十七次全国代表大会上的报告》	深化财税、金融等体制改革，完善宏观调控体系……健全中央和地方财力与事权相匹配的机制

---

① 参见徐阳光：《论建立事权与支出责任相适应的法律制度——理论基础与立法路径》，《清华法学》2014年第5期，第90页。

② 参见刘剑文、侯卓：《事权划分法治化的中国路径》，《中国社会科学》2017年第2期，第106页。

③ 资料来源自国务院：《国务院关于实行分税制财政管理体制改革的决定》，《中华人民共和国国务院公报》1993年第30期，第1462-1467页；《中共中央关于完善社会主义市场经济体制若干问题的决定》，《人民日报》2003年10月22日，第1版；胡锦涛：《高举中国特色社会主义伟大旗帜　为夺取全面建设小康社会新胜利而奋斗——在中国共产党第十七次全国代表大会上的报告：2007年10月15日》，人民出版社2009年版；胡锦涛：《坚定不移沿着中国特色社会主义道路前进　为全面建成小康社会而奋斗——在中国共产党第十八次全国代表大会上的报告：2012年11月8日》，人民出版社2012年版；《中共中央关于全面推进依法治国若干重大问题的决定》，人民出版社2014年版；楼继伟主编：《深化财税体制改革》，人民出版社2015年版；《中共中央关于全面推进依法治国若干重大问题的决定》，人民出版社2014年版；《中华人民共和国国民经济和社会发展第十三个五年规划纲要》，中央编译出版社2016年版；《国务院关于推进中央与地方财政事权和支出责任划分改革的指导意见》，《中华人民共和国国务院公报》2016年第26期，第16-21页。

续表

年份	文件	表述
2012	《坚定不移沿着中国特色社会主义道路前进　为全面建成小康社会而奋斗——在中国共产党第十八次全国代表大会上的报告》	全面深化经济体制改革……加快改革财税体制，健全中央和地方财力与事权相匹配的体制，……
2013	《中共中央关于全面深化改革若干重大问题的决定》	深化财税体制改革……建立事权和支出责任相适应的制度
2014	《深化财税体制改革总体方案》	调整中央和地方政府间财政关系，建立事权和支出责任相适应的财政体制。
2014	《中共中央关于全面推进依法治国若干重大问题的决定》	深入推进依法行政，加快建设法治政府……推进各级政府事权规范化、法律化，完善不同层级政府特别是中央和地方政府事权法律制度
2016	《中华人民共和国国民经济和社会发展第十三个五年规划纲要》	加快财税体制改革……建立事权和支出责任相适应的制度，适度加强中央事权和支出责任
2016	《国务院关于推进中央与地方财政事权和支出责任划分改革的指导意见》①	推进中央和地方财政事权和支出责任划分改革

2.事权划分的历史沿革

新中国成立以来，从"统收统支"高度集中的财税体制，到"分灶吃饭"的包干制，再到"分税制"的沿革历程（表2.4.3），财税体制经历多次调整，中央与地方的事权关系划分也经过了多次演变。②

---

① 按照当前党中央、国务院关于推进中央与地方财政事权和支出责任划分改革的决策部署和时间安排，目前国务院办公厅已出台《基本公共服务领域中央与地方共同财政事权和支出责任划分改革方案》（国办发〔2018〕6号）和《医疗卫生领域中央与地方财政事权和支出责任划分改革方案》（国办发〔2018〕67号）。

② 此表制作参考了如下文献：朱红琼：《中央与地方财政关系及其变迁史》，经济科学出版社2008年版，第186-198页；楼继伟主编：《深化财税体制改革》，人民出版社2015年版，第4-26页。

表2.4.3　关于财税体制的历次调整

时间	财政管理体制	内容和效果
1950	统收统支、高度集中	财政管理权集中在中央；财力集中在中央；除地方附加外的各项财政收入统一纳入国家预算
1951	统一领导，分级管理：以支定收，一年一变	国家预算分为中央级、大行政区级和省（市）级三级财政，但权力集中在中央和大行政区，省以下权力很低
1953—1957	统一领导，分级管理：以支定收，一年一变	中央、省（市）和县（市）三级财政；财权、事权仍高度集中
1958	统一领导，分级管理：以收定支，五年不变	中央企业下放到地方管理，扩大地方财权
1959	总额分成，一年一变	财政过于分散
1961	强调财政管理的集中统一	财政集中到中央、大区和省、市、自治区三级
1962—1966	加强财政集中管理	适当缩小地方财权，压缩预算外资金
1967—1968	收支两条线	收入全部上缴中央，支出全由中央拨付
1969	收支挂钩、总额分成	
1970	财政管理权限下放	地方财政比重增加，中央财政受限
1971—1973	包干体制：定收定支、收支包干、保证上缴（或差额补助）、结余留用、一年一定	打破条条专政，大规模下放权力，扩大地方财权
1974—1975	收支不挂钩；收入按固定比例留成，超收另定分成比例，支出按指标包干	地方积极性未被调动
1976	收支挂钩，总额分成	地方既得利益与收入任务未相联
1978	增收分成，收支挂钩	地方正常收支来自总额分成，机动财力与收入增长挂钩；促进地方政府经济建设
1980	划分收支、分级包干：分灶吃饭，五年不变	按经济体制隶属关系划分央地财政发收支范围；调动地方积极性
1983—1984	两步"利改税"	调动地方政府发展经济的积极性
1985	划分税种、核定收支、分级包干	按行政隶属关系划分事权；按税种划分政府间财政收入范围；地方财政支出与收入规模挂钩
1988	财政承包制	实行六种包干形式
1994	分税制	加强中央调控能力和支付能力

应当看到，在历次财政体制改革之下，国家也不断探索中央和地方事权划分的新思路。正如苏力所言："尽管近20多年来中央似乎仍然不时有'收'有'放'，但就总体说来，具体措施确实与30年前有很大的不同。最突出的是，经济手段变得日益重要，而不再以激烈的整治措施为主。"[①]1956年毛泽东在总结中华人民共和国初期历史经验后发表了《论十大关系》。[②]在中央和地方关系部分的阐述中可以发现，毛泽东希望建立能够平衡全国整体利益的中央和地方的权力架构。他指出分权管理（毛泽东称之为"两个积极性"）比集权管理（一个积极性）更好。[③]"我们的国家这样大，人口这样多，情况这样复杂，有中央和地方两个积极性，比只有一个积极性要好得多。"[④]因此他提倡"同地方商量办事"的作风。改革财税体制在发挥两个积极性，促进经济迅速发展的同时，也造成了中央财政的困难。中央财政不仅要靠地方财政收入上解来缓解国家财政的不平衡，还要通过设立"基金"向地方借钱，其中一次是20世纪80年代中期"能源交通基金"，另一次是1989年"预算调节基金"。[⑤]

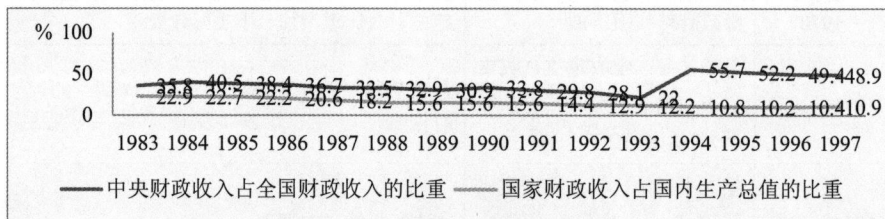

图2.4.1　"两个比重"逐年变化情况

---

① 苏力：《当代中国的中央与地方分权——重读毛泽东〈论十大关系〉第五节》，《中国社会科学》2004年第2期，第48页。

② 参见毛泽东：《论十大关系》，人民出版社1976年版，第11-13页。

③ 参见苏力：《当代中国的中央与地方分权——重读毛泽东〈论十大关系〉第五节》，《中国社会科学》2004年第2期，第47页。

④ 毛泽东：《论十大关系》，载中共中央文献研究室编：《毛泽东文集》（第七卷），人民出版社1999年版，第31页。

⑤ 参见谢华育：《税制改革背后的一盘大棋》，《检查风云》2014年第21期，第37页。

20世纪90年代中后期开始，中央政府通过分税制改革，重新恢复国家财政的汲取能力。我国在分权治理的道路上也探索出了一条有益的出路。其中，按照中央政府和地方政府各自的事权，划分各级财政的支出范围（表2.4.4）；根据财权事权相统一原则，合理划分中央和地方收入。中央和地方的预算年收入采用相对固定的分税种划分收入的办法，避免无休止的谈判和讨价还价。①分税制分为中央税、地方税、中央和地方共享税三个税种（表2.4.5），其中中央固定收入有8个部分，地方固定收入有18个部分，中央与地方共享收入由3个部分构成。通过这种方式，中央获得了维持中央财政收入稳定的财源，使中央保持强劲的支配能力。中央财政收入占全国财政收入的比重即从1993年的22%提高到了1994年的55.7%。同时，分税制使得政府无法把预算内收入转化为预算外收入用以隐瞒实际的税收情况，促进了我国经济的高速增长。与此同时，地方政府的积极性也被相应调动起来。取代原有按隶属"条块"关系对财政收入进行的分割，中央和地方都有了自己的税源，地方财政也随之增长。根据《中国财政年鉴的数据》显示，1994年地方财政本级收入决算数为2311.60亿元，到2016年地方财政本级收入决算数为87 239.35亿元，是1994年的近38倍。②随着改革的深入和持续推进，在保持分税制财政体制框架的前提下，中央和地方关系得到进一步调整完善。税制改革与财政管理体制改革的协调配合，维护了中央财政权益，促进了国家宏观调控的有效实施。

为了与1994年分税办法相配套，作为改革措施的一部分，国家分别建立了中央和地方两套税务机构。中央专项税和中央与地方共享税由国家税务局征收，地方专项税由地方税务局征收。2000年以后我国又经历两次大的税收分成改革，2002年企业所得税分享改革③和2016年的全面推进营改增改革。④

① 参见周飞舟：《分税制十年：制度及其影响》，《中国社会科学》2006年第6期，第101页。
② 参见《中国财政年鉴》（2017年卷），中国财政杂志社出版2017年版，第267页。《中国财政年鉴》（1995年卷），中国财政杂志社出版1995年版，第348页。
③ 参见《国务院关于印发所得税收入分享改革方案的通知》（国发〔2001〕37号）。
④ 参见《财政部、税务总局关于全面推开营业税改征增值税试点的通知》（财税〔2016〕36号）。

为支持西部大开发，2002年起企业所得税的征管范围被重新划分，中央将原属地方财政的企业所得税变更为共享税，税种征收由地税局转到国税局。1994年分税制改革建立在税制改革的背景下，改革留下了增值税和营业税并行运转的制度缺陷。为了避免增值税和营业税重复征税和检查征税给税制运行带来的困难，自2016年5月"营改增"在全国范围内推开，将建筑业、房地产业、金融业、生活服务业全部纳入营改增试点，营业税作为地方税收主体税种正式退出历史舞台。所有营业税纳税人改缴增值税。两次比较大的税收改革改变了我国的税制结构，也改变了中央和地方的财政收入分配结构。同时也为2018年的国税地税机构合并打下了基础。2018年7月20日，全国县乡国税地税机构正式合并，所有县级和乡镇新税务机构统一挂牌，标志着全国省市县乡四级税务机构分步合并和相应挂牌工作全部完成。

表2.4.4　1994年中央与地方支出范围划分[①]

中央财政支出	地方财政支出
1.国防费	1.地方行政管理费
2.武警经费	2.公检法支出
3.外交和援外支出	3.部分武警经费
4.中央级行政管理费	4.民兵事业费
5.中央统管的基本建设投资	5.地方统筹的基本建设投资
6.中央直属企业技改和新产品试制费	6.地方企业技改和新产品试制费
7.地质勘探费	7.支农支出
8.由中央财政安排的支农支出	8.城市维护建设支出
9.国内外债务的还本付息支出	9.地方文化支出
10.中央本级负担的公检法支出	10.地方教育支出
11.中央本级负担的文化支出	11.地方卫生支出
12.中央本级负担的教育支出	12.价格补贴支出
13.中央本级负担的卫生支出	13.其他支出
14.中央本级负担的科学支出	

---

① 参见《国务院关于实行分税制财政管理体制改革的决定》（国发〔1993〕85号）。

表2.4.5　1994年中央与地方收入划分①

中央固定收入	1.关税；2.海关代征的消费税和增值税；3.消费税；4.中央企业所得税；5.地方银行和外资银行及非银行金融企业所得税；6.铁道部门、各银行总行、各保险公司等集中缴纳的营业税、所得税、利润和城市维护建设税；7.中央企业上缴的利润；8.外贸企业的出口退税
地方固定收入	1.营业税（不含铁道部门、各银行总行、各保险公司集中缴纳的营业税）；2.地方企业所得税（不含地方银行和外资银行及非银行金融企业的所得税）；3.地方企业上缴利润；4.个人所得税；5.城镇土地使用税；6.固定资产投资方向调节税；7.城市维护建设税（不含铁道部门、各银行总行、各保险总公司集中缴纳的部分）；8.房产税；9.车船使用税；10.印花税；11.屠宰税；12.农牧业税；13.农业特产税；14.耕地占用税；15.契税；16.遗产和赠与税；17.土地增值税；18.国有土地有偿使用收入
中央与地方共享收入	1.增值税：中央分享75%，地方分享25%；2.资源税：海洋使用资源税归中央，其他资源税归地方；3.证券交易税：中央分享50%，地方分享50%

　　20多年的分税制运行实践证明，这种税收制度是适合我国国情且能有效处理中央与地方财政分配关系的财税体制。②但改革取得成效的同时也带来了一些问题。第一，事权划分尚未法定化。由于中央和地方财政收入的"倒挂"，使分税制改革的重点更多地集中在了如何争取到更多的财政收入而非真正意义上的事权划分，重经济效果，轻法律效果。显然，事权和财权的关系仍然没有科学地划分清楚。到目前为止，我国还没有一部专门对政府事权范围予以明确划分的法律。对我国事权的具体划分，实践中的处理方式仍然是通过"一事一议"的方法依靠部分部门出台的"办法""条例"和"通知"等形式来确定。这类文件的立法层级较低、法律权威性不足，已经严重制约了财税制度的改革发展。分税制改革过程中对收入基数和分成比例的确定，分税制改革后对分成比例的变更，1997年印花税分成比例的变化，1998年证

---

① 参见《国务院关于实行分税制财政管理体制改革的决定》（国发〔1993〕85号）。
② 参见余丽生：《共担、共享、共推：营改增后分税制财政体制改革的深化》，《财经科学》2016年第4期，第50页。

券交易税由地方税变为共享税和2002年将所得税变成共享税就是例证。[1]

第二，中央和地方部分事权和支出责任结构不合理。政府事权范围存在严重的"缺位""越位"乃至"错位"的情形。2013年我国财政预算收入中，中央财政收入占比46.6%，将政府性基金、社会保险基金等政府性收入纳入计算范围内，则中央收入占比下降至29.3%。[2]2013年我国财政支出中的经济事务支出占比31%，反观世界平均水平仅为12.6%，而我国财政支出中的公共服务、医疗、社会保障等支出占比则明显偏低。[3]这与我国推动公共服务均等化的要求也是截然相悖的。分税制改革以后的20多年里出现了很多"事权下沉、财权上移"的实践乱象。坊间甚至流传着"中央财政喜气洋洋、省市财政勉勉强强、县级财政拆东墙补西墙、乡镇财政哭爹叫娘"的说法。可见，我国从中央到地方财政事权配置呈现出"倒三角"的不合理样态。中央和地方在财力分配和事权承担上存在张力。例如，2013年我国中央财政本级支出占全国财政支出的14.6%，而经合组织国家平均为46%，地方实际支出占比达85.4%。[4]地方政府承担了超出其责任范围的支出责任，地方政府的事权配置与其收入和行政能力严重不符。下级政府出现的支出压力和财力缺口问题也滋生了"第二财政"——"土地财政"的出现。[5]

3.对现行事权划分情况的反思

目前，我国对事权与支出责任分配的规定散见于宪法、法律及其他规范性文件当中，有关事权和支出责任划分规范的体系性水平严重不足。

第一，《宪法》规定。关于中央和地方关系的制度安排，秦前红曾对有关宪法条文进行过统计，直接规定的条款有第2条、第3条、第5条、第9条、

---

①　参见朱红琼：《中央与地方财政关系及其变迁史》，经济科学出版社2008年版，第197-198页。

②　参见楼继伟主编：《深化财税体制改革》，人民出版社2015年版，第51页。

③　参见建立事权与支出责任相适应财税制度操作层面研究课题组：《建立事权与支出责任相适应财税制度操作层面研究》，《经济研究参考》2015年第43期，第6页。

④　参见楼继伟主编：《深化财税体制改革》，人民出版社2015年版，第52页。

⑤　参见黄宗智：《中国经济是怎样如此快速发展的？——五种巧合的交汇》，《开放时代》2015年第3期，第103页。

第10条、第30条、第62条、第67条、第89条。[①]郑毅在此基础上对宪法文本关于中央和地方关系涉及的实然范围和相关条款的内在关系进行了着重整理。[②]在30个涉及中央和地方关系原则性安排的条文中，与中央和地方关系在政治学语境中的条块关系特点相似，郑毅指出宪法条文之间也呈现出"条块关系"的特征。其中，有关条文在文本上可以明确区分出总则性条文和分述性条文。如《宪法》第2条第2款规定，"人民行使国家权力的机关是全国人民代表大会和地方各级人民代表大会"，明确了中央和地方的权力主体；第3条第4款规定，"中央和地方的国家机构职权的划分，遵循在中央的统一领导下，充分发挥地方的主动性、积极性的原则"，明确了中央和地方关系权力划分的总体原则。这两条都属于总则性条文，对我国的中央和地方关系进行了总括性描述。而第62条、第63条、第67条、第89条和第107条等则具有明显分述性特征，是对特定主体权力的列举。[③]另外，《宪法》分为两条线索对中央和地方两个层面的因素加以规定。一条线索是对中央权力主体、基本定位和主要权力的描述；另一条线索是对地方权力主体、基本问题进行规范。[④]同时，《宪法》从一般地方、民族自治地方和特别行政区三个"块块"对地方层面进行规范。[⑤]

就我国中央和地方职权的划分而言，《宪法》围绕第3条第4款，遵循在中央的统一领导下，充分发挥地方主动性和积极性的原则，在第89条和第107条对央地职权划分进行明确。郭锐认为《宪法》第89条和第107条体现了

---

① 参见秦前红：《简评宪法文本关于中央与地方关系的制度安排》，《河南省政法管理干部学院学报》2007年第6期，第10页。

② 参见郑毅：《宪法文本中的中央与地方关系》，《东方法学》2011年第6期，第44-49页。

③ 郑毅认为这种总则、分述条文只是一种相对的划分模式，且对于每个特定的"条条"模式没有统一的规定。详见郑毅：《宪法文本中的中央与地方关系》，《东方法学》2011年第6期，第46页。

④ 有关中央权力主体的条款是第2条第2款，有关中央基本定位的条款是第57—58条，有关中央主要权力的条款是第62—63条、第67条、第85条和第89条；有关地方权力主体的条款是第2条第2款，有关地方基本问题的条款是第30条、第95—96条、第100条、第105条和第107条。

⑤ 有关民族自治地方的规定在第4条第3款和第三章第六节；有关特别行政区的规定在第31条。

中央政府对归属地方事务的事项的明确、具体、制度化的授权。[1]按照宪法规定属于地方事务的事项的决议，由地方人大作出，地方政府据此执行。

第二，《预算法》的规定。《预算法》及其实施条例对我国分级分税的政府间财政关系作了原则性的规定，承担了部分中央和地方关系法治化的基本法功能。[2]白晓峰认为《预算法》从对中央和地方预算权的配置开始，到预算监督以及预算问责体系的架构，对预算与地方的收入权、支出权以及收入支出管理权限进行了科学划分，进而推进中央与地方关系的法治化进程。[3]

不可否认，在我国当前尚未制定完整的财政收支划分法的情况下，《预算法》规定了财政收支划分权的原则性条款。但是，财政收支划分权赋予了行政机关而非作为立法机关的人大，即中央和地方之间的收支划分和利益分配权始终属于中央政府的权力范畴内。这样的规定是否为"科学划分"？调动地方积极性的适度自主权又何以体现？

表2.4.6　预算法对政府间财政关系的规定[4]

《预算法》第3条：国家实行一级政府一级预算，设立中央，省、自治区、直辖市，设区的市、自治州，县、自治县、不设区的市、市辖区，乡、民族乡、镇五级预算	设立五级财政级次
《预算法》第15条：国家实行中央和地方分税制	
《预算法》第16条：国家实行财政转移支付制度	以法律形式对财政转移支付作出规定

---

[1]　参见郭锐：《央地财政分权的"选择构筑"视角——兼论中央财政权力的宪法约束》，《中外法学》2018年第2期，第369页。

[2]　参见熊伟主编：《政府间财政关系的法律调整》，法律出版社2010年版，第27页。

[3]　参见白晓峰：《预算法视角下的中央与地方关系——以事权与支出责任分配为中心》，《法商研究》2015年第1期，第25页。

[4]　参见熊伟主编：《政府间财政关系的法律调整》，法律出版社2010年版，第28-30页。学者熊伟在其《政府间财政关系的法律调整》一书中对《预算法》确立的政府间财政关系基本框架进行过梳理，鉴于《预算法》2014年、2018年所作的修改，原有条文有部分删改，遂在其智慧成果基础上对改动条文作了重新调整。但因《预算法管理条例》尚未修订完成，在此不列入梳理范围。

《预算法》第29条：中央预算与地方预算有关收入和支出项目的划分、地方向中央上解收入、中央对地方税收返还或者转移支付的具体办法，由国务院规定，报全国人民代表大会常务委员会备案	明确了政府间财政收支划分的权限（政府间财政收支划分的决定权赋予政府，而非作为立法机关的人大及其常委会；在中央政府和地方政府财政收支划分方面，决定权在国务院；上级政府与下级政府财政收支划分方面，决定权在上级政府）
《预算法》第30条：上级政府不得在预算之外调用下级政府预算的资金。下级政府不得挤占或者截留属于上级政府预算的资金	
《预算法》第34-35条对地方债的规定	赋予省级政府适当的举债权
《预算法》第13-14条； 《预算法》第20-24条； 《预算法》第43-52条规定预算的审查和批准； 《预算法》第54条规定预算执行的监督； 《预算法》第67条、第69条规定预算调整的监督； 《预算法》第77-79条、第82条规定决算的监督	明确了政府间财政收支的管理、监督权限。预算、预算调整、决算、预算执行情况需由人大批准

第三，国务院出台的相关文件。我国关于事权划分的制度主要依据国务院关于分税制改革的相关文件，如《国务院关于实行分税制财政管理体制的决定》根据党的十四届三中全会决定，为理顺中央和地方财政分配关系，对中央和地方事权和支出的划分，对中央与地方收入的划分作了初步规定；同时还进行了其他相应的配套改革及政策措施。在短期内推进事权和支出责任划分改革条件不成熟的前提下，《国务院关于推进中央与地方财政事权和支出责任划分改革的指导意见》①从财政事权入手，对界定各级政府事权指明了方向。②2018年年初国务院办公厅印发了《基本公共服务领域中央与地方共同财政事权和支出责任划分改革方案》的通知，③在推进中央和地方财政

---

① 国发〔2016〕49号。
② 《意见》要求：一是要适度加强中央的财政事权。强化中央的财政事权履行责任，中央的财政事权原则上由中央直接行使。二是要保障和督促地方履行财政事权。要将直接面向基层、量大面广、与当地居民密切相关、由地方提供更方便有效的基本公共服务作为地方的财政事权。三是要在现有基础上减少并规范中央与地方共同的财政事权。四是要建立财政事权划分动态调整机制。五是对中央和地方的财政事权要分别确定由中央和地方承担支出责任。六是对中央与地方共同财政事权要区分情况划分支出责任。七是要加快省以下财政事权和支出责任划分改革。
③ 国办发〔2018〕6号。

事权和支出责任划分改革的基础上，就基本公共服务领域的央地财政事权的事项清单、基础标准和支出责任及分担方式划分情况等制定了划分标准。2018年7月国务院印发《医疗卫生领域中央与地方财政事权和支出责任划分改革方案》的通知，①就医疗卫生领域的央地财政事权划分在公共卫生、医疗保障、计划生育、能力建设等方面的具体事项、主要内容和支出责任及分担方式进行了部署。徐阳光曾指出国务院关于机构设置和编制的管理条例实际上承担了地方政府二级事权划分的任务。国务院颁布的两个行政法规，《国务院行政机构设置和编制管理条例》②和《地方各级人民政府机构设置和编制管理条例》③都有要求"机构设置和编制要按照社会可持续发展要求""适应全面履行职能的需要"的规定。"据此，从中央到地方的各级编制部门成为决定机构设置和职责分配的关键部门。"④

还有学者指出，关于中央和地方财政划分的制度还体现在《预算法实施条例》《国家税务总局关于贯彻落实〈税收征管法〉及其实施细则专项检查情况的通报》⑤《国家税务总局关于支持青海玉树地震灾区恢复重建有关税收征管问题的通知》⑥《财政部、中国人民银行、国家税务总局关于营业税改征增值税试点有关预算管理问题的通知》⑦等部门规范性文件中。⑧

除此之外，中央和地方部分事权划分的规定还分散在其他部门法律和政策文件当中，如《国防法》第15条规定地方各级政府依照法律规定的权限，管理本行政区域内的"征兵、民兵、预备役、国防教育、国民经济动员、人民防空、国防交通、国防设施保护、退出现役的军人的安置和拥军优属等工

---

① 国办发〔2018〕67号。

② 国务院令第227号。

③ 国务院令第486号。

④ 徐阳光：《论建立事权与支出责任相适应的法律制度——理论基础与立法路径》，《清华法学》2014年第5期，第97页。

⑤ 国税发〔2006〕71号。

⑥ 国税函〔2010〕164号。

⑦ 财预〔2013〕275号。

⑧ 参见涂云新：《中央与地方财政划分的宪法治理难题》，《法学评论》2017年第6期，第38页。

作"。《教育法》第6条规定地方各级政府领导本行政区域内的国防教育工作。《体育法》第4条规定县级以上地方各级政府体育行政部门或本级政府授权的机构主管本行政区域内的体育工作。《2001—2010年体育改革与发展纲要》[①]要求按照"分级管理，分级投资，分级负责"的原则，中央财政拨款主要用于全国性体育组织机构的活动，承担为国争光任务的重点运动项目，参加国际重大体育赛事，扶持经济欠发达地区体育发展，国家训练基地的建设等事项。地方财政拨款主要用于建设体育设施、为人民群众提供基本的体育服务，扶持群众性体育组织开展体育活动、发展学校体育和培养体育运动后备人才。

　　从以上简要梳理中可以发现，目前我国财政基本法律规范呈现出层级低、随意性、碎片化的特点，造成我国财政事权划分的乱象丛生。尽管宪法上对人大的预算审批权力予以明确，但是在财政收支权限的划分上并未体现宪法的意志，也并未发挥宪法的辐射效力。我国政府间事权划分仍主要依据1993年出台的《国务院关于实行分税制财政管理体制的决定》[②]和之后为适应改革作出调整的相关文件。实际上这与现代法治国家在财政治理中，宪法、基本法等法律位阶较高的规范在涉及重大财政问题时所应扮演的重要角色相比相去甚远。例如，德国《基本法》专设一章对财政制度进行规定，从而构成其本国财政制度运行的重要依据。日本通过《财政法》《地方财政法》对中央政府指导地方财政运行的相关职权进行规定，通过《地方自治法》明确中央政府和地方政府的分工和作用。相较于我国，西方国家通常具有较为完整的财政法律体系来确保财政体系流畅运转，政府间的事权关系和财权关系在法律上定位明晰。我国《预算法》虽然对财政收支划分、财政转移支付等条款进行了规定，相当程度上起到了财政基本法的部分功能，但仍难以替代财政基本法本身。在专门法律缺失的情况下，大量财政行为存在无法可依的困境。目前已有的发挥实际指导效力和功能的规范性文件，层级较低且呈

① 体政字〔2000〕079号。
② 国发〔1993〕85号。

碎片化的状态。体系庞杂、数量繁多，可能会导致财政权力行使处于无序、失范的状态。^①出现事权和支出责任划分模糊，政府和市场之间、政府和政府之间缺位、越位和错位的情况在所难免。

随着我国现代化建设的深入，现行财政体制的制度缺陷和实践问题逐渐暴露，中央和地方政府间存在的事权和支出责任划分的法律依据不足、规范化程度不高的问题亟待通过改革加以解决。"自实行分税制以来，中央与地方一直就财税关系进行着利益的博弈。其表现为财权逐渐上收而事权逐渐下放的过程，并导致财权与事权的不相适应的结果。"^②党的十八届三中全会上提出全面深化改革的总目标是推进国家治理体系和治理能力现代化。通过自上而下系统性地治理，才能根治我国财政体制的痼疾。为此，《决定》要求必须完善立法、明确事权、改革税制、稳定税负、透明预算、提高效率，建立现代财政制度，发挥中央和地方两个积极性。长期以来我国中央与地方事权划分问题的研究一直以财政学、政治学的视角为基础，体现出较为浓厚的财政管理学和政治学色彩。实际上，重视法学的视角和法治的方法才是解决中央和地方关系问题的关键所在。

一方面，应当以法律规定的方式确定中央和地方政府事权和支出范围的划分界限。在目前维持宪法稳定的前提下，制定专门的财政基本法最为妥当。虽然现在尚处在深化财税体制改革的攻坚阶段，但对一些已经得到学界和实务界认可的共识，应当以立法的形式予以确定，如财税的基本理念、基本原则和程序等。应当按照改革的具体要求，通过法律方式明确划分各级政府间事权。成熟的政府间事权和支出责任划分调整都是以宪法、财政基本法或者专门的财政收支划分法等作为事权划分的依据。摆脱行政主导的老路子，改变以往通过国务院或相关部门出台规范性文件的方式进行制度设计。以法律形式明确各级政府承担的具体事权和支出责任，才能实现政府职能效

---

① 参见刘剑文：《论财政法定原则——一种权力法治化的现代探索》，《法学家》2014年第4期，第30页。

② 刘剑文：《理财治国观：财税法的历史担当》，法律出版社2016年版，第103页。

用科学有效的发挥。

另一方面，应当理顺各级政府间关系，明晰中央和地方事权的范围划分和职责权限。遵循财权和事权相协调的原则，通过法律明确中央和地方政府权责划分后，科学调动地方积极性。遵循改革方向，适度加强中央事权，明确中央和地方共同事权，明确履行公共服务为地方事权，调整中央和地方支出责任。①通过制定政府"事权清单"，逐步理顺政府和市场的关系，进一步明晰政府职责权限。例如，2013年上海自贸区发布"负面清单"、2014年浙江省政府公布省级部门权力清单以及同年8月吉林省政府发布《关于公布省政府部门行政权力清单的公告》都在为相关制度的建立奠定基础。②

事权和支出责任作为财税体制改革的一部分，涉及行政体制改革、预算管理制度改革等。其牵涉到各级政府间利益的分配和博弈，社会公共资源的配置和协调。财税改革同国家治理体系现代化进程息息相关。在国家治理现代化的转型进程中，以法治化思维统领财政各项事业是依法治国在财政领域的体现，也是建立现代财政制度的基石。

---

① 参见楼继伟主编：《深化财税体制改革》，人民出版社2015年版，第224-225页。
② 参见徐阳光：《论建立事权与支出责任相适应的法律制度——理论基础与立法路径》，《清华法学》2014年第5期，第99页。

第三章　日本、德国预算权力监督机制

　　"预算权力在行政与立法之间的分配就是预算权力配置的核心问题。"[1]
围绕国家预算展开的一系列活动始终通过行政权力和立法权力的博弈和制衡
来完成。纵观世界各国，每一种经济运行方式都必然需要与之相适应、相配
套的财政模式与政治权力运行机制。[2]在漫长的政治演变过程中议会至上与
行政主导在预算权力配置的民主要求与现实选择之中不断发生变化。基于分
权的要求和预算的特殊性质，行政机关逐渐占据着预算发展的主导地位。目
前通行的行政预算体制是一种集中型的预算形成机制。这种预算体制赋予政
府首脑审查并提出整体的政府预算的权力与责任以及执行议会通过的政府预
算的权力与责任。如果以行政机关作为预算活动的主体，相较于立法机关而
言，对预算权力的监督机制的了解便会自然呈现出内部监督机制和外部监督
机制的视角区分，即行政机关内部的监督和行政机关外部的立法机关及其他
监督主体的监督。

　　日本现行的预算制度框架立法层次分明，界限清晰，预算职能机关权责
明确、分工合理。在预算权力的监督方面，构建起财政监督、审计监督、国
会监督和公民监督相互配合的"四位一体"监督制度。[3]德国的预算监督体
系由联邦议会（包括联邦议院和联邦参议院）和联邦审计院组成。如果以阿
利克斯学派的划分方法来看，日本和德国皆属于独立性的公共预算监督模

---

① 朱大旗、何遐祥：《议会至上与行政主导：预算权力配置的理想与现实》，《中国人民大学学报》
2009年第4期，第129页。

② 参见周刚志：《论公共财政与宪政国家——作为财政宪法学的一种理论前言》，北京大学出版
社2005年版，第53页。

③ 参见傅宏宇、张明媚：《预算法律问题国别研究》，中国法制出版社2017年版，第61页。

式。专门的预算监督机构与政府、议会和司法机关并列，使日本和德国成为为数不多实行独立性的公共预算监督模式的国家。本部分将对日本、德国的预算权力监督机制分别进行内部和外部的介绍，以探求提升我国预算权力监督机制的能力目标。

第一节　日本的预算权力监督机制

预算权力监督是现代民主法治国家的内在要求，日本现代化的预算管理体制是在二战之后确立起来的，经过70多年的改革与发展，逐步形成了与日本立宪政体相协调的财政监督、审计监督、国会监督及社会监督等多元预算监督体系。概括而言，日本的预算权力监督可以划分为内部监督与外部监督两大监督体系。

一、日本预算权力的内部监督机制

（一）内阁对预算编制的监督

在日本宪法上，行政权属于内阁，内阁总理大臣（首相）是内阁的最高首长。内阁的核心职能包括基本政策规划、综合调控、危机管理、信息收集与分析、信息发布等。为改变政府组织上下级之间分割独立的不利局面，日本政府积极推进中央省厅机构改革，以强化首相对中央省厅能够统一和迅速地行使指挥监督权。近年来，日本政治上的重要议题之一即日本内阁机能的强化。

如前所述，日本预算编制权在2001年之前，完全是由大藏省掌控。在2001年日本推进中央省厅改革后，在内阁增设了"经济财政咨询会议"这一合议制机构，而"预算编制的基本方针"也交由内阁经济财政咨询会议负责制定。自此之后，内阁就彻底巩固了预算编制上的主导地位，而财务省则是预算编制过程的具体实施部门。

内阁对预算编制的监督主要体现在以下事项和环节：第一，事前确定预算编制的方向。内阁设立了由首相、官房长官、经济财政政策担当大臣、财务大臣等相关官员和学者组成的经济财政咨询会议，该机构负责拟定预算编制的基本方针和经济发展战略的草案以供内阁会议讨论，而后内阁确定预算基本方针和概算要求基准。第二，内阁审议。首先，由财务省基于预算草案向各省厅征求意见，与各省厅之间展开各种协调和交涉活动，将预算分配进行一定的调整，然后形成预算方案报内阁审议。这是财务省对预算编制的第一轮监督。而内阁审议则是对预算编制的第二轮监督。内阁根据重要性原则，对各部门预算进行先后排序，以确保预算的宏观政策性和执行的效率性。[①]

（二）财务省对预算执行的监督

财务省既是预算的编制主体，也是预算执行部门的监督主体。依据日本《财务省设置法》第4条的规定，财务省拥有多达67项职能。在预算方面的职能包括具体的预算编制以及预算执行及监督。财务省对预算执行的监督主要体现在以下方面：第一，对预算资金分配的监督。日本《财政法》第34条规定："预算通过后，各省厅长官应当按照政令规定，确定支出额，制订支付计划，并报财务大臣批准。"财务大臣需综合考虑国库资金、财政收入、经费状况等因素决定何时拨款、拨多少款给各部门负责人，从经费源头控制预算的实施进度，从而达到对预算执行的监督作用。第二，对预算资金执行和调整行为的监督。日本《财政法》第3条规定，在预算执行过程中，预算资金不允许相互挪用。《财政法》第33条规定，如果预算执行确实需要调整，必须以预算形式报国会审议通过，并由财务大臣批准后方可挪用。当预算执行遇到不可抗事件时，相关省厅长官必须说明事实和理由，报财务大臣批准。第三，对预备费的监督。《日本宪法》第87条规定："①为补充难以预见之预算不足，得根据国会决议设置预备费，由内阁负责其支出。②所有预备

---

① 寇璇：《日本预算监督机制及其经验借鉴》，《公共经济与政策研究》2016年（下），第107页。

费之支出，内阁必须于事后取得国会的承认。"根据《财政法》第36条、37条之规定，预备费由财务大臣管理。各省厅申请预备费必须向财务大臣提交详细的文件资料，说明申请理由、使用金额以及其金额计算等资料，然后由财务大臣审议、调整并提交内阁会议决议通过。

为强化预算执行的内部监督效果，财务省主计局以及设在全国各地的财务局的监督人员，通过现场调查或者书面检查方式，对预算执行的效率和效果进行监督，并将调查结果向社会公布。

（三）各府省厅实施会计监查

日本各府省厅根据各府省厅的组织规则建立内部监查机构，承担对府省厅的会计事务和事业执行的内部监查职责。内部监查的种类有二：一是针对会计事务的"会计监查"，二是针对事业执行的"业务监查"。其中，会计监查机构主要的职责和任务是针对被监查部门在会计经营和预算执行中是否遵循会计法令，是否符合会计经营的恰当性与合规性，预算执行是否符合经济性、效率性和有效性的要求进行监查和评价，以强化会计经营和预算执行的正确性和各府省厅决算报告的可信性。会计监查机构的监查过程，首先是制定监查计划，然后按照计划开展实地监查或者书面监查，并制作监查报告提交有关部门。

近年来，面对日益严重的财政压力，日本财务省不断出台新的引导和扶持政策，大力推进各府省厅建立健全会计监查机制，并探索引入民间专家和建立外部委托模式。并且不断提升监查内容的明确化和监查程序的标准化程度，推动建立会计监查质量管理体系。应当说，会计监查作为国家机关的"内部监查"机制与会计检查院的"外部监查"机制形成了一定程度上的良性互补关系。[1]

（四）地方监查委员的审计监督

日本的会计检查院，是日本最高国家审计机关，承担全国性的审计工

---

[1]　［日］高木麻美：《国の行政机关における内部统制》，《政策・経営研究》2010（4），第104页。

作。但需要强调的是，会计检查院仅对国家的财政收支进行审计，对地方政府的审计只限于国家下拨资金的情形。为此，日本地方政府主要通过自我规制的方式开展审计监督。

日本《地方自治法》第195条至第202条对监查委员作出了详细的规定。《地方自治法》第195条规定："在普通地方公共团体设置监查委员。"在都、道、府、县以及依据政令所设的市，监查委员为4人。在其他的市和村镇为2人。但是根据条例的规定，人数可以适当增加。监查委员一般由品行端正和精通地方行政、审计业务的专家或议员担任，由自治体行政首长征得议会同意后任命。值得注意的是，所有的监查委员均独立行使职权，不设委员会制，没有委员长。因此，其区别于教育委员会、选举管理委员会等典型的合议制机构。根据《地方自治法》第200条规定，自治体可以为监查委员设置事务局，作为监查委员的辅助机关。目前，东京都监查事务局在全日本自治体中规模最大，事务局职员达到90人。监查委员的权限主要包括：定期监查、行政监查、工程监查、每月出纳监查、决算监查、根据住民监查请求实施监查等。伴随《地方自治法》的多次修改，监查委员的职能也不断扩充，几乎覆盖了地方政府会计经营的所有事项。

需要说明的是，作为国家审计机关的"会计检查院"与地方自治体内设审计机关的"监查委员"之间不存在任何隶属关系，两套监督系统是完全独立的。但会计检查院作为具有高度专业特长的国家审计机关，会经常与自治体的监查委员开展业务交流活动，并为自治体的监查委员开展业务培训。

二、日本预算权力的外部监督机制

(一) 会计检查院对预算执行的监督

1.会计检查院的地位与职能

日本现行国家财政监督机构为会计检查院（Board of Audit of Japan，简称BOAJ），该机构属于宪法上的独立机关，既独立于议会又独立于内阁，主要承担审计国家收支决算事项、政府机构和独立行政法人等的会计事项以及国家补助金的财政援助等事项。

《日本宪法》第90条规定："①国家的收支决算，每年均须由会计检查院审查，内阁必须于下一年度将决算和此项审查报告一并向国会提出。②会计检查院之组织及权限，由法律规定之。"日本《会计检查院法》第1条规定："会计检查院相对于内阁具有独立地位。"《会计检查院法》第20条规定："会计检查院除依据宪法第90条规定的审查国家的收支决算之外，还行使法律规定的会计审查权；会计检查院开展经常性的会计检查和监督会计事务，旨在纠正弊端，确保公正合理。"会计检查院以正确性、合规性、经济性、效率性及有效性等会计检查上必要的考量因素为基准，开展会计检查活动。

根据上述宪法和法律的规定，日本的会计检查院是宪法上的机关，并具有独立的法律地位和法律权限，即使作为最高立法机关的国会也无权废止它。虽然审计事务本质上属于行政职能，但日本的会计检查院却独立于内阁。为确保会计检查院作为独立机关在财政上的独立性，避免内阁对会计检查院钳制或掣肘，《财政法》为会计检查院赋予了预算特权。[①]依据《财政法》第17、18、19条规定，会计检查院与国会、最高法院一样享有特殊的预算特权，会计检查院是特殊预算单位，可以独立编制预算，并越过财务大臣直接报送内阁。财务省一般对特殊预算单位的预算不予削减。财务省和内阁若要削减会计检查院提出的预算，必须征得会计检查院院长的同意。[②]

2.会计检查院的机构设置与职责权限

会计检查院的检查官由首相提名，经国会的众参两议院同意，由内阁任命，任期7年，可连任一届。为确保会计检查的独立性，在任职期间，检查官的身份受保障。会计检查院内部主要由检查官会议、事务总局和"信息公开与个人信息保护审查会"组成。其中，检查官会议属于会计检查院的决策

---

① ［日］小村武：《予算と財政法》（五訂版），新日本法規出版株式会社2016年，第229页。
② 闫海：《基于立宪政体的日本预算执行多元监督及借鉴》，《江苏社会科学》2010年第2期，第145页。

机构，检查官会议采取合议制，由三名检查官构成。检查官会议负责决策和指挥事务总局的检查业务。具体承担制定会计检查院规章、决定被审计单位、作出审查决定、编写审计报告等职责。事务总局属于在检查官会议指挥监督下负责执行审计检查业务的机关。"信息公开与个人信息保护审查会"主要提供审计结果并作为第三方对有争议的审计案件进行复审。[①]

根据《日本宪法》和《会计检查院法》等法律的规定，会计检查院有如下主要权限：第一，立法权。会计检查院拥有法规命令制定权，即使在没有内阁政令依据的前提下，会计检查院仍然可以独立制定审计院法施行规则、审计院审查规则、计算证明规则等审计院规则，各省厅必须遵守。第二，检查权。根据《会计检查院法》第24条至28条的规定，会计检查院有权要求被审计部门提供会计报表、文书资料等其他证据；有权派遣临时工作人员进行现场检查；有权要求被审计部门和相关人员回答质询作出解释。第三，建议权。检查过程中发现会计人员有违法或不当行为的，会计检查院有权向被审计部门的首长提出处理意见和改进建议。第四，问责权。根据《会计检查院法》第31条至36条的规定，对于审计过程中发现的国家会计人员存在故意或者重大过失，给国家造成严重损失的，可以对机关首长或者直接责任人员作出惩戒处分。并可以追究相关责任人员的赔偿责任。如果发现会计人员存在犯罪行为则必须报告检察厅，依法追究刑事责任。

3.会计检查院的审计对象与审计程序

根据《会计检查院法》的规定，会计检查院是日本最高审计机关，依法独立进行审计监督，并出具审计报告和建议，以供内阁和国会参考。会计检查院负责国家的全部会计事务（包括国有资产、国债等）的审计，另外，国家出资的政府机构、独立行政法人、财团法人、社团法人等法人团体以及国家提供补助金和贷款的都、道、府、县、市町村和各类组织也在审计范围内。

会计检查院的审计职能虽然覆盖了中央和地方几乎所有国家财政支持的会计事项，但会计检查院的核心职能仍然集中在国家收入支出之决算的审

---

① 杨华编著：《日本政府预算制度》，经济科学出版社2016年版，第104-105页。

计工作上。根据《日本宪法》第90条规定，国家收入支出之决算，每年均由会计检查院审计。一般的审计过程如下：在预算年度结束后，财务省根据政府各部门提交的收入和支出决算报告书编制国家财政决算报告。经内阁会议审议后提交会计检查院审计。会计检查院审计完毕后，制作审计报告并报送内阁，由内阁会议将财政决算报告连同审计报告提交国会审议，如果审议通过，则完成决算。一般情况下，会计检查院的审计工作自每年12月开始，以一年为周期，至向国会提交报告为止。其审计程序包括：（1）制订审计计划；（2）开展审计活动；（3）提出审计意见并监督改善；（4）制作审计报告并报送内阁；（5）向国会、财政部门说明审计报告内容及审计活动情况。

根据《会计检查院法》第29条的规定，财政决算审计报告主要说明下列事项：（1）国家收入支出决算的确认；（2）国家收入支出决算的金额与日本银行提交的对账单金额是否相符；（3）审计结果有无违反法律、政令或者预算计划或其他不当事项；（4）预备费用的支出是否违反国会审批程序；（5）对违反会计管理法规的预算执行人员的责任追究事项等。总体来看，日本的年度决算审计报告具有如下特点：一是内容全面。能够充分展现会计检查院一年的工作内容和审计成果。二是提供的各项信息具体细致。通常年度决算审计报告都长达1000余页，并且各项信息分类清楚，便于读者查阅相关信息。并且会计检查院每年都在其官方网站全文公布年度决算审计报告。[1]

（二）国会对决算的审议监督

政府决算，是针对国会审议通过的预算的执行实绩的计算整理和总结报告。但比较而言，预算是经过国会事前审议并具有调控政府财政支出行为的规范属性，而决算仅为体现政府预算执行实绩的事后报告，并不具有明显的规范意义。尽管如此，决算的意义和功能依然非常重要。根据决算结果，可以分析和评价政府的财政状态、管理绩效以及财政发展态势等，可以为下年度制定财政政策、编制预算、改善财政运营及促进经济健康发展提供重要的

---

[1]　参见杨华编著：《日本政府预算制度》，经济科学出版社2016年版，第106-114页。

依据。①

《日本宪法》第90条第1款规定："国家收入支出之决算，每年均由会计检查院审计，内阁须于次年度向国会提出决算及审计报告。"《财政法》第37条规定："内阁在下一预算年度的11月30日前，将年度财政收支决算，并附收入决算明细书、各省厅的财政支出决算报告书、跨年度经费决算报告书和国债计算书等送交会计检查院。"《财政法》第40条规定："在国会召开例会期间，内阁应当向国会提交经会计检查院审查后的财政收支决算。"比较而言，会计检查院是从法律角度，对决算的合法性和适当性进行审查，而国会则是基于政治角度，为明确内阁的预算执行责任而进行审查，"宪法之所以将有关决算的最终统制权赋予国会，亦是国会中心主义的财政原理之归结"。②

值得注意的是，决算的审议并不遵循预算审议中的"众议院先议原则"，内阁可以将决算分别提交众参两院，按照惯例，一般是同时提交众参两院，并由众参两院各自分别审议。经一院审议后，也无须交付他院。众参两院的决算委员会分别负责审议决算，并向本院大会报告即可。就两院审议的结果而言，在众议院以决算"通过"或"不通过"为审议结论。在参议院则是以"承认"或"对内阁进行警告"为审议结论。决算与预算的核心区别还表现在，决算审议结论没有特别的法律性效力，国会的决议对政府的财政收支一般不会产生实质影响，决算审议的主要意义则体现在为国会对内阁进行政治批判和政治责任追究提供机会。因此，有观点认为，决算并非国会的"审议案"，而仅仅是需要国会听取的"报告案"。综上所述，决算的国会审议功能之提升和强化，也成为当前日本预算法理论研究关注的核心课题之一。

（三）住民对预算执行的监督

日本的住民诉讼制度，是在1948年《地方自治法》修改中确立了住民监查请求制度的同时，又吸收借鉴了美国的纳税人诉讼制度，从而创立了日

---

① ［日］小村武：《予算と財政法》（五訂版），新日本法規出版株式会社2016年版，第347页。

② 闫海：《日本公共预算的宪政机理与制度规范》，《财政法论丛》第11卷，第40页。

本特有的住民诉讼制度。所谓住民诉讼，是指住民对地方自治体的财会上的违法行为（公共资金的支出，财产的取得、管理或处分，契约的缔结与履行等）或懈怠事实（对公共资金的课赋征收及对公共财产的管理等），提出要求改进与纠正的诉讼。住民诉讼属于行政诉讼法上的民众诉讼的一种。住民诉讼的目的在于防止和纠正地方公共团体职员违法或不当的财务会计行为，对地方公共团体财务会计的运营予以司法审查，预防和恢复地方自治体的财源的不当使用及损失。住民诉讼制度是日本宪法上国民主权原则及地方自治法上住民自治理念的充分体现。

日本《地方自治法》在第九章财务下设第十节"居民的监查请求及诉讼"。作为整体性的住民诉讼制度由两个阶段构成：住民监查请求（前置程序）＋住民诉讼（诉讼程序）。具体而言，提起住民诉讼的基本流程如下：

1.住民向自治体监查委员提出监查请求。根据《地方自治法》第242条1项之规定，住民如果认为地方公共团体负责人及公职人员有违法或不当的公款支出，财产方面的取得管理、处分，合同的缔结和履行，财务会计行为如债务或其他义务的负担等行为时，有权向地方公共团体的监察委员提出如下请求：（1）请求监查并附加证明材料；（2）请求采取措施防止或纠正违法作为或者不作为；（3）请求补救地方公共团体利益所蒙受的损害。

2.自治体监查委员实施监查并作出劝告决定。监查委员在收到监查请求后实施监查行为，根据法定化的监查程序，监查委员如果认定住民的请求没有理由，则书面通知监查请求人并同时予以公示；如果认定监查请求理由成立，则向有关主体发出劝告，要求其在一定期限内采取必要措施，并将劝告内容通知请求人同时予以公示；情况紧急或危害重大时，监查委员可以劝告立即停止违法或不当行为。

3.住民提起住民诉讼。当住民对监查委员作出的以下处理决定不服时，可以提起住民诉讼。（1）监查委员驳回监查请求；（2）经监查委员劝告后，议会或行政首长没有采取必要的改进措施；（3）监查委员未在法定期限内实施监查或作出劝告。如果符合以上情况的，住民可向法院提出以下诉讼请求：（1）请求停止违法行为；（2）请求撤销违法的行政行为或者确认无效；

（3）请求确认不履行财产管理义务的事实；（4）以地方自治体的执行机关为被告，要求地方自治体首长向有违法行为的执行机关负责人（或者职员）提出损害赔偿请求；或者对违法的行政相对人提出损害赔偿或返还不当得利的请求。[1]

应当说，住民监查请求及住民诉讼制度，是直接民主制对代议民主制的重要补充机制，对于强化住民对自治体财政会计活动的参与和监督，确保地方财务经营合法合理运营，促进住民自治健康有序发展，发挥了重要的促进作用。

第二节　德国的预算权力监督机制

一、德国预算权力的内部监督机制

德国预算权力的内部监督主要由《基本法》第109a条规定的稳定委员会（Stabilitätsrat）负责。稳定委员会设在联邦政府，由联邦财政部长、各州财政部长、联邦经济与能源部长组成，主席由联邦财政部长和州财政部长联席会议主席共同担任。稳定委员会作出决议应经联邦和三分之二的多数州投票同意。联邦投票由联邦财政部长负责。当作出的决议涉及个别州时，该州无表决权。当决议涉及联邦时，联邦无表决权，由所有有投票权成员的三分之二多数作出。决议及其依据的咨询文件予以公开。稳定委员会另设立秘书处以协助其履行职责，秘书处由一名联邦财政部代表和一名各州财政部长联席会议指定的代表组成。[2]根据《稳定委员会法》第2条规定，稳定委员会的职责主要有两项：一是对联邦和各州的预算进行持续性监督；二是对《预算原

---

[1]　木佐茂男（日）、洪英：《日本住民诉讼制度的现状及课题》，《山东大学法律评论》2007年第1期，第291-292页。

[2]　Vgl. §1 StabiRatG.

则法》第51条结构性财政赤字上限规定的遵守情况进行监督。

首先，稳定委员会对联邦与各州预算进行持续性监督，其目的在于尽早识别发生预算紧急情况的危险，以便及时采取应对措施，避免紧急状况的发生。根据联邦和各州的稳定报告，稳定委员会每年至少两次对它们的预算状况进行审议。当稳定报告的某些指标界限值被超越时，稳定委员会判断是否存在预算紧急状况的风险；如果存在，稳定委员会即启动调查，该调查涉及联邦或相关州的所有相关领域（特别是债务总量及发展、预算赤字、利息支出、支出和收入的总量及结构）。根据调查报告，稳定委员会确定联邦或相关州是否受到预算紧急状况的威胁。如果威胁得到确认，稳定委员会就与联邦或该州协调一个原则上以五年为期的重整方案（Sanierungsprogramm）。该方案规定减少每年度信贷净额债务的具体步骤以及适当的重整措施。涉及对预算有意义的总体经济设想和数据时，稳定委员会的监督应当以景气委员会（Konjunkturrat）的建议为依据。[①]景气委员会由联邦经济与能源部长、联邦财政部长、每州一名代表和四名由联邦参议院根据市镇最高联合会的建议任命的市镇代表组成，主席由联邦经济与能源部长担任。[②]景气委员会协调信贷筹措，参加准备联邦政府的年度经济报告，并且定期就景气状况以及为实现总体经济目标而应采取的措施进行审议。

其次，稳定委员会根据政府财政余额评估对当年度及其后四年遵守《预算原则法》第51条第2款规定的政府结构性财政赤字上限情况每年审查两次。如果审查结论认为超过政府结构性财政赤字的上限，稳定委员会建议采取适当措施消除过高的财政赤字。稳定委员会通过的建议应当交给联邦政府和州政府，再转交给各自的议会。如果稳定委员会没有建议，其主席将报告交给联邦政府和州政府再转交其议会，该报告必须陈述审查结论和稳定委员会商议的措施。为支持稳定委员会监督政府结构性财政赤字上限的遵守情况，德

---

① 参见［德］罗伯特·黑勒：《德国公共预算管理》，赵阳译，中国政法大学出版社2013年版，第78-80页。

② Vgl. § 18 StabG.

国建立了独立的咨询委员会。咨询委员会的成员包括德国联邦银行和总体经济发展评估的专家委员会代表各一名，参与整体诊断的研究所代表一名，联邦和各州通过其稳定委员会代表指定的为期五年的专家各两名，地方最高联合会和社会保险全国组织指定的为期五年的专家各一名。咨询委员会制定议事规则时以其成员的三分之二多数通过。咨询委员会应就遵守政府结构性财政赤字上限规定情况发表意见。如果认为上限未得到遵守，咨询委员会应就消除过高的财政赤字提出适当的建议。咨询委员会主席参加稳定委员会的讨论。咨询委员会提交的评估和建议予以公开。[①]

二、德国预算权力的外部监督机制

就合宪性控制而言，德国预算权力的外部监督主要由议会监督、审计监督和司法监督等部分构成。

（一）议会监督

每年度的《预算法》生效后，议会及其预算委员会即负有监督之责。德国议会对预算的监督包括两种：一是预算执行监督，即在预算年度期间，如果需要的支出高于预算规划预计的数额，追加预算须经联邦议院同意；如果预算年度期间开支有必要消减，也由联邦议院决定进行相应的调整。二是决算监督，即议会根据年度决算和审计院的年度报告决定政府的免责。免责确保议会对预算的监督权。

预算修正权、健全的委员会体系以及预算信息的充分获取，是确保德国议会拥有强大预算监督能力的重要条件。首先，预算修正权是议会最重要的预算权力，是议会有效行使其他各项权力的基本手段。根据《基本法》第

---

① Vgl. §§6-7,StabiRatG.

112条、《联邦预算通则》第37条和第42条等规定，①议会对于增加收入或减少支出的修正，无须政府同意；议会若减少收入或增加支出，则需要政府同意。其次，议会在预算监督中的作用在很大程度上取决于议会本身能否发展出相应的组织能力。有效的委员会体系特别是专门承担监督职能的委员会，使议会能够对预算进行实质性的监督，强化政府对议会的服从。具体言之，德国议会两院都设置了专门的预算机构，其中联邦议院设置了预算委员会负责对预算支出的审查和监督，设置财政委员会负责对作为预算收入依据的税收立法草案进行审查；联邦参议院则设置了财政委员会负责审查和监督政府预算案。德国议会的预算委员会通常会下设审计委员会或负责监督公共企业和参股的委员会。预算的审批（预算委员会）和监督（审计委员会）其实都是同样的人员在做，无疑大大提高了预算监督的效率。根据联邦审计院提交的年终决算报告的审计结论，审计委员会在召集相关单位、财政部和联邦审计院的代表举行联席会议并对结论的各个细节进行审核的基础上，提出决议草案并提交议会全会讨论。议会两院（联邦议院和参议院）分别对审计委员会的决议草案进行表决，形成决议。②最后，由短期预算计划与长期预算计划构成的预算计划体系，为德国议会进行预算监督提供了强大的信息工具。除了传统的年度预算计划外，根据《促进经济稳定与增长法》第9条至第11条、第14条以及《预算原则法》第50条至第52条规定，联邦和各州应当编制五年预算计划，当年的预算计划必须以五年预算计划为依据。③

---

① 《基本法》第112条规定："超过预算或预算外支出，须经联邦财政部部长同意。此项同意仅在不可预料且不可避免的情形下给予。其具体内容可由联邦法律规定（Überplanmäßige und außerplanmäßige Ausgaben bedürfen der Zustimmung des Bundesministers der Finanzen. Sie darf nur im Falle eines unvorhergesehenen und unabweisbaren Bedürfnisses erteilt werden. Näheres kann durch Bundesgesetz bestimmt werden）。"

② 参见朱秋霞编著：《德国财政制度》，中国财政经济出版社2005年版，第55-56页；财政部财政监督管理考察团：《德国财政监督的经验借鉴（上）——德国的财政监督体系及主要做法》，《财政监督》2005年第11期，第48-49页。

③ 德国的五年预算计划是一个逐年修改的滚动式的五年计划，与我国的国民经济发展五年计划并不相同。

（二）审计监督

审计监督的对象包括：联邦、各州和市镇，联邦或州立经营实体，特别资产，以及其他公法法人。对于用途需要保密的支出（情报部门的支出）则采用特殊程序进行审计。联邦审计院和各州审计院彼此独立，但对于联邦和各州共同承担的支出，则共同行使审计监督权。审计报告每年直接向议会提交，从而保证联邦议院有能力对政府进行监督。下面以联邦审计院为例，对德国审计监督情况进行具体介绍。[①]

1.监督内容

根据《基本法》第114条第2款和各州宪法规定，[②]联邦审计院和各州审计院审查全部预算执行和经济执行的经济性与规范性。预算执行（Haushaltsführung）是指预算法及其预算案的执行，包括簿记和结算。经济执行（Wirtschaftsführung）是指联邦或州在预算案以外的财政经济活动，既包括资产领域以及公共企业和公共参股单位的活动，也包括预算案尚未实施时的财政经济活动（即紧急预算法）。经济性（Wirtschaftlichkeit）审查按照经济性原则进行。行政部门的大多数决定是裁量性的，在预估和使用预算资金时要通盘考虑各种可能性找出最为经济的解决方案。如果审计表明，遵守一项法律或行政法规的规定会导致不经济的情势，审计院可以建议修改该项规定。规范性（Ordnungsmäßigkeit）审查的目的是确定适用于预算执行和经济执行的规定与原则是否得到遵守。

---

① Vgl. Andreas Reus/Peter Mühlhausen: Haushaltsrecht in Bund und Ländern: Planung, Ausführung, Prüfung, C.H.Beck 2014.S.177-194. Hans D.Jarass/Bodo Pieroth:Grundgesetz für die Bundesrepublik Deutschland:Kommentar, C.H.Beck,2016.S.1210-1212.

② 《基本法》第114条第2款规定："联邦审计院，其成员享有法官的独立地位，负责审查结算以及预算执行和经济执行的经济性与规范性。除联邦政府外，联邦审计院每年直接向联邦议院和联邦参议院提交工作报告。联邦审计院的其他职权由联邦法律予以规定（Der Bundesrechnungshof, dessen Mitglieder richterliche Unabhängigkeit besitzen, prüft die Rechnung sowie die Wirtschaftlichkeit und Ordnungsmäßigkeit der Haushalts- und Wirtschaftsführung. Er hat außer der Bundesregierung unmittelbar dem Bundestage und dem Bundesrate jährlich zu berichten. Im übrigen werden die Befugnisse des Bundesrechnungshofes durch Bundesgesetz geregelt）。"

2.成员构成与产生

联邦审计院划分为审计局及其审计处。联邦审计院的成员包括院长、副院长、各审计局局长（Leiter der Prüfungsabteilungen）和审计处处长（Prüfungsgebietsleiter）。联邦审计院的成员拥有与法官相同的独立性。院长或副院长以及至少三分之一的其余成员必须有担任法官的资格。院长和副院长根据联邦政府的提名由联邦议院和联邦参议院不经辩论选举产生，并由联邦总统任命。院长和副院长任期为12年，任期结束时退休。[①]需由联邦总统任命的还有院长提名的其他成员或其他公务员。院长对外代表联邦审计院，负责行政管理并进行职务监督。副院长可代理院长履行法律赋予的职责，副院长不能代理时由最资深的部门负责人代理。资历相同时，由年长者代理。其他成员协助院长履行职责。因此，未经院长同意，不得剥夺他们作为联邦审计院成员的主要职责，并且不得妨碍他们的独立性。

3.决策机制

联邦审计院的决策体系由合议小组（Kollegien）、审计小组（Prüfungs-gruppen）、决策会（Senate）、大决策会（Große Senat）和院长（Präsident）等五个环环相扣的主体决策程序构成。[②]按表决方式不同，又可进一步分为两类：一是全体同意，如合议小组和审计小组作出决定时应达成一致意见。二是多数同意，如决策会和大决策会以多数票作出决定；如果正反票数相同，则由主席决定。

首先，需全体一致同意的决策程序。（1）合议小组包括两人合议小组和三人合议小组两种情形：各审计处的合议小组通常由主管审计局局长和主管审计处处长组成，即二人合议小组；当院长或副院长或合议小组成员认为有必要时，则院长或副院长参加，即三人合议小组。合议小组可授权其成员就个案单独作出决策。（2）经大决策会常务委员会同意，院长可以组成特定任务的审计小组。

---

① 　Vgl. §3, BRHG.

② 　Vgl. §8, BRHG.

其次，需多数同意的决策程序。（1）当合议小组无法形成一致意见或涉及事项具有特别意义时，由决策会作出决定。各审计局均应成立决策会，成员包括作为主席的审计局局长、审计局各审计处处长和一名其他审计处处长。其他审计处处长及其代表由院长根据议事规则任命。院长或副院长参加决策会时，决策会主席由其担任。（2）如果决策会无法作出决定，则提交大决策会处理，比如：对于跨部门审计或讨论的计划或具有原则性意义的事项、决策会或合议小组拟作出的决定偏离决策会的决定或大决策会的决定，院长也可将其他事项委托大决策会或在自己作出决定之前听取大决策会的意见。大决策会由作为主席的院长、副院长、各审计局局长和三名审计处处长组成。根据业务分配的主管审计处处长（报告人）和一名其他审计处处长（共同报告人）参加联邦审计院的任务。三名审计处处长及其代表和共同报告人由院长根据议事规则任命。大决策会成立常设委员会。常务委员会由副院长、两名审计局局长和两名审计处处长组成，其成员及其代表根据议事规则和资历考量任命。院长可以参加常务委员会的讨论。[1]

最后，对于《联邦预算通则》第10a条规定的使用应保密的支出，《联邦审计院法》第19条规定了两种特别审计程序：一是院长或副院长参加合议小组，即三人合议小组，此时仍以多数票作出决定；二是仅由院长亲自审计（院长职位空缺时由副院长代替）。

（三）司法监督

预算法属于公法，属于与宪法和各州宪法有关的具有宪法性质的法律和行政法，因此宪法法院和行政法院（包括作为特别行政法院的税务法院）都对此享有管辖权。为了更好地对预算权运行进行合宪性控制，根据《基本法》第19条第4项规定，[2]德国建立了完整的司法监督体系，包括宪法法院监

---

[1]　Vgl. § 13, BRHG.

[2]　《基本法》第19条第4项规定："任何人的权利受到公权力的侵害，均可提起诉讼。若无其他管辖机关时，可向普通法院起诉（Wird jemand durch die öffentliche Gewalt in seinen Rechten verletzt, so steht ihm der Rechtsweg offen . Soweit eine andere Zuständigkeit nicht begründet ist, ist der ordentliche Rechtsweg gegeben）。"

督、行政法院监督和欧盟法院监督。①下面以联邦宪法法院1999年审查《财政平衡法》的相关规范为例，②具体阐述德国预算权的司法监督。

《财政平衡法》在德国被公认为是德国联邦秩序的基本支柱之一，对于缩小联邦各州之间的财力差距，实现"在全国范围内提供均衡的生活条件"的宪法目标具有重要意义。根据《基本法》第104a条、第106条、第107条等相关规定，德国议会于1993年制定了《财政平衡法》，③但在执行中出现了这样一个问题，即经财政平衡后，五个经济发达州（Nordrhein-Westfalen, Bayern, Baden-Württemberg, Hessen, Schleswig-Holstein）在平均财力上反而低于八个经济欠发达州（Niedersachsen,Sachsen, Rheinland-Pfalz, Sachsen-Anhalt, Thüringen, Brandenburg, Mecklenburg-Vorpommern, Saarland）。如此结果自然导致相关各州之间的矛盾，其焦点在于出资州向受资州的支付是否过多、一个州的实际收入到底应该是多少以及在什么水平上开始财政平衡。矛盾的根源在于执行《财政平衡法》，要解决这个矛盾就必须在德国宪法框架内从审查该法的合宪性入手。根据《基本法》第93条第1款第2项规定，④巴登—符腾堡州政府（Regierung des Landes Baden-Württemberg）、巴伐利亚州政府（Bayerische Staatsregierung）和黑森州政府（Hessische Landersregierung）（以下简称"南方三州"）分别向联邦宪法法院提出规范审查申请，要求判决《财政平衡法》若干条款违宪。与此相反，不来梅州政

---

① 根据《财政协定》第8条规定，欧盟法院对此也享有管辖权。

② 参见梁志建：《德国联邦宪法法院1999年"财政平衡法"规范审查案判决述评——兼论德国宪法框架下的财政平衡法之借鉴》，《德国研究》2006年第1期，第39-43页。

③ Vgl. Gesetzes über den Finanzausgleich zwischen Bund und Ländern (Finanzausgleichsgesetz - FAG) vom 23. Juni 1993 (BGBl I S. 944,977).

④ 《基本法》第93条第1款第2项规定："联邦宪法法院审理下列案件：……2.关于联邦法律或州法律是否与基本法形式与实质相一致，或州法律是否与其他联邦法律相一致而发生分歧或疑义，由联邦政府、州政府或联邦议院四分之一议员提出申请（Das Bundesverfassungsgericht entscheidet:…2.bei Meinungsverschiedenheiten oder Zweifeln über die förmliche und sachliche Vereinbarkeit von Bundesrecht oder Landesrecht mit diesem Grundgesetze oder die Vereinbarkeit von Landesrecht mit sonstigem Bundesrechte auf Antrag der Bundesregierung, einer Landesregierung oder eines Viertels der Mitglieder des Bundestages）。"

府（Senat der Freien Hansestadt Bremen）、下萨克森州政府（Niedersächsische Landesregierung）和石勒苏益格—荷尔斯泰因州政府（Landesregierung Schleswig-Holstein）（以下简称"北方三州"）则认为该法相关条款与宪法相符，共同向联邦宪法法院提出规范审查申请，要求确认合宪。[1]

联邦宪法法院经并案审理后，驳回了北方三州的诉求，但也没有完全支持南方三州的主张，而是判决《财政平衡法》仅作为过渡性法律适用。理由如下：实现全国范围内生活条件的均衡性作为一项宪法原则必须得到遵守，但财政平衡对于各州之间的财力差距，既非以消除为目标，更不得导致顺序倒置，而应当是致力缩小差距。[2]《基本法》委托联邦立法者细化和补充联邦与各州之间的增值税分配标准，确定有关州享有财政平衡权利和负有平衡义务所须具备的条件及平衡数额的标准。联邦立法者必须确定可长期适用的标准，依据这些标准可以得出具体的分配和平衡方案。因此该《财政平衡法》违宪的条件是：依据本判决理由确定为落实和补充《基本法》的增值税分配标准和包括联邦补充拨款在内的财政平衡标准法不在2003年1月1日前生效，或者标准法颁布后，联邦立法者未在此基础上重新修改《财政平衡法》并于2005年1月1日前生效。[3]

联邦宪法法院于1999年7月6日作出判决后，联邦议院于2000年10月成立"标准法/财政平衡法"特别委员会，负责"标准法/财政平衡法"制定的具体工作。德国现行的《标准法》和《财政平衡法》（见表2.2.2）由此催生。

---

① Vgl. BverfG, 2 BVF 2/98; 2 BVF 3/98; 2 BVF 1/99; 2 BVF 2/99.

② Vgl. BverfG, 2 BVF 2/98（291-292）.

③ Vgl. BverfG, 2 BVF 2/98（345-346）.

三、德国预算权力监督机制的特点及评价

(一) 监督内容：规范性与经济性并重

与传统的预算监督只是单纯审查收支是否符合规范性相比，现代预算监督的重要发展趋势是审查预算监督在合规范性前提下，是否产生了最大的经济效益，是否符合成本效益分析原则。坚持经济与节俭原则，把经济效益作为预算监督的重要标准，将规范性和经济性放在同等重要的地位，是预算监督不断成熟的体现。

坚持经济与节俭原则的法律依据是《基本法》第114条第2款、《预算原则法》第6条和《联邦预算通则》第7条等规定。《基本法》第114条第2款特别规定，联邦审计院审查决算和预算执行是否经济、合法。《预算原则法》第6条就经济与节俭原则作出具体规定：（1）编制与执行预算案时，应遵循经济与节俭原则；（2）对于所有具有财政效力的措施，均应进行适当的经济性调查；（3）在适当领域，应引入成本会计。在此基础上，《联邦预算通则》第7条进一步明确规定，经济与节俭原则要求审查国家任务或服务于公共目的的经济行为在何种程度上可以通过外包和非国有化或私有化来完成；在适当情况下，私人投标者也应当给予机会表明，他们是否以及在何种程度上可以同样好地或者更好地完成国家任务或服务于公共目的的经济行为（利益表达程序）。综上所述，德国法律为确定预算经济性规定了四种特殊的工具：一是经济性调查，二是引入成本会计核算，三是利益表达程序，四是通过服务外包和非国有化或私有化履行国家职能。其内容及其功能如下：

1.经济性调查

几乎所有由公权力采取的措施都具有财政效力，如采购、投资、补贴以及社会与税收政策措施。对于所有具有财政效力的措施，都应当由该措施的责任者进行适当的经济性调查。经济性调查不仅要在规划阶段进行，而且在措施终结以及实施过程中也要以成果监控的形式进行。在规划新的措施时，尤其应当调查该措施的目的、替代解决方案、成本、效果以及紧迫性。实

践中，编制和执行预算案时是否考虑某项措施，通常需要提交经济性调查报告。

2.成本会计（Kosten- und Leistungsrechnung）

成本会计是验证预算经济性的决定性工具。公共行政的任务在于改善成本与绩效的关系，而成本会计的任务则是对为实现行政绩效而产生的成本进行分配与归类。成本会计可以详尽说明成本从哪里产生及为何种绩效付出了多大的成本。因此，有了成本会计，预算掌控也就有了坚实的基础：按照数量、质量和时间分配将行政绩效与行政部门现有的能力条件进行比较，进而找出薄弱环节，推动改善人力、物力资源的投入结构。此外，成本会计还有助于判断有关任务是否应当由公共部门完成。

3.利益表达程序

该程序要求按照竞争原则进行市场调查，可在规划新措施以及审查现有措施和安排时运用。市场调查的结果与可供选择的国家解决方案相比较，从而对预算经济性作出评价。如果利益表达程序表明私营部门预计比国家本身完成国家任务更经济，则应启动相关公共订单的发包程序。[1]

4.公共职责私有化（Privatisierung öffentlicher Aufgaben）

审查公共职责由行政部门自行完成还是由私人完成更为经济，这是经济与节俭原则为公共预算管理规定的义务。在履行公共职责时，是否以及在何种程度上纳入私有化，完全取决于个案。一般而言，通过私有化形式履行公共职责的基本形式有三种：形式私有化、实质私有化和向私人转移公共职责。[2]

---

[1]　Vgl. Robert F.Heller:Haushaltsgrundsätze für Bund, Länder und Gemeinden —Handbuch zum Management der öffentlichen Finanzen, 2.Aufl. R. v. Decker 2010. S.234-242.

[2]　Vgl. Robert F.Heller:Haushaltsgrundsätze für Bund, Länder und Gemeinden —Handbuch zum Management der öffentlichen Finanzen, 2.Aufl. R. v. Decker 2010. S.433-447.

（二）监督机构：独立性与权威性相互促进

除议会外，法院作为监督预算立法与预算执行的司法机关，确保各项立法意图和执法过程不被扭曲，在德国预算权力体系与制衡中发挥着关键性作用。其中联邦宪法法院是与所有其他宪法机关相对等的独立自主的联邦法院。[1]该院有16名法官，由联邦议院和联邦参议院各选出一半。审计院是专门负责预算监督的独立的宪法机关，既不从属于行政部门，也不从属于议会，只受制于法律。联邦宪法法院院长和副院长、联邦审计院院长和副院长，都由联邦议院和联邦参议院轮流选举产生，由联邦总统任命。联邦宪法法院、联邦审计院与联邦议院、联邦参议院和联邦政府具有同等地位。

（三）监督方式：自制与他制相互借力

预算管理作为提供公共产品的手段，必然要求监督成本最小化，这就决定了无论是政府预算的行政自制还是议会预算的议会自制都有其天然的动力系统。行政自制除了前文所述的稳定委员会机制外，所有使用财政资金的部门都设置了专门的监督机构。议会自制除了议会两院之间相互监督制衡外，在联邦议院内部的委员会之间也建立了内控机制：一是预算收入决策与预算支出决策分开，分别由其财政委员会和预算委员会负责。如果预算收入和预算支出决策都由同一个委员会审查，这个权力极大的委员会一旦决定某个庞大的开支计划，必然要通过一个足以支持这个开支计划的税收政策，因而无节制的开支行为和掠夺性的税收政策也就在所难免了。二是预算授权决策与预算拨款决策分开，分别由专业委员会和预算委员会负责。授权决策是指对于政府及其部门提出的项目进行必要性审查，决定是否同意实施该项目。拨款决策是指授权决策后对于同意政府实施的项目给予多少资金。授权决策的各个专门委员会实质上是议会内部的财政资源申请者，如果这些财政资源申请者同时控制着拨款权，对财政资源进行掠夺性消费，自然也就成为其最佳

---

① Vgl. § 1 Abs. 1 BVerfGG.

的预算策略，从而不可避免地导致政府支出的增加。[①]

　　无论是行政自制，还是议会自制，都必须以他制为基本前提，自制与他制既相互制约又相互借力。[②]预算监督的他制，既包括议会对政府预算权的制约，也包括政府对议会预算权的制约。因为在预算领域，议会也可能采取机会主义行为，尤其在议会支配型预算模式下，这种机会主义行为最后将损害财政责任。一个好的制度设计，绝不能将不受限制的预算权力赋予任何一个预算参与者，无论是政府还是议会。[③]

　　就政府预算而言，议会监督及其他外部监督作为行政他制的方式，为预算权力运行设定了边界。作为外因的行政他制必须经由内因的行政自制落到实处，其预算法治的理念、原则和制度才能直达行政预算肌体的深层内里、脊髓末梢，从而形成预算权的良性运行机制。[④]

---

① 参见马骏、赵早早：《公共预算：比较研究》，中央编译出版社2011年版，第178-194页。

② 参见池生清：《德国税收救济制度的建构原理初探》，《税务研究》2017年第2期，第80页。

③ 参见马骏、赵早早：《公共预算：比较研究》，中央编译出版社2011年版，第165-170页。

④ 参见崔卓兰：《行政自制理论的再探讨》，《当代法学》2014年第1期，第3-11页。

第四章　当代中国的预算权力监督机制

改革开放以来，我国的预算改革主要沿着两个途径展开：其一为行政部门内部的预算管理制度改革，重点在于如何规范政府的收支管理，提高预算资金使用的效能；其二为行政部门外部的预算民主法治改革，着重于如何发挥人大及社会公众的监督制约作用，从而促进预算的民主化和法治化。[①]如果从预算被监督对象、财政预算管理的具体执行主体——政府的视角来看，中国的预算权力监督机制可以分为内部监督机制和外部监督机制。其中内部监督机制主要指在行政系统内部进行的监督，外部监督机制主要指行政机关以外的国家机关、组织或个人作为监督主体对行政机关的预算权力进行的监督。

第一节　内部监督机制

一、审计监督机制的概况

政府预算的内部监督主要指行政机关自身及其所属部门对政府预算实行的监督，包括各级政府的监督、政府财政部门的监督、审计部门的监督以及政府各部门的监督。其中，作为政府的重要组成部分，审计机关对政府预算进行审计，在政府权力架构中推动政府权力优化配置，配合人大有效实施预

---

① 参见魏陆：《完善我国人大预算监督制度研究——把政府关进公共预算"笼子"里》，经济科学出版社2014年版，前言部分第1页。

算监督职能，从而实现权力制约和监督的目的。

表4.1.1　内部监督主体

内部监督主体	法律根据
各级政府	《预算法》第87条：各级政府监督下级政府的预算执行；下级政府应当定期向上一级政府报告预算执行情况
财政部门	《预算法》第88条：各级政府财政部门负责监督检查本级各部门及其所属各单位预算的编制、执行，并向本级政府和上一级政府财政部门报告预算执行情况
审计部门	《预算法》第89条第1款：县级以上政府审计部门依法对预算执行、决算实行审计监督
政府各部门	《预算法》第90条：政府各部门负责监督检查所属各单位的预算执行，及时向本级政府财政部门反映本部门预算执行情况，依法纠正违反预算的行为

我国实行审计监督制度，根据《审计法》的要求，国务院县级以上地方人民政府设立审计机关。各级审计机关在本级政府和上级审计机关的领导下，负责本行政区域内的审计工作。经过本级人大审批通过的年度财政预算，审计机关对本级有关财政部门及单位的财政收支进行审计监督。

（一）审计机构设置

以下以审计署为例对审计机关设置加以介绍。根据《审计法》第7条规定，审计署由国务院总理领导。审计署的行政首长为审计长。审计署主管全国的审计工作，与省政府共同领导省级审计机关。审计署负责对国家财政收支的真实、合法和效益进行审计监督，向国务院总理提出年度中央预算执行和其他财政收支情况的审计结果报告。审计署由审计长、副审计长、总审计师、派出审计局领导、机关党委专职副书记、离退休干部办公室领导等组成。[1]审计署设置了21个内设机构履行相关职责，30个跨部门派出审计局、18个跨地区驻地方特派员办事处和9个直属单位根据审计署的授权依法开展

---

[1]　人员编制参见《国务院办公厅关于印发审计署主要职责内设机构和人员编制规定的通知》（国办发（2008）84号）。

审计工作。[①]地方各级审计机关领导干部的管理实行双重领导、地方党委为主的领导体制，省级党委对省级审计机关负责人进行任免、调动等人事安排要事先向审计署征求意见。

为更好地发挥审计监督作用，根据《中共中央深化党和国家机构改革方案》的要求，我国决定组建中央审计委员会，其办公室设在审计署。2018年5月23日习近平总书记主持召开了中央审计委员会第一次会议。在讲话中，习近平指出审计是党和国家监督体系的重要组成部分。审计机关作为监督机关，服务于决策系统，承担着对行政机关实施监督和约束的职责。中央审计委员会主要负责研究提出并组织实施在审计领域坚持党的领导、加强党的建设方针政策，审议审计监督重大政策和改革方案，审议年度中央预算执行和其他财政支出情况审计报告，审计监督其他重大事项等。[②]

（二）审计程序及内容[③]

根据《审计法》第五章审计程序的规定，审计程序主要包括三个阶段：准备阶段、实施阶段和终结阶段。在审计准备阶段，根据法律规定和上级审计机关的相关要求，首先确定好年度审计工作重点，根据此重点编制审计项目计划，确定审计事项。审计机关通过指派直接实施审计活动的审计组，对审计事项进行审计。在审计实施初始阶段，即实施审计的三日前，审计组将审计通知书送达被审计单位处。遇到特殊情况，审计组可不经通知程序，直接带审计通知书进入被审计单位进行审计。在审计实施主体阶段，审计机关对审计事项实施审计监督。审计组人员通过初步调查、评价内部控制制度，审查分析财务会计报告、账户、凭证和检查盘点现金、实物，函询或者面询相关单位人员等，取得会计证据等审计证明材料。在审计终结阶段，审

---

①　资料来源自审计署官网和2018—2019年国家审计校招宣传片的数据，参见中华人民共和国审计署："审计署简介"，http://www.audit.gov.cn/n10/n14/index.html，2018年8月5日访问。

②　参见《中共中央印发〈深化党和国家机构改革方案〉》，《人民日报》2018年3月22日，第001版。

③　审计程序介绍主要结合《审计法》《审计法实施条例》和相关法律释义，参见全国人大法工委编：《中华人民共和国审计法释义》，法律出版社2006年版，第60-67页。

计组按规定将审计报告送交被审计单位征求意见。自接到审计报告之日起10日内，被审计单位将其书面意见送回审计组。审计组将审计报告和被审计单位的书面意见一并报送审计机关进行审查。审计组出具的审计报告在性质上属于审计机关的内部工作报告，作为审计组的初步意见，并非最后审计机关出具的审计报告，因此并不对被审计单位产生实质影响。审计组提出的审计报告要遵循以下几项原则：内容规范完整、观点与材料统一、标题名称恰当以及文字准确、结构清晰。审计报告主要包括审计的内容、范围、方式和时间，对被审计单位的情况介绍，审计事项的相关事实和评价，规范依据以及审计意见书和相关建议意见。审计机关结合被审计对象所提出的意见，根据审计的相关事实、证据、规范以及审计组提出的意见等对审计组的审计报告进行审议，提出审计机关的审计报告并作出审计决定。被审计单位在规定的时间范围内执行相关审计决定。

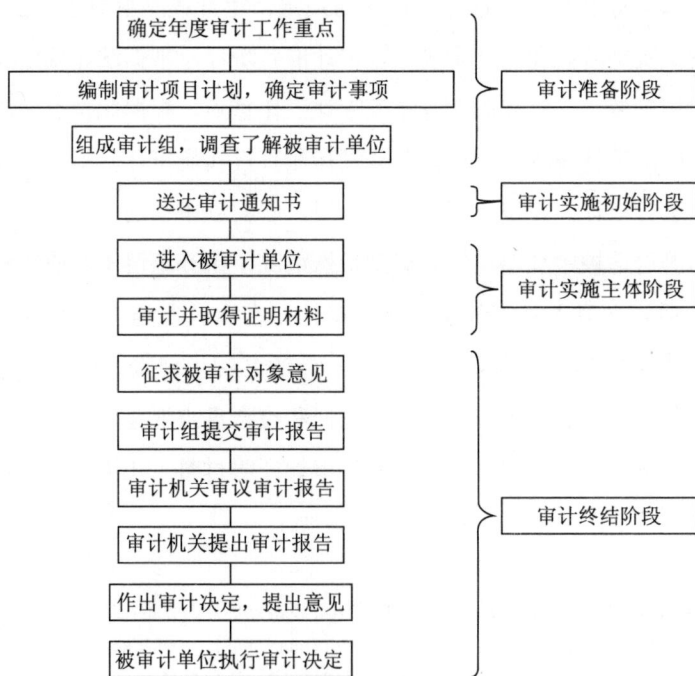

图4.1.1　审计程序

　　内部监督机制是对预算编制、管理和执行等程序进行的首要监督。在我国，审计机关隶属于本级政府，一方面，本级政府影响审计机关行政长官的任命，另一方面，本级政府负责保证审计机关的审计经费。因此审计机关行使审计职能的同时势必会受到本级政府的干预和影响，在审计机关查出涉及本地区重大利益的问题事项时，极有可能发生瞒而不报的情况。但是审计在功能上还应当从属于人大预算监督。审计机关承担着预算内部监督的主要职责，但同时也是配合人大行使预算监督职能的重要组成部分。本部分将以审计法律规范与审计报告为视角，分析政府预算内部监督中的审计监督及其配合人大进行预算外部监督的相关问题。

　　从规范上看，对预算的监督和制约方面，《审计法》集中体现了审计机关和人大间的紧密配合、相互影响的关系。第一，《审计法》第4条第1款开宗明义，规定："国务院和县级以上地方人民政府应当每年向本级人民代表大会常务委员会提出审计机关对预算执行和其他财政收支的审计工作报告。审计工作报告应当重点报告对预算执行的审计情况。必要时，人民代表大会常务委员会可以对审计工作报告作出决议。"第二，《审计法》第4条第2款还规定了国务院和县级以上地方人民政府要将审计工作报告中指出的问题的纠正情况和处理结果向本级人民代表大会常务委员会报告。第三，审计机关有权对与国家财政收支有关的特定事项，向有关地方、部门、单位进行专项审计调查，并向本级人民政府和上一级审计机关报告审计调查结果。

　　审计机关的审计监督是预算监督体系的重要组成部分。审计机关向人大常委会提交审计工作报告，本身就是民主制度的一项重要内容，对政府及其部门进行审计，从而监督政府更好地履行对社会公众的责任。人大常委会通过听取预算整改情况报告并进行相应的专题询问，对加强预算监督、规范预算管理同样发挥了重要作用。国务院和县级以上地方人民政府每年向人大常委会提交"审计机关对预算执行和其他财政收支的审计工作报告"和"审计工作报告中指出的问题的纠正情况和处理结果报告"也是人大实行预算监督的抓手和参考。

　　1983年8月31日审计署第一任审计长吕培俭在第六届全国人大常委会第

十二次会议上作了关于审计机关建立三年以来的工作情况报告。这是国家审计署首次向全国人大常委会作工作报告。1994年通过的《审计法》正式确立了审计机关向本级人大常委会提交预算执行和其他财政收支的审计报告的制度。1996年7月，审计署审计长向全国人大常委会报告了《关于1995年中央预算执行情况的审计工作报告》，正式开启了审计工作报告制度的先河。1998年国务院办公厅发布《关于认真落实1997年中央预算执行情况和其他财政收支审计处理决定的通知》[1]，要求国务院各部门落实中央预算执行审计处理决定的工作，均按该通知规定的分工和程序进行。自1998年以来，审计署受国务院委托每年向全国人大常委会报告中央预算执行情况和其他财政收支审计处理结果。第十二届全国人大常委会进一步加强对财政预算的审查监督。在审议听取关于财政预算的报告方面，2015年以来共三次听取审议国务院关于审计查出问题整改情况的报告。[2]本部分以2014、2015、2016年度审计署关于预算执行和其他财政收支情况的审计工作报告以及查出问题整改情况的报告为例，对政府内部监督中的审计监督机制运行进行考察。

二、审计署与国务院在审计环节互动的总体情况

人大对预算审查监督的重要作用表现在对财政预算执行情况的审计监督，政府所辖审计机关主要承担政府经济监管工作过程中所需要的审计监督任务。[3]"我国的年度预算从编制启动到决算及预算审计的完成，一个完整的预算年周期历时约两年时间，各个时间节点已经基本固定。"[4]为了加强和改进人大预算决算审查监督机制，2015年8月中央全面深化改革领导小组第十五次会议审议通过了《关于改进审计查出突出问题整改情况向全国人大常

---

① 国办发〔1998〕125号。

② 参见张德江：《在第十二届全国人民代表大会常务委员会第三十一次会议上的讲话》，《全国人民代表大会常务委员会公报》（以下简称《公报》）2018年第1期，第2页。

③ 参见杨肃昌：《中国国家审计：问题与改革》，中国财政经济出版社2004年版，第247页。

④ 魏陆：《完善我国人大预算监督制度研究——把政府关进公共预算"笼子"里》，经济科学出版社2014年版，第169页。

委会报告机制的意见》。按照意见要求，国务院应当对审计查出问题的整改工作作出部署；审计署要提出审计查出的突出问题和重点整改的部门单位；财经委和预算工委对查出的突出问题的整改情况要进行跟踪调研，并提出相应的调研报告；审计长受国务院委托向全国人大常委会作审计查出突出问题的整改情况报告。同时要求相关被审计部门单位和审计署等部门有关负责人要到会听取意见并回答询问。①全国人大常委会于每年6月听取审议"国务院关于上一年度中央预算执行和其他财政收支报告"。审计工作具体由审计署承担。针对审计查出的问题，审计署会在年末向全国人大常委会再次报告，报告的内容主要围绕上一年度中央预算执行和其他财政收支审计查出问题整改情况进行。

审计署首先对上一年度中央预算执行和其他财政收支情况的整改工作进行整体部署和推进情况的介绍。其次，对上一年度中央预算执行和其他财政收支整改落实的具体情况作分别介绍。最后，对部分未完成整改的问题原因和下一步的工作安排进行分析和部署。

通过报告可以发现，第一，总体来看，针对审计署审计查出的问题，国务院都会及时安排部署并要求着手解决。从解决问题的成效来看，通过"省钱""建制""查人"三方面，整改情况取得了立竿见影的效果。比如，2014年审计发现的中央预算执行和其他财政收支审计查出的问题，通过整改增收节支5794.94亿元；根据审计建议，中央和地方各部门制定完善规章制度5935项；审计过程中发现违法违纪问题线索895起，有5598人被依法依纪处理。对2015年审计工作报告反映出的问题进行整改，整改问题金额达1605亿元，通过整改增收节支和挽回损失等共计976亿元；制定完善制度2116项；处理处分3229人次。对2016年审计工作报告反映出的问题进行整改，整改问题金额共计4872.5亿元；制定完善有关预算和财务管理、境内外投资、司法

---

① 参见廖晓军：《预算审查监督工作取得新进展——全国人大常委会预算工作委员会2015年工作回眸》，《中国人大》2016年第3期，第19页。

保障等制度2476项；处理处分相关责任人员8123人次。①

第二，就具体整改落实情况而言，上一年度中央预算执行和其他财政收支情况的审计工作报告所反映的问题，大部分都能得到有针对性的纠正。每年年中审计署针对国务院在中央预算执行和其他财政收支的审计工作一般包括中央财政管理审计、中央部门预算执行和决算草案审计、政府性债务审计、财政存量资金审计、国家重大政策措施落实跟踪审计、扶贫资金审计或重点民生工程及矿产资源审计、重点专项资金审计、金融审计、中央企业审计和审计移送的重大违纪违法问题线索等九个方面。国务院在年末的整改情况报告中就审计问题的整改情况进行汇报。

第三，面对一些"情况相对复杂、整改难度较大的问题"，虽然暂时无法得到有效且彻底的解决，国务院也落实了整改责任和进度安排。审计署查出的审计问题，有些属于政府部门难以在短期内处理和解决的问题。国务院会在整改情况的基础上对部分未完成整改的问题说明原因并安排相应的后续跟进措施加以改进。当然，对相关问题全面整改所面临的一些特殊困难，国务院也会在有关整改情况的报告中加以列明。

三、审计署和国务院在审计环节互动的具体表现

（一）审计中查出的问题和国务院的整改落实情况

从2014年度中央预算执行和其他财政收支的审计工作报告中可知，审计署在中央预算执行及决算草案审计工作和中央财政管理审计工作中较好地完成了其监督职能。在当年12月底召开的第十二届全国人民代表大会常务委员

---

① 数据统计截止到2017年10月底，详情参见国务院关于2014、2015和2016年度中央预算执行和其他财政收支审计查出问题整改情况的报告，刘家义：《国务院关于2014年度中央预算执行和其他财政收支审计查出问题整改情况的报告——2015年12月22日在第十二届全国人民代表大会常务委员会第十八次会议上》（以下简称《关于×年度整改情况的报告》），《公报》2016年第1期，第109页；刘家义：《关于2015年度整改情况的报告》，《公报》2017年第1期，第83页；胡泽君：《关于2016年度整改情况的报告》，《公报》2018年第1期，第63页。

会会议上，审计署受国务院委托会再次向全国人大常委会报告年中审计问题的整改情况：①

1.在中央预算执行及决算草案审计方面，发现的主要问题为：（1）决算草案报表体系不够完善。审计报告指出：决算草案报表中未包括资产负债表，总预算会计核算发行国债取得资金时，未按规定计入负债类科目；未按经济性质分类编列一般公共预算支出。在整改过程中，财政部按照我国《预算法》和《财政总预算会计制度》对资产负债相关核算予以规范，对资产负债表编报存在的问题表示"正在完善"。同时对下一年的中央本级一般公共预决算的编制，将基本支出按经济性质分类编列到款，避免预决算报表再次出现体系编报不完善的情况。（2）预算变更偏多。针对2014年度中央本级支出调增724.47亿元、调减660.43亿元，税收返还和转移支付支出调增596.94亿元、调减879.87亿元的问题，财政部按照《国务院关于印发推进财政资金统筹使用方案的通知》（国发〔2015〕35号）提出严格控制代编事项、硬化预算约束等要求，以减少预算变更事项。（3）未披露用以前年度超拨资金抵顶的支出。审计署指出财政部直接使用"农作物良种补贴"等7个专项的以前年度超拨资金共计47.05亿元，用作抵顶2014年度应安排支出。针对抵顶支出的问题财政部表示"已研究确定了披露的方式，今后将增强资金拨付的准确性"。（4）中央决算草案与部门决算草案衔接不够。审计署在2014年抽查了22个部门的决算收入共计5657.19亿元，但是中央决算草案仅反映财政拨款收入2805.65亿元，未包括事业收入等。在年末的整改情况报告里，财政部表示"将结合建立健全事业单位财务报告制度，对财政拨款以外的事业收支和经营收支等，仅在事业单位的财务报告中反映，使中央决算草案与部门决算草案更好衔接"。

2.在中央财政管理审计方面，审计发现预算管理体系未臻完善，财政管

---

① 参见刘家义：《国务院关于2014年度中央预算执行和其他财政收支的审计工作报告——2015年6月28日在第十二届全国人民代表大会常务委员会第十五次会议上》（以下简称《关于×年度审计工作报告》），《公报》2015年第4期，第763-772页。

理方式的适应性不足，部分财政资金被骗取挪用，影响了财政资金的安全和高效使用。（1）各本预算间收支划分不够清晰。包括政府性基金预算中包含非政府性基金项目、一般公共预算和国有资本经营预算向中央企业安排的支出存在交叉、国有资本经营预算范围还不完整等。2014年政府性基金预算核算的29个项目中，有11个不在基金目录中，当年收入1864.26亿元（占45%）。因此财政部决定将从2016年起把5个项目转入一般公共预算，除国务院批准的个别事项外，其余项目将在3年内逐步调整转列为一般公共预算。在厂办大集体改革支出安排上，面对支出资金分配存在的问题，财政部表示"正在研究制定统一的厂办大集体改革支出资金分配管理办法"，对外经贸发展专项支出资金也将从2016年起统一由一般公共预算安排。再比如，2014年仍有4500多家未纳入国有资本经营预算范围的中央部门和单位下属企业，财政部表示在下一年"将21个中央部门和单位所属67户产权清晰、主业突出、市场化程度较高的企业纳入国有资本经营预算"中。（2）税费收缴执法不到位。包括征管不严造成税收流失；发票监管不严，药品购销领域偷逃税仍较突出；未及时足额收缴非税收入的问题。针对上述税收问题，税务总局专门发文，敦促加强规范和管理；同时联合公安部成立案件查办组查处偷逃税案件；财政部采取会同有关部门发文催缴等形式及时追缴税款，查处违法行为。（3）预算批复下达不及时、不规范。在一般公共预算下达过程中，本级支出有480.53亿元没有按照要求在2015年9月30日前下达，专项转移支付有2495.9亿元没有按照要求在批准后90日内下达，未下达资金分别占3.7%和13%。财政部通过"采取严格按规定时限下达预算、继续预收部分企业国有资本经营收益、完善资金拨付程序"等一系列措施，使中央本级一般公共预算、转移支付预算和中央国有资本经营预算的执行率分别较上年提高2.9%、3%和35%，实现了预算下达加速的目的。财政部批复部门预算和发展改革委安排的投资计划中个别事项不规范，财政部通过研究完善的长效机制、制定相关改革制度方案、协调各部门、探索新型市场化运作模式和会同其他部门编制规划等方式，积极回应审计机关提出的整改问题。（4）转移支付改革和规范不到位。一方面，部分一般性转移支付存在限定用途的现象。审计署在审计过程中发现2014年有9188.49亿元被指定用于专门事项，还有18个专项转移支付转入的140.56亿元也被指定专门用途，导致地方难以统筹使用。对此，财政部根据项目性质，在2015年度的预算安排和转移支付清理中，"将其中属于中央委托事权或中央地方共同事权的项目转列专项转移支付，属于地方事权的项目归并到均衡性转移支付"中。另一方面，专项转移支付清理整合存在"碎片化、部门化、司处化"的现象①和部分分配审核不严格的情况。财政部按照相关规定，在继续清理整合的基础上，严格控制新设专项。会同其他有关部门，对预算评审和项目审核的力度加大，对已有的专项资金管理方式作出改进。对部分专项资金被骗（套）取的问题，财政部在督促涉事省市予以追缴的同时也研究改进相关项目评审和管理监督检查制度，进一步落实管理工作责任，严格审批流程。（5）政府性债务管理需进一步加强。关于政府性债务管理的问题，审计署发现国债发行与库款管理衔接不够、主权外债项目审批管理不严、个别地方政府性债务偿债压力大。财政部通过考虑审计意见适当优化国债发行节奏、建立新的管理制度、完善项目审批流程、下达置换债券额度帮助各地方政府偿还本金等方式，实质性解决或逐项研究整改问题。

除此以外，审计署还针对其他财政收支作了较为充分的审计工作，发现以下问题（见表4.1.2）。

---

① "碎片化、部门化、司处化"指的是财政部2014年上报专项转移支付133个，执行中实际安排明细专项362个；抽查的343个明细专项中有43个部门参与分配，涉及123个司局、209个处室。数据来源参见关于2014年度审计工作报告。

表4.1.2　国务院关于2014年度、2015年度、2016年度中央预算执行和其他财政收支的审计工作情况汇总①

审计内容 被审计年度	中央部门预算执行审计	重点专项审计	政策措施落实跟踪审计	金融机构审计	中央企业审计	审计移送的重大违法违问题线索情况
2014	1.部门预算编报和执行不够严格。2."三公"经费、会议费等管理使用中违反财经纪律。3.信息系统建设统筹规划不够	1.土地出让收支和耕地保护:土地出让收入少征、虚增;支出违规作他用;征地拆迁少支付,套取骗取补偿金;土地出让收支核算不规范;违规超计划减免或返还土地出让收入;违规划审批、越权或多征批,少批多审批,批先征;违规出让供地、用地;为低价购地、非法倒卖牵线搭桥;土地长期未用;违规设地方开发区、扩区;基本农田面积低于保护目标,虚增耕地、质量不达标、整治资金被挪用。2.城镇保障性安居工程:资金被挪用套建或用于弥补其他费不足;违规限售住房、补贴;违规经营或出售住房。3.彩票发行费和彩票公益金:虚报套取、挤占挪用;未经批准利用及相关互联网销售;违规使用。4.矿产资源开发利用保护:越权审批或办理矿业权登记、协议出让或收购;操控定价、倒买矿业权;矿产资金欠征、未按规定使用	1.重大投资项目审批周期长,开工不及时,建设推进慢。2.简政放权力度不够。3.推进商事制度改革的具体措施不协调。4.落实进出口通关服务便利化措施不到位	1.违规经营,内部管理不到位。2.对中小企业融资的支持力度不够	1.违规决策、违规经营,经营造成重大损失。2.财务和内部管理存在薄弱环节	1.多发生在公共资金、国有资产和国有资源集中的领域。2.公职人员滥用权力、内外勾结。3.用"软权力"牟利。4.以社会公益事业、落实政策等名为作暗箱操作

① 同题统计来源自2014、2015和2016年度审计工作报告,其中对2014年的"财政存量资金"审计状况没有在此表列明。参见刘家义:《关于2014年度审计工作报告》,《公报》2015年第4期,第763-772页;刘家义:《关于2015年度审计工作报告》,《公报》2016年第4期,第702-713页;胡泽君:《关于2016年度审计工作报告》,《公报》2017年第4期,第579-588页。

续表

审计内容 被审计年度	中央部门预算执行审计	重点专项审计	政策措施落实跟踪审计	金融机构审计	中央企业审计	审计移送的重大违纪违法问题线索情况
2015	1.违规套取和使用资金。2.事业单位预算保障办法不明确。3.利用部门权力取得收入。4.执行"三公"经费和会议经费等制度不到位	1.地方政府债务：发债融资未有效使用，仍违规或变相举债。2.扶贫资金：资金分配未考虑建档立卡贫困人口情况；扶贫资金被挤报冒领或违规使用；扶贫资金闲置浪费。3.保障性安居工程：政策落实不到位，补偿对象被骗取套取财政资金。4."工伤"人员未纳入工伤保险，基金被骗取套取、违规发放使用；基金被骗取套取、财务管理不规范。5.水污染防治：区域性水环境保护压力大；项目未达预期效果；财政资金未有效使用。6.矿产资源开发利用保护：出让转让或开发管理中心存在违法违规问题。违规征缴使用矿业权资金	1.制度规则需加快建立完善。2.重大项目审批管理改革需推进。3.财政资金统筹整合政策措施需落实。4.政府基金支持创新创业作用。5.科研投入管理机制与科技创新要求不适应	1.实体经济融资难、贵、慢。2.商业银行不良贷款处置和金融创新风险防控机制不健全。3.违规经营	1.经营成果不实，违反廉洁从业规定。2.追责问责制度不健全、违规决策。3.企业境外业务管理薄弱	1.滥用公共权力谋取私利。2.基层管理人员内外勾结，骗取套取财政专项资金。3.用内幕信息牟利。4.借网络技术手段，实施非法集资、洗钱等活动
2016	1.预算及资产资金管理薄弱。2.公务用车、会议管理和办公用房清理等工作不到位。3.利用部门或行业资源违规收费问题	1.全国医疗保险基金：单位少缴少征基本医保；骗取套取基金和违规支出借基金；医疗机构超过规定限度加价销售药品和耗材。2.全国保障性安居工程：资金筹集付与建设进度不匹配，资金超过1年未使用；项目目未严格执行设计、施工等标准，部分项目存质量缺陷；对保障对象的资格审核和后续监管不到位。3.水利和粮食收储等涉农资金：落实政策措施未到位	1."放管服"改革具体措施未落地。2.涉及收费管理机制不健全。3.未落实涉产能相关化解产能要求。4.投资基金和支持小微企业措施。5.政府债务增长较快，违规举债	1.黄金投向需进一步优化。2.信贷发放和资产管理违规操作	1.业绩不实，负担较重。2.投资经营风险管控比较薄弱	1.国有资产资源和公共权力集中领域问题多。2.衣食副产品、药品领域偷逃税问题发。3.非法集资、洗钱等影响范围广。4.民生领域"小官大腐"问题突出

根据审计署在审计中查出的问题，国务院在年底向全国人大常委会书面汇报审计查出问题的整改情况，就上述问题进行逐一回应和解决（见表4.1.3）。

表4.1.3　国务院关于2014年度、2015年度、2016年度中央预算执行和其他财政收支的审计查出问题整改情况汇总[①]

审计内容 被审计年度　审计年度	中央部门预算执行审计	重点专项审计	政策措施落实跟踪审计	金融机构审计	中央企业审计	审计移送的重大违法问题线索情况
2014	1.购买天服务或完成委托、安排需地方完成的事项；上缴财政或归还原资金和多申领人员经费或项目经费；重新招标、调整完善手续、退回资金、完善账目。2.通报批评责任人、个人承担费用、取消出访资格，调整出访费用标准；停止兼职取酬、执行会议等规定、调整会议规程，退回违规资金渠道或费或归还原资金渠道；行为。3.编制规划、开展信息清理和定级保护工作	（一）土地出让收支和耕地保护：1.补征土地出让收入、调整预算和会计账目、归还原资金渠道，补发少支付的补偿资金、收回被套取或骗取的补偿金。2.不返手续、收回土地、完善查处"招拍挂"程序、补缴土地价款、立案查处非法占用耕地、没收地上建筑物、收回土地使用权证。3.衔接和修订规划、清理整治，整改新区范围，加快土地供应、合并承担总体规划，开展永久基本农田划定、检查补充耕地力度，归还原资金、优化布局，完善土地利用总体规划、开展永久基本农田划定、检查补充耕地力度。（二）城镇保障性安居工程：归还对外出借资金、收回补助项目或完善会计账目；取消保障资格或清理收回违规用于经营或退出的住房待遇。（三）彩票公益金：归还原资金渠道、上缴财政，库或财政专户、停止购买彩票、调整账目。自查自纠、补贴、补办手续、调整账目。研究完善管理办法	1.逐项梳理、加快推进工程建设项目相关决投资项目和相关问题。2.取消或合并审批事项、消违规收费问题。3.明确"一照一码"登记模式；梳理需修订或废止的规章和规范性文件。4.取消或降低部分收费、缩短审核周期、预拨免税进口额制来落实进出口通关服务便利化措施	1.收回贷款、冻结资产、诉讼清额度、信访追收、加强监控、调整账目、加强薪酬管理。2.加大改政调整、参数调整或规范调整、融资倾斜力度、展非法集资专项行动、推进监管体制建设；严格规范银行开立审核户开立审核	1.积极清理处置、盘活资产、追回资金或挽回损失；完善决策管理制度；加强投资项目可行性研究、审批、报批、核准，严格执行追责机制。2.调整会计账目和报表，补缴税金、退回多发薪酬福利、完善物资采购、工程建设和招投标制度	截止2015年10月底，审计发现895起违法违纪问题线索移送有关部门查处，5598人被依法依纪处理，制定完善规章制度5935项

[①] 整改统计来源自2014、2015和2016年度整改情况的报告。

续表

审计内容 被审计年度	中央部门预算执行审计	重点专项审计	政策措施落实跟踪审计	金融机构审计	中央企业审计	审计移送的重大违纪违法问题线索情况
2015	1.资金上缴国库、归还原资金渠道、退还费用、调减预算、完善制度、调整账目、取消违规收费项目、整改违规取得和使用的资金问题。2.归还车辆、停止违规活动、退还费用、完善手续、严格会议用报销、对"三公"经费和会议费整改	(一)地方政府债务：加强财政领域风险防范、加强监督检查和协调、强化重点地区风险防控、健全风险防范预案。(二)扶贫资金：1.追回或盘活相关资金。上缴国库、归还原资金渠道、收回贷款或借款、追回被套取、侵占或损失浪费等资金、腾退收回住房、调整取消保障资格；收回后重新安排、加快项目实施、完善手续、加快下拨、调整计划盘活闲置资金、退回多征收保险费、整改工商保险基金管理不规范问题。2.推进加快财政政策落实和项目实施。研究修订财政扶贫资金管理和分配办法；完善配套设施、促进保障性安居工程项目交付使用；完善手续或终止合同等方式整改未批先建、非法占地、未依法招标等问题；及时给职工办理参保手续、退还费用、补充安排资金整改保障性安居工程项目中的税费减免、优惠利率或加收中间费的问题。(三)生态环境保护：开展专项治理等执法行动、补办手续、注销采矿权、完善制度、归还原资金渠道	1.转变管理方式。2.深化简政放权。3.修订完善制度。4.完善配套措施	1.拓宽不良资产处置渠道。2.引导规范处置方式。3.强化监管措施	1.明确责任认定标准和责任追究范围、对责任追究制度提出要求。2.开展专项检查、加强风险管控，促企业建立健全规章制度。3.整改企业经营成果不实和资产重大损失问题、追缴、挽回及避免损失	截止2016年10月底，整改金额共计1605亿元，处理处分3229人次，制定完善制度2116项

续表

审计内容／被审计年度	中央部门预算执行审计	重点专项审计	政策措施落实跟踪审计	金融机构审计	中央企业审计	审计移送的重大违纪违法问题线索情况
2016	1.对预算决算编制不准确、虚列支出或出的问题进行调整或收回资金。2.退回原资金渠道、归还原资金渠道、完善相关制度、清退、调整或封存超标办公用房，对"三公"经费超标或违规收费项目，停止或取消违规收费项目，出台或修订相关收费规章制度，对利用部门行业规范违反违规收费行为，对影响部门违规收费或乱收费行为整改。	(一)扶贫资金：1.剔除清退不符合建档立卡贫困人口，完善数据对比机制；建立扶贫对象收入财产大数据对比机制；加强信息共享；发放补助或退还资金，收回违规使用贷款及贴息资金补贴；推动政策落实、细化后期管护责任；完善与贫困对象利益联结机制，拓宽精准帮扶渠道；规范脱贫退出公示公开；"保底收益+按股分红"模式。3.整合试点公示公开项目；专项督查；约谈该通报；召开该通报；调度统筹盘活基金。(二)全国医疗保险基金：补缴国保医疗保障机关。2.加强对项目的建设资金司法机关，加固原项目的建设资金司法的项目。4.取消保障资格或建筑资格或管理；3.修缮规范违规项目。(三)全国保障性安居工程；1.及时安排资金或移交管理，上缴国库，归还原资金渠道，补缴差价。2.加强对执行价格监管、严格施工流程监管。(四)水利利粮食储涉农专项资金；上缴、归还、上缴盘活；加强粮食流通监管。(五)自然资源资产管理：加强资产管理和节能环保资金；1.恢复土地原状，调整规划。2.督促加快开发进度，收回闲置土地，腾退置换涉农土地出让金；责令缴纳或收回土地闲置费或收出让费。3.加快实施进度	1.取消、下放审批认证等事项。增加经费保障；加强补助或退还资金，制定指导性文件，优化调整办理流程、完善在线审批平台，编制服务指南。2.查处涉企经营服务性收费。清理公布行政审批中介服务事项，清理公示公开。3.淘汰停止租用煤矿"、保护区。4.建立健全管理机制，出台小微企业管理机制，筛选审查管理机制，列入为重点关注政府领导；5.成立管理领导小组，终止、撤销协议函及退费前偿还	1.执行涉农及扶贫金融政策；完善配套制度；优化续贷业务办理流程和资金投向，普惠融资事项，调整考核机制。2.银行贷款回收加固抵押，加强贷后监管	1.建立分工督导机制，以调整账目报表。2.通过诉讼追诉责任，完善制度整改善内业务风险；整改境外业务风险问题	截止2017年10月底，整改问题金额4872.5亿元，分相关责任人员8123人次，处理责任人，制定完善制度2476项

（二）审计署对审计中发现问题的原因分析和建议

审计署对国务院预算执行情况的审计工作也意识到一些问题长期存在且得不到有效解决。相关机制不健全，一些领域的具体制度规定未及时修改完善，一些部门规章与改革发展形势不适应，部分领域简政放权、职能转变不到位，迫切需要加快推进改革，从根本上予以解决。[1]虽然有学者表示目前我国属于"行政型审计模式"，作为一种内部审计，审计机关不能展开对同级政府的有效监督制约，但"两个报告制度"仍能在一定程度上为政府预算执行监督提供有效途径，且为人大加强预算监督提供重要依据。

就加强国务院财政管理，审计署主要围绕四个方面提出建议：一是进一步深化财税体制改革；二是加快建立完善有关制度规定；三是提高财政管理绩效，防范各类风险；四是强化问责机制，强化预算约束。

（三）国务院对未完成整改问题的原因分析和改进方向

就审计署关于国务院中央预算执行和其他财政收支的审计工作中出现的问题，国务院在整改过程中清楚地意识到审计署反映的问题大部分得到解决，但仍存在未整改到位的问题。未整改的问题主要涉及：一是整改措施针对性不强、推进较慢，导致整改不顺畅。二是国务院在整改中，一些部门遇到了困难，导致整改效果不理想。三是问题整改本身涉及较多部门，跨部门合作问题和统筹解决、协调配合的难度较大，影响问题整改。如国家发展改革委负责中央基建投资计划和项目安排，财政部负责具体的预算安排和资金审核下达，在对其长期作为1个专项转移支付管理、支出方向较多的问题，需要两部门协作研究解决问题。[2]四是问题本身较为复杂，少数历史遗留问题无法在短期内解决。如对企业"三供一业"分离移交、"僵尸企业"和特困企业处置，由于涉及到职工安置、资产处置等问题，在整改推进中还存有一定困难。[3]五是相关制度规则的设计本身不符合实际情况，没有得到及时

---

[1]　参见刘家义：《关于2014年度审计工作报告》，《公报》2015年第4期，第772页。

[2]　参见胡泽君：《关于2016年度整改情况的报告》，《公报》2018年第1期，第73页。

[3]　参见胡泽君：《关于2016年度整改情况的报告》，《公报》2018年第1期，第72页。

的修订和完善。如政府预算体系建设的最终目标实现方面，就审计中存在的部分预算收支在三本预算中的归属不明确、安排不合理的问题，财政部等部门"正在研究修订预算法实施条例"，进一步深化预算管理体制改革。[①] 六是改革涉及问题较广且较为复杂，"统筹规划、深入论证、试点实行"需要逐步深化完善的过程。如目前的深化财税体制改革，特别是涉及中央与地方财政事权和支出责任划分的改革，其中的转移支付管理、专项资金整合、中央预算内投资管理等问题需要进一步明确部门职能、中央和地方责任。[②]

对于审计署的审计意见，国务院总体上会在整改报告中对下一步的整改计划进行安排。总体思路主要围绕加大整改工作力度，推进跟踪督查力度，加快制定完善的制度和规章，加大改革创新力度，着力构建完善的长效机制进行。

四、审计监督机制的特点及评价

审计机关在国务院的领导下，依照法律规定独立行使审计监督的权力。政府审计监督作为国家监督体系的重要组成部分，是实现政府内部自我监督的方式之一，更是保证财政预算平稳发展的有效途径。虽然隶属于行政机关，预算执行审计结果首先要报告给政府，因此审计机关交给人大的审计工作报告被看作是二手审计资料，但是审计机关仍然具有一定的独立性。审计制度是预算监督体系中不可或缺的关键一环，并为后续的人大预算监督提供关键的支持作用。

通过对国务院关于中央预算执行和其他财政收支的审计工作报告和审计查出问题整改情况报告的考察，可以发现：

首先，国家审计部门在整个预算监督环节发挥着重要的宏观管理作用，对国家政策落实起到推动作用。1992年全国审计工作会议上强调要"强化审

---

① 参见胡泽君：《关于2016年度整改情况的报告》，《公报》2018年第1期，第72页。
② 参见刘家义：《关于2015年度整改情况的报告》，《公报》2017年第1期，第89页。

计监督在宏观管理中的作用"①。对审计过程中发现的问题要从宏观着眼，并向相关部门提出完善政策、法规和改革措施。审计署在对国务院中央预算执行情况的审查过程中多次对深化财税体制改革相关措施进行落实。特别是对改进预算管理制度，完善政府预算体系、建立透明预算制度、完善转移支付、加强预算执行管理、规范地方政府债务管理过程中可能出现的许多不完善、不合理的地方，审计署都进行了逐步完善和规范。长期的财政预算审计监督对深化财税体制改革的顺利进行起到了促进作用。在政策跟踪落实方面，审计机关围绕着国家重大政策措施和宏观调控部署的贯彻落实，始终关注包括"城镇保障性安居工程""扶贫资金管理使用"等在内的重大项目、重大资金保障和重大政策落实的情况，促进宏观政策的制定和优化。

第二，国家审计部门对政府财政管理方面的配套制度建设有推动作用。在审计过程中针对审计署发现的各种问题，国务院相关部门进行了反思，通过制定全面清理整顿地方财政专户的相关措施，解决了财政专户清理和资金结存问题；通过制定指导性文件、主动优化调整办理程序强化行政审批事项承接能力和监督；通过制定淘汰落后产能计划对未严格落实淘汰化解产能相关要求的问题进行整改；完善相关配套制度文件，优化续贷业务办理流程，进一步提升小微和涉农业务金融服务的效率。制度的有效建立能够帮助规范财政管理，提高财政资金的使用效率。2014年、2015年、2016年，国务院及相关部门制定完善规章制度的数量分别为5935项、2116项和2476项。根据审计署在审计中发现的问题，国务院建立健全行政管理和资金使用的若干管理机制，完善相关业务处理流程，在整改工作中取得了有益的改善效果。

第三，审计机关的审计监督能够为人大进行外部预算监督创造良好条件。审计工作本身是一项内部工作。在人大缺乏主动介入预算草案编制和全面了解预算执行情况的条件下，审计机关的监督为人大的预算监督提供了基础材料和思路。财政审计通过宏观和微观两方面对政府预算中的问题进行充

---

① 参见中国财政年鉴编辑委员会主编：《中国财政年鉴》（1993年卷），中国财政杂志社1993年版，第769页。

分揭露，分析预算执行和管理中出现的深层次问题，确保预算执行审计工作的有效性，同时也能为人大在预算执行环节加强对政府财政资金的监督创造良好的制度环境。"对于国家来说，享有国家权力的同时就要考虑建立起有效的权力配置和监督制约机制。"[1]审计的本质与功能和权力制约相联系，通过依法独立行使审计职能，促进人大发挥预算监督制约职能，提高党的执政能力和领导水平，实现国家良性治理。

第二节　外部监督机制

目前预算权力的外部监督机制以人大为核心。省级人大作为地方权力运行中的重要环节，是上行下效的中枢。其预算监督权力的行使样态对上至中央，下至地市县人大而言有更为值得参考的价值。

一、地方人大预算监督机制的概况

除港澳台地区及以外，我国共30个省（自治区、直辖市）的预算监督条例或决定对本省的预算、决算的编制、审查、批准、执行、调整和监督问题作了规定。从这些文本中，可以清晰地了解政府和人大预算权力配置的运行情况。以2014年《预算法》修改为结点，如表4.2.1所示，截至2018年11月5日，包括北京、上海在内的13个省市根据2014年《预算法》对本省、自治区、直辖市的预算方面的地方性法规作了修改和完善。[2]第一，在条例的体系设计方面，各省的预算监督地方性法规以总则、预算审查和批准、预算执行的监督、预算变更的审查批准、决算的审查和批准、法律责任等部分对政府预算的监督管理进行了规定。这和政府预算形成过程是统一和对应的。第二，在条文设置方面，地方性法规差异较大。通过统计全文条款的数量可

---

① 杨肃昌：《对组建中央审计委员会的几点认识》，《财会月刊》2018年第20期，第3页。
② 统计未包括设区的市的地方性法规，如《西安市预算审查监督条例》（2017年修正）。

以发现，甘肃、吉林、安徽、江西和上海5省市，全文条款数量在51条以上。还有6个省份作出的是人大常委会关于加强预算监督的"决定"，相关的篇幅较小。其余17个省市中，天津、黑龙江、陕西和内蒙古的规定在21~30条范围内，剩下的16个省市的规定集中于31~50条之间。特别是在《预算法》2014年修改后，经修改的预算监督地方性法规的条款数量明显较未修改的省份多。这从某种程度上说明各省市立法机关对行政机关预算活动的监督逐渐重视和规范。第三，在内容方面，地方人大积极探索创新模式。早在2008年，上海市人大常委会预算工作委员会针对各省级人大及其常委会就地方性法规在预算草案的初步审查、专项审计、询问质询、重大事项调查、预算调整、决算审查、超收收入使用监督、预算外资金使用监督、编制综合预算、法律责任等内容上的改进和创新就进行过详细的梳理。[1]地方人大预算监督法治建设的不断完善为人大预算监督的权力发展提供了必要的法治保障。

表4.2.1 2014年《预算法》修改后各省、自治区、直辖市预算监督条例的修订情况

编号	省份	法规名称	修订时间（年）
1	辽宁省	《辽宁省预算审查监督条例》	2018
2	北京市	《北京市预算审查监督条例》	2016
3	上海市	《上海市预算审查监督条例》	2017
4	重庆市	《重庆市预算审查监督条例》	2016
5	浙江省	《浙江省预算审查监督条例》	2016
6	云南省	《云南省预算审查监督条例》	2016
7	河北省	《河北省预算审查监督条例》	2015
8	甘肃省	《甘肃省预算审批监督条例》	2015
9	贵州省	《贵州省预算审查监督条例》	2017
10	吉林省	《吉林省预算审查监督条例》	2017
11	安徽省	《安徽省预算审查监督条例》	2015
12	广西壮族自治区	《广西壮族自治区预算监督条例》	2016

---

[1] 参见赵雯主编：《地方人大预算审查监督简明读本》，复旦大学出版社2008年版，第157-159页。

编号	省份	法规名称	修订时间（年）
13	山东省	《山东省人民代表大会常务委员会关于加强预算决算审查监督的决定》	2014

具体来看，我国预算监督体制的基本框架已初步形成。

（一）预算监督体系基本建立

目前，各地已初步构建出包括人大监督、财政部门监督、审计监督在内的预算监督体系。在财政部门开展日常监督、审计部门开展预算执行审计监督的基础上，人大审查和批准预算，社会公众参与预算监督，内外部进行相互配合。我国预算体系按照国家政权结构形式和行政区域划分，实现了央地之间和同一层级国家机构中财政权上的合理分工。从纵向看，根据《预算法》第3条规定，我国实行一级政府一级预算，即中央—省（自治区、直辖市）—设区的市（自治州）—县（自治县、不设区的市、市辖区）—乡（民族乡、镇）的五级预算层级。省、市、县、乡这四级又构成我国地方的政府预算体系。在预算权力的演变中，预算编制权的归属逐渐由政府掌握。这对确保政府提高行政效率和可执行性上来说都是必然的选择。政府的预算活动过程就是国家政治权力运行的过程。从横向看，我国预算权力实际配置如下：人大的权力内容包括人大预算审查权、批准权、变更撤销权、监督权；人大常委会的监督权、审批权、撤销权；人大代表或者常委会组成人员的质询权；人大专门机构对预决算草案、调整案的初审权。政府的权力内容主要有政府预算编制权、执行权、报告权、执行监督权、变更撤销权，财政部门的编制权、组织执行权、提出方案权、报告权，以及审计部门的审计监督权。[①]

[①] 参见蒋悟真：《中国预算法实施的现实路径》，《中国社会科学》2014年第9期，第129页。

（二）地方人大的预算监督能力逐步增强

党的十八届三中全会上将"推进国家治理体系和治理能力现代化"确定为我国全面深化改革总目标的重要内容。地方人大预算监督治理现代化对全面深化改革，充分发挥人大制度的优势作用也意义深远。在预算的监督范围、编制、审查、执行等过程中，人大在预算监督的各个环节正在构建有效的监督保障机制。

1.地方人大的预算监督范围开始扩大。政府预算曾经被区分为预算内资金和预算外资金，政府向人大提交审议的预算只是政府预算内资金，这使政府的大批资金并不在人大的监督范围之内。部分预算信息反映不完全，对我国财政制度的整体运转和政策的落实及预判都会造成难以估量的影响。随着我国预算管理制度改革的推进，一些地方人大开始以立法的形式规范预算外财政资金，将其纳入到人大监督的范围中来。从2004年开始，包括湖南在内的18个省份纷纷出台非税收入管理条例或办法。[①]从国家层面看，自2010年开始财政部下发《关于将按预算外资金管理的收入纳入预算管理的通知》，规定将除了教育收费以外的其他预算外资金全都纳入到预算管理当中。[②]这就表明，在财政管理的过程中，全面综合预算管理的大门已经敞开。《预算法》也将全口径预算的规定落实在法律中，明确要求所有政府收支统一纳入预算管理。

2.预算编制的精细化程度增强。纳入到地方人大预算监督中的政府财政收支细致程度在逐步扩大。早在1999年河北省开始进行部门预算的编制，到2000年全国推广部门预算改革，中央和省级政府开始全面编制部门预算。以往，"收入按类别、支出按功能"编制的预算，使一个部门的预算内容分成不同的预算模块上报到不同的财政业务部门。随着部门预算改革的深入推

---

① 非税收入是指除税收以外，由人民政府、其他国家机关、事业单位、代行政府职能的社会团体及其他组织依法行使政府权力，利用政府信誉、国有资源、国有资产或者提供特定公共服务取得的财政资金。

② 财预〔2010〕88号。

进，各级政府的部门预算编制逐步科学规范。一个部门一本预算，清晰反映出政府各部门的收入支出情况。以河北省统计局2018年公开的部门预算为例，包含了2018年部门预算公开情况表和2018年部门预算公开情况说明两部分。[①]其中部门预算公开表公开了九张相关预算信息表，分别是部门预算收支总表、部门预算收入总表、部门预算支出总表、部门预算财政拨款收支总表、部门预算一般公共预算财政拨款支出表、部门预算一般公共预算财政拨款基本支出表、部门预算政府性基金预算财政拨款支出表、部门预算国有资本经营预算财政拨款支出表和部门预算财政拨款"三公"经费支出表。部门预算公开情况说明主要包括了部门职责及机构设置情况、部门预算安排的总体情况、机关运行经费安排情况、财政拨款"三公"经费预算情况及增减变化原因、绩效预算信息、政府采购预算情况、国有资产信息、名词解释以及其他需要说明的事项等九部分内容，共23页。通过公开的部门预算信息，能相对全面、具体反映河北省统计局2018年的财政预算活动。

自2006年起我国全面实施政府收支分类改革，为细化预算编制创造条件。新的政府收支分类体系分为收入分类、支出功能分类和支出经济分类三部分。政府收入分类反映政府收入的来源和性质，如税收收入、社会保险基金收入等。政府支出按功能分类，能够说明政府进行的各项职能活动，反映政府用纳税人的钱做了哪些事，起到了怎样的社会作用，如一般公共服务、国防、外交、公共安全等。政府支出按经济性质分类，反映政府支出的具体用途，如政府支出是支付工资福利、商品和服务还是对个人和家庭的补助等。《预算法》规定："报送各级人民代表大会审查和批准的预算草案应当细化。本级一般公共预算支出，按其功能分类应当编列到项；按其经济性质分类，基本支出应当编列到款。本级政府性基金预算、国有资本经营预算、社会保险基金预算支出，按其功能分类应当编列到项。"整体上看，各地方性

---

① 河北省统计局2018年的预算信息来自河北省人民政府"河北省政府信息公开专栏"，http://info.hebei.gov.cn/eportal/ui?pageId=330496&pageKeys=shengtongjiju&relationId=334488&formKey=GOV_OPEN&filter_EQ_EXT_STR7=334487&columnName=EXT_STR7，2018年7月19日访问。

法规都有意识地要求对本地预算草案科目作科目级别的划分。其中上海、河北、甘肃、贵州、山东、吉林6省市对提交人大审查的预算草案重点审查内容明确规定，"预算草案重点审查预算草案编制是否完整，按功能分类的一般公共预算支出是否编列到项，按经济性质分类的，一般公共预算基本支出是否编列到款；政府性基金预算、国有资本经营预算、社会保险基金预算支出，按其功能分类的，是否编列到项"。天津、江苏、广东、海南、青海、四川、湖南、宁夏等省市规定在预算草案提交初审时提交的预算表都要求科目列到"类"，重要的列到"款"。这与我国《预算法》的预算支出分类改革遥相呼应，为各级人大的预算审议带来丰富资源（见表4.2.2）。

表4.2.2　各省（自治区、直辖市）预算草案编制细化要求[①]

预算编制细化程度	省份
预算草案重点审查：预算草案编制是否完整，按功能分类的一般公共预算支出是否编列到项；按经济性质分类的，一般公共预算基本支出是否编列到款；政府性基金预算、国有资本经营预算、社会保险基金预算支出，按其功能分类的，是否编列到项	上海市、河北省、甘肃省、贵州省、山东省[②]、吉林省（6）
未规定预算草案的重点审查内容，但规定向社会公开的预算相关材料包括：政府预算、决算按功能分类公开到项；按经济性质分类一般公共预算基本支出公开到款；部门预算、决算应当公开到基本支出和项目支出，按功能分类公开到项，按经济性质分类公开到款	重庆市、云南省[③]、安徽省（3）
提交审查的材料包括：科目列到款、重要的列到项的预算收支总表	天津市、山西省、江苏省、广东省、海南省、青海省[①]、四川省、湖南省、宁夏回族自治区（9）
提交审查的材料包括：按照国家规定设立的预算科目列到类、款的预算收支总表，政府性基金收支表	湖北省[②]、河南省[③]、内蒙古自治区、辽宁省[④]（4）

① 表格按照预算草案编制细化要求由细到粗的顺序进行项目编列。

② 山东省要求重点支出以及重大投资项目预算应当逐项单独编列，并做具体说明。

③ 云南省对预算调整方案的编列作了规定，要求按其功能分类编列到项，本级一般公共预算的基本支出，按其经济性质分类编列到款。

续表

预算编制细化程度	省份
无	北京市、浙江省、福建省、黑龙江省、陕西省、江西省、西藏自治区、广西壮族自治区⑤（8）

3.地方人大率先尝试赋予预算修正权。包括海南、湖北、重庆、山西、广东、河北、云南在内的7省市在本行政区预算监督地方性法规中明确规定人大代表有"提出预算修正的权利"。相较而言，《预算法》并没有在法律层面上完全明确预算修正权，但7省市的创新实践体现了我国地方人大较全国人大在监督权方面的发展。山西和湖北⑥在规定中明确各级人大财经委有提出预算修正案的权利，但对于预算修正案的表决形式和通过人数方面都未作要求。河北规定人大代表可以联名提出修正本级预算草案的议案，并规定由大会主席团决定是否提交大会表决。而云南则在规定中明确了预算草案修正案的表决程序。海南相较前几个省份而言，在预算草案修正案的相关规定，如提出预算草案修正案的代表数量、审议方式方面，都有更为细致的规定。广东和重庆的规定是7省中最为详细并具有可操作性的。其中，对提出预算草案修正案的主体及数量，修正案提出的缘由及审议方式和审议程序都在规定中预以明确。

实践中早在2003年广东省十届人大一次会议上就出现过省级人大行使预

---

① 青海省对决算草案的编列作了规定，要求提交审查的决算草案包括科目列到款、重要的科目列到项的决算收支总表等。

② 湖北省对决算草案的编列作了规定，要求提交审查的决算草案材料包括按照国家规定设立的预算科目列到类、款的收支决算总编，政府性基金收支决算表，省直一级预算单位收支决算表。

③ 河南省对决算草案的初审提交材料作了规定，要求提交分列到"类""款"，重点项目到"项"的决算收支表。

④ 《辽宁省预算审查监督条例》第五章决算的审查监督中规定，一般公共预算支出应当按其功能的分类编列到项，按其经济性质分类编列到款。

⑤ 广西壮族自治区未对预算草案编列的具体要求作规定，但对决算草案规定，要求一般公共预算支出应当按其功能分类编列到项，按其经济性质分类编列到款。

⑥ 这里指的是1996年7月湖北省第八届人民代表大会常务委员会第二十一次会议通过的《湖北省实施〈中华人民共和国预算法〉办法》。

算修正权的情况。省人大代表廖小莹在审议大会政府预算方案时，提出修正意见，由于2003年广东省省级政府性基金预算编制范围的全部11项内容中并不包括基本医疗保险基金，廖小莹认为基本医疗保险基金作为社会保障体系的一部分理应纳入其中，因此行使了人大代表对预算草案的修正权利。然而，大会主席团最后以省政府无权设立保险基金项目为由，决定将此预算修正案排除在大会议程之外。[①]"事实上，后来在浙江、湖南、湖北、广东、上海等省市的各级人大出现过多次因为缺乏预算修正权的规定而使得政府预算'卡壳'的现象，有些地方人大最后采取了人大单独就某些事项的财政开支进行先期表决的做法。"[②]与部分省级人大制定、实施地方性法规规定人大代表的预算修正权的规范实践不同，省级以下地方人大的预算修正权探索更为频繁和积极。2006年浙江温岭市新河镇就首先试行预算修正议案制度。代表提交的预算修正议案共8件，经过大会主席团审议确定有效议案2件，并根据大会议程提交全体代表表决通过。2012年起，浙江温岭全市11个镇全面实行预算修正议案制度，截至2015年3月，各镇累计提出88件预算修正议案，其中42件列入大会表决，36件获得表决通过。2015年，浙江省温岭市十五届人大四次会议首次将审议预算修正案票决制推广至市级层面。大会上共有由人大代表10人以上联名提出的9件预算修正议案。议案内容涉及太湖水库清淤、白龙潭水库净水厂及管线建设等民生、环保等方面。最终以346票赞成、8票反对、9票弃权的投票结果通过了《关于要求增加城乡交通治堵经费的预算修正议案》。[③]按照规定，由人大代表10人以上联名向市人代会提出预算修正议案，通过无记名投票的方式，参加全体会议的代表超过半数同意才能对预算修正议案进行表决，同时获得全体代表的过半数赞成，议案才能通过。

---

① 参见《预算审议：广东连开先河》，《羊城晚报》2003年1月21日。

② 张树剑、林挺进：《中国省级人大预算草案修正权的意义及法律基础》，《复旦学报（社会科学版）》2010年第5期，第99页。

③ 参见赵棠、林应荣：《为阳光预算点"赞"——浙江省温岭市人大预算修正议案"诞生"记》，《人民代表报》2015年4月2日，第001版；钟荣华、周曼澍：《温岭实行预算修正议案票决制：开国内县级城市先河》，《台州日报》2015年3月14日，第001版。

4.在预算执行过程中强化对预算变更的监督。由于超收收入安排支出一直不属于预算变更，这部分的收入不会经过各地人大常委会的审查批准。由此导致超收收入逐渐转变成各级地方政府可以进行自主控制的收入来源。难能可贵的是，伴随预算改革的深入推进，一些地方人大逐渐意识到预算执行环节监督的重要性，逐步把超收收入纳入到预算监督的范围。截至2016年2月份，已经有28个省份在各地方性法规中对超收收入的安排或加强超收收入使用的审查监督作出规定。各地纷纷要求对超收收入优先适用的领域作出规定，并对编制的预计超收收入使用方案的情况作有关说明。在2014年《预算法》修改之际，重新修订地方性法规的省份也严格限定超收收入的适用范围，为行政机关的权力划定了界限。与此同时，地方人大也对其他预算变更的情况进行更为主动、及时的监督管理。有学者在对地方人大进行事中监督的研究里表示，从2006年到2010年，地方人大已经对包括"因特殊情况需要增加支出或者减少收入，使原批准的收支平衡的预算的总支出超过总收入"在内的九项预算变更情形进行了审批。①

（三）预算监督的组织建设水平有所提升

1.组织机构设置完备。在组织机构方面，实行人大预算监督的工作机构是作为地方人大专门委员会之一的财政经济委员会和作为地方人大常委会专门负责预算审查监督的预算工作委员会（有的地方称"财经工作委员会"）。其中财政经济委员会在人大开会期间受本级人大领导；闭会期间受本级人大常委会领导。近年来，地方各级人大都在努力探索预算监督组织机构的建设方向。除了地方性法规规定以外，登录各省、自治区、直辖市的人大常委会网站，"机构设置"一页，可以清楚地看到各省、自治区、直辖市设立的财政经济委员会、预算工作委员会。②在安徽、北京等地还成立了预算审查监督顾问组，上海等地实行专家咨询顾问聘用制度，河北等地成立财经顾问专

---

① 参见林慕华、马骏：《中国地方人民代表大会预算监督研究》，《中国社会科学》2012年第6期，第81页。
② 如山东、广东等地在专门机关下设置了预决算审查处、业务处、调研处等分支机构。

家组，其工作职责围绕各地方人大预算监督展开。[①]地方人大在开会期间还设立预算审查委员会，作为临时性机构在大会期间参与审查与预算草案相关的议案建议。[②]我国地方人大在预算监督主管机构的组织建设设置上基本是完整的，职责也是分明且相对稳定的。近些年来财经委、预算工委在人大预算监督中也积极发挥作用，比如通过专题询问或质询，组织预算听证会等形式进行预算监督。

2.组成人员专业水平逐步提升。组织机构设置再完备，职责规定再明晰，最终都要靠机构中的专业人员实施完成。在加强地方人大财政预算监督作用，实现向预算国家靠拢的目标上，组织机构工作人员的素质和专业化水平起着至关重要的作用。有学者曾就地方预算监督机关组成人员的财经工作经历状况进行过调研，[③]其抽取十个省份进行研究后发现，无论是东部、中部还是西部地区的省份，具有财经工作经历或背景的人都超过了没有相关财经工作经历的人。数据显示调查人群中57.3%的地方人大预算监督机构的工作人员是有财政工作经历的。在对东、中、西部地区的数据进行比较时，也发现由沿海向内陆延伸，人大代表的专业素质水平逐渐递减。因此可以得出人大代表所具有的专业素养与其所处地区有着正相关的关系，越靠近沿海地区，地方人大代表的素质相对更高。[④]总体上，超过一半从事人大预算监督工作的人员具备财经工作背景和经历。

---

① 参见赵雯主编：《地方人大预算审查监督简明读本》，复旦大学出版社2008年版，第160页。

② 参见崇连山主编：《地方人大代表审查预算程序和方法》，民主与建设出版社2017年版，第20页。

③ 参见周振超：《提升省级人大预算监督能力的机制和路径考察——基于10省的经验分析》，《理论与改革》2013年第4期，第86页。

④ 抽样调查的结果显示，具有相关工作经历的人大代表中，东部地区所占比例为46.5%，中部地区为39.5%，西部地区为14%。参见周振超：《提升省级人大预算监督能力的机制和路径考察——基于10省的经验分析》，《理论与改革》2013年第4期，第86页。

二、地方人大预算监督机制存在的问题

"预算管理制度改革动手最早、力度最大，是本轮财税体制改革推进最快、成效最为显著的领域。"[1]纵观我国财税体制改革所取得的成绩，随着国家治理体系现代化的建设，预算管理制度得到明显加强，但在人大预算监督方面仍存在一些问题。

（一）预算权力失衡，法律上人大被赋予的实权较少

地方人大预算监督权能的发挥之所以存在问题和在整个国家视域下法律对预算监督权能的赋予息息相关。一些地方在预算草案的编制、初审、审查、执行、调整、决算等方面不断创新和完善预算监督方式方法。这些地方走在预算改革和制度创新的前沿。其或在预决算报告草案的审议过程中采取听证会的方式，或通过赋予人大预算修正权使人大充分开展对政府预决算案的审查批准。但在法律层面上，因为《宪法》《预算法》等效力层级更高的规范并未明确赋予人大在预算监督过程中的这些权能，使得地方人大无法施展拳脚。人大在撤销预算方面不适当的决定、追究相关责任人在预决算过程里所应当承担的责任，2014年《预算法》修改前也未曾涉及。我国立法一直以来的传统就是"宜粗不宜细"[2]。立法初期，或是因为对问题的了解尚不确切深入，或是本身对问题的解决就没有详细的解决方法。立法之时本着有总比没有好的原则，先解决"有法可依"的问题。在尚未想到妥善处理的方式之前，只做一些更具宣誓性、原则性的规定。一方面，可以表明国家层面的立场和态度，另一方面，也为"有法可依"找到了解决路径。但从社会的长远发展看，一时概括模糊的原则表态对于问题的根本解决只能起到"治标不治本"的效果。法律，特别是预算监督的相关规定，是指导人大、政府在预

---

[1] 高培勇、汪德华：《本轮财税体制改革进程评估：2013.11—2016.10（上）》，《财贸经济》2016年第11期，第9页。

[2] 郑广永：《从预算监督看人大公信力的提升》，《辽宁大学学报（哲学社会科学版）》2014年第5期，第52页。

算领域如何规范自身和监督的技术法，更强调操作性、可实施性。否则，立法初衷可能与法律实施的效果大相径庭。

一部分地方人大在预算监督权能的发挥方面走在创新前列，个别地方"消极待命"，怠于行使其本应肩负的预算监督职责，出现监督"缺位"的情况。人大的预算监督权能实际上既是一种权力，更是一种责任和义务。地方人大依法行使预算监督权能，需要宪法、法律等更高效力位阶的规范授权给予其充分的权能保障机制，也需要法律规范和督促人大行使预算监督的职责。倘若效力位阶更高的规范给予制度上的指引，地方在立法上也会迫于依法履行职责，为本地方的预算监督工作抓紧制定规范参照，减少因地方立法不作为造成监督滞后的情况出现。同时，完备的法律规范体系能够使地方人大预算监督基本权能的内容在原有的基础上得到进一步规范和完善。

（二）人大预算监督权力运行机制有待加强

地方人大在加强预算监督时积极探索预算监督的方法和途径，但完善措施并未得到规范的落实。在目前的预算监督过程中，地方人大的预算监督作用并未有效发挥。地方政府往往凌驾于人大监督权力之上，人大的监督常常徒有虚名。具体表现为以下几个方面：

1.预算监督的广度深度有待拓展。人大预算监督的范围应该涵盖政府全部收支范围。衡量全面性的标准包括在广度上，是否存在脱离人大监督的预算外收支；深度上，政府提供给预算监督部门的预算内容是否详细具体。目前政府财政收支范围和明细程度不断纳入人大预算监督范围中来。《预算法》以全口径预算体系明确要求政府全部收入和支出都要纳入预算。但对于四本预算中的政府性基金预算、国有资本经营预算和社会保险基金预算，《预算法》只在第28条对三者的收支范围进行了概括性描述，即"按照法律、行政法规和国务院的规定执行"。对于这三者的编制和执行，法律的规定仍然是模糊的。

2.预算编制阶段不科学。（1）在预算编制的具体项目上，根据《预算法》，预算编制编列到款、项。相较于从前预算编制虽然有所细化，但目前预算收支科目设置并非完全详尽。预算编制没有细化到目级科目，这对预算的审议造成了不小的难度，也造成政府资金分配的粗放化。即便预算草案的收支事项范围足够广泛，人大也难以实现实质性审查。这与人大预算监督的初衷也相违背。预算草案报表所列的科目级次不规范，项目不细致，人大在审议时根本无法据此审查出项目是否具备合理性。有时连人大代表们也很难理解政府所提交的预算报告。（2）在预算编制的时间安排上，各地的预算编制时间较短，预算编制难以细化，难以在编制阶段形成科学的预算草案。地方预算编制工作从上一年的8月份开始，省级人民代表大会一般是在1月或2月举行。预算编制的时间实际上只有4个月左右。[①]（3）根据现行《预算法实施条例》，省级政府财政部门需要在下一年的1月10日前完成对财政部的本级总预算草案的报告。而我国的预算年度根据2014年《预算法》的规定是从1月1日起，至12月31日止。预算年度的起始日期早于预算审查日期，预算草案还在编制审查中就已处于预算年度中。预算审批得以通过前，预算便已开始执行。而这时间差正是政府财政收支不受预算监督控制的"放任期"。

3.审查程序形式化。审查阶段中出现的问题更值得关注。（1）从初审方面看，省级人大初步审查的主体是本级人大专门委员会或者本级人大常委会有关的工作委员会。有学者提出质疑，对于条文中指出的"专门委员会"以及"有关的工作委员会"究竟指的是哪一工作机构？专门特指各地人大的财政经济委员会或者预算工作委员会吗？对于其他相关的从事预算监督审查的工作机构又能否加入到初审环节与财经委和预算工委一起进行审查？在地方人大没有设置财经委或预算工委的情况下，或者财经委或预算工委人员不充足的情况下，是否可以委托或者引入其他的审计部门配合初审工作，对政府的预算草案进行审查？[②]（2）从预算草案的审议时间来看，地方财政预算编制通常只有4个月。在决策程序上预算草案要在政府的财政部门制定后，由

---

① 赵雯：《地方人大预算审查监督简明读本》，复旦大学出版社2008年版，第166页。
② 参见陈治：《推进国家治理现代化背景下财政法治热点问题研究》，厦门大学出版社2015年版，第28-29页。

政府转给政府的常务会议以及所在的同级党委会进行商讨决定。经过上述程序，最终由政府交由地方人大进行审议。人大会议审议预算草案的时间也不充分。对于任何会前没有看过预算草案的代表而言，要求其在极短的时间（平均只安排一天的预算草案的审议），全面了解并掌握预算草案的内容，缺乏可行性。代表审查预算草案的时间受控于人大会期的限制。[①]加之，在预算草案的审议过程中，还要考虑到部分代表对预算草案需要发表自己的想法和建议，如果没有充足的时间发表建议和意见，极易导致预算审议程序流于形式，被迫简化。（3）从预算审批阶段权力掌握的充分度来看，《预算法》及其他法律并无明确的预算草案的修改审议或者否决程序。面对政府预算部分不合理的情况，人大可能遭遇进退两难的局面，即要么受迫于外界压力人大对预算草案全盘接受，要么全然否决预算草案。由于在法律层面没有规定预算草案修正权，个别省份在行使预算修正权的程度方面仍有所欠缺，即没有统一的权力行使标准。

4.执行监督不足。（1）在预算超收收入方面，监督不到位。尽管超收收入本是政府收入的范围，但其在产生和取得的时间上属于预算执行阶段。《预算法》修改前，在政府如何支配这部分收入的问题上，我国各地方人大实际上未能进行有效审查。各地方性法规关于预算超收收入只规定"要加强对预算超收收入使用的监督"。换言之，规定并没有否认对预算超收收入的使用。（2）预算执行的约束力较弱。理论上，未经明确的法律规定及法定程序，不得任意对预算进行变更。但地方预算在实际执行的过程中往往会被频繁变更。预算可被调整的随意性很大。"违规拨付和支付财政资金，截留、挪用财政资金等现象时有发生，预算执行约束弱化倾向较明显。"[②]（3）缺少预算执行的常态化监督。2014年《预算法》修改前规定政府每一个预算年度内至少两次向本级人大或其常委会报告预算执行情况，2014年《预算法》修

---

① 关于每年预算审议时间，每年一次的人大会期，全国人大会期一般是15天左右，省人大是7天左右，市人大是4天左右，县人大是3天左右，乡镇人大是1天左右。参见丁静：《我国立法机构预算审批存在的问题及改进建议》，《西部财会》2009年第10期，第5页。

② 李红凤：《财政预算管理制度的完善》，《中共山西省委党校学报》2014年第5期，第56页。

改时删去此条规定，仅要求各地方政府于每年的六月到九月期间向本级人大常委会报告预算执行情况。对加强地方人大对政府预算执行的常态化监督并没有作相关要求。

（三）人大预算监督的组织力量薄弱

目前，省一级的人大常委会纷纷建立了预算审查的专门工作委员会。在人大预算监督的机构建设方面，各地方都进行了尝试与探索。较之以往，省一级的人大预算监督在组织建设方面有了长足的进步。但是，在组织机构及人员构成方面仍有一些问题值得注意并应加以完善。

1.在组织机构的职责方面，地方人大财经委除了履行对本级政府的预算进行初审、审查等预算监督的职责以外，还要负责提出议案、对本省国民经济和社会发展计划进行审查，对相关的决议、决定进行审查，以及起草相关地方性法规草案和决议草案。其职能广泛，所要处理和负责的任务也相对繁冗复杂。

2.在组织人员构成方面，从人员的数量上来看，省级财经委的工作人员通常只有十几人。另有学者根据部分调查，计算得出"财经委的组成人员平均只有8.8人，预算工委平均只有5.43人"[1]的结果。可见，人大预算监督的专门机构还需要充实人员。人员匮乏直接影响预算审查的监督效果。

3.在人员的专职化方面，在从事财政预算监督工作的代表中，仍有部分人员并不具有必要的预算审查监督基础知识和专业背景，缺乏相关预算审查的经验和能力。在某项关于省级人大常委会人员构成的调查中，数据显示"专职委员仅占37.97%，而兼职委员却高达62.03%"[2]。有超过一半的代表委员兼职从事预算监督工作。在监督时间和监督精力无法保证的情况下，其预算监督的能力并不能得到有效发挥。

---

[1]   参见周振超：《提升省级人大预算监督能力的机制和路径考察——基于10省的经验分析》，《理论与改革》2013年第4期，第87页。

[2]   参见周振超：《提升省级人大预算监督能力的机制和路径考察——基于10省的经验分析》，《理论与改革》2013年第4期，第87页。

三、地方人大预算监督机制可能的完善路径

（一）法律上赋予人大预算修正权

预算监督包括对预算审批权的授予，而对草案予以批准或修改，也应当是预算审批职能的应有之义。然而，2014年《预算法》修改时对预算修正权的问题并未提及。预算修正权是立法机关掌握预算监督实质权力的核心范畴。在预算草案的审查过程引入修正权，可让人大在抑制政府不合理的预算要求时，适时提出修正建议，及时监督政府预算活动。[①]明确授权人大享有预算修正权，将为强化人大代表监督能力提供有利条件。

实践中要继续探索省级及以下的地方人大预算修正权，并逐步对实践成果加以制度化。切实将权力的赋予落实在法律文本中，为人大预算修正权的行使提供法律依据。但同时，任何权力的赋予也应有其限制。这就要求借鉴相关国外经验、总结我国地方人大的实践做法，通过制定法律规范对预算修正权作权力限制性规定。目前省级人大实践关于预算修正权规定存在较大差异。有关权力限制的规定缺乏统一规范。因此，在"授权"的同时，还要对权力的权限划出界限，连同权力本身一并加以明确。权力行使的主体范围、提出预算修正案的情形、预算草案经过修正后的法律效力、预算修正权行使限制性规定的具体情形，以及实施预算修正权的程序，都应在规范中加以明确。

（二）强化预算监督过程

在预算监督的范围上，巩固并严格遵守《预算法》的规定，加强对政府全口径预算的审查监督。

---

① 虽然比较而言，立法机关最强大的权力是否决权，在理论上，立法机构的整体否决方式也具备合理性。但是试想，倘若整体否决政府预算，必将对整个社会的政治、经济和秩序的稳定带来无法想象的冲击。这不是社会公众希望看到的。当然，在绝大多数国家里这样的情况也几乎很少发生。并且结合我国现存的政治生态环境，也很难发生整体否决的预算否决常态现象。参见魏陆：《人大预算修正权困境研究》，《社会科学》2014年第12期，第29页。

　　在预算编制的监督方面，可以在以下几个方面加以完善：（1）在拓展预算监督的深度上下功夫。在《预算法》已经做出的关于预算草案编制细化规定的基础上，地方政府应当继续坚持并更进一步深入。《预算法》对于预算草案的细化规定编列到"款""项"，这还远远不够。实际上，各地方人大在进行预算监督条例的修订时，可以在《预算法》的基础上，制定更严格的预算编制细化规定，让预算资金"精细"到具体项目。还有学者提出应在《预算法》中的关于预算草案细化要求的"编列"之前添加"至少"二字。只有这样，才能为继续细化预算编制改革提供根据和探索空间。（2）在预算编制的时间上，应当进一步延长政府预算审议的时间。通过保证审议时间提高预算编制的质量。[①]（3）地方人大要尽早介入预算编制过程。地方人大若想要改变预算审查的被动地位，在预算资金分配中更有所作为，仅仅提前到预算初审阶段参与预算审查已不能满足其预算监督职能的行使。只有适当提前与政府财政部门的沟通交流时间，在预算编制的早期就将预算编制的相关意见及时反馈给财政部门，才能更加有效地发挥人大的预算监督主动性。

　　在预算审查的监督上，对预算修正权继续进行地方探索，必要时通过法律制度加以规范。当然，有学者表示人大未被赋予预算修正权是"有意而为之"[②]。我国的决策程序规定预算要经过政府常务会议和同级党委常委会讨论后，再提交人大审议。甚至地方党委往往依靠某些非正式制度在地方预算编制决策过程中发挥领导作用。[③]所以倘若人大想突破"形式"审批程序，转而修正、否决党委已经讨论并通过的预算草案，"这种'制度外的权力成长'

[①]　西方国家的政府预算审议时间都要长于我国。美国联邦政府预算案的审议时间长达3个多月，若包括众参两院对具体拨款方案的审议时间在内，美国国会审议预算的时间长达7个多月。法国议会审议预算的时间为3个月。德国议会审议预算的时间有3个多月。日本议会审议预算的时间为2个多月。参见丁静：《我国立法机构预算审批存在的问题及改进建议》，《西部财会》2009年第10期，第5页。

[②]　魏陆：《完善我国人大预算监督制度研究——把政府关进公共预算"笼子"里》，经济科学出版社2014年版，第200页。

[③]　参见廖家勤：《优化地方预算编制权力结构探析》，《财政研究》2013年第12期，第68页。

将改变人大与党委之间的预算权力配置结构"[1]。但正如学者徐阳光所说,"预算修正权是现代议会的核心预算权力",未来人大预算审批权的走向势必应走向扩大权限以制约行政部门。[2]人大预算修正权的赋予既能强化立法机关的预算职权,又能有效制约政府不合理的预算收支行为。应当在吸收地方实践的有益成果基础上,对赋予人大预算修正权加以制度化和规范化。

在预算执行的监督方面,可从以下几个方面完善:(1)明确规定实际财政收入与预算收入之间的"法定偏离限度"[3]。预算收入是一种预先估算好的对某一年度内的财政收入的估计。既然是估计,便难以保证财政实践中的所有超出预算收入的金额完全纳入审批范围,预估的预算收入必定会同实际执行情况存在偏差。因此,应明确法定的偏离限度,未超过限度的超收部分可以直接用作财政支出;超过限度的部分就要严格按照下一年度的预算收入进行结转。(2)预算执行的过程应当公开透明。《预算法》已经将预算公开写入法律条文中,并从公开的内容、时间、解释说明和违反预算公开的法律责任等对预算公开具体要求进行规定。在此基础上,还要考虑到政府对公开预算信息的意愿,为保证预算法得到执行,要进一步加大政府推进预算公开的力度,要求其按规定进行预算公开。同时为使公众容易理解预算收支内容,应丰富预算公开的形式。(3)人大要保证对预算监督手段方式的完善和预算监督本身的持续性。预算监督是对预算全过程的监督,既要实现静态监督,还要实现动态监督。既要有对预算执行结果的审查,还要有预算执行过程的监督。建立日常监督机制,实现事前、事中与事后监督的全过程结合,避免在预算执行期间的突击花钱行为。

---

[1]　魏陆:《完善我国人大预算监督制度研究——把政府关进公共预算"笼子"里》,经济科学出版社2014年版,第200页。

[2]　参见徐阳光:《立法机关参与预算过程的核心权力》,《法学》2011年第11期,第34页。

[3]　汤洁茵:《论预算审批权的规范与运作——基于法治建构的考量》,《清华法学》2014年第5期,第49页。

（三）优化人大预算监督机构设置，提升人大代表专业素养

为缓解现阶段预算监督压力，切实发挥财经委和预算工委实质性监督的作用，应进一步优化人大已有的预算监督机构设置：（1）明确分工，提高地位。省级人大常委会的财经工作委员会或预算工作委员会是常委会的工作机构。但是在各省人大常委会中，专门的政府预算审查机构并不统一，各省的预算审查能力强弱有别。地方各级人大常委会应当积极设立相应的对口机构，明确分工。（2）扩充地方人大预算监督部门的人员编制。吸收经济、金融、法学等领域的专业人士，提高能力。已有的地方预算工委作为各级人大常委会的办事机构，其组成人员的编制问题较大。组成人员并不是人大代表，其仅为人大常委会提供咨询意见。为发挥其实质监督作用，应扩充现有的预算工委编制。在预算工委的地位、性质并不具备优势的情况下，壮大办事机构本身的监督实力。（3）地方人大在巩固已有的创新成果的基础上，可以探索成立"具有评估和审计功能的预算评估机构"①。地方人大可以参考目前的政府购买服务模式，由独立的市场主体进行相关预算测评和审计，从而达到促进预算监督的效果。

监督预算，是一项专业性较强的工作。应当加强对人员的培训，提高监督人员专业性。在知识培训方面，要注重对人大代表及监督人员的财政知识、财经法规知识的培养。在思想意识上，需要进一步加强人大代表关于人大预算审查监督意识的培养，帮助机构人员树立履行预算监督职能的主体意识和责任意识。唯有在思想上使人大代表加强对预算监督的重视，才能使人大代表积极履行监督预算的责任。

① 黎江虹：《新〈预算法〉实施背景下的预算权配置》，《税务研究》2015年第1期，第78页。

第五章　中国的预算制度发展及其宪法规范基础

中华人民共和国成立以来，我国的预算制度历经改革与发展。1949年9月《中国人民政治协商会议共同纲领》规定："建立国家预算决算制度，划分中央和地方的财政范围"，成为新中国预算制度建立的基础。1951年8月，政务院颁布《预算决算暂行条例》，规定了国家预算的组织体系，各级人民政府的预算权，各级预算的编制、审查、核定、执行的程序，决算的编制与审定程序等，我国的预算制度初步建立起来。①但是，从20世纪50年代初期开始到改革开放之前，我国的预算制度具有典型的计划经济特征，预算制度的演进长期滞后。改革开放四十年来，我国预算制度经历了经验逐步积累时期（1978—1993）、法律体系形成时期（1994—1998）、编制与管理规范时期（1999—2007）、预算公开透明与监督强化时期（2008至今），预算制度趋于科学化、规范化，民主预算与法治预算逐渐成长。

预算制度是财政民主制度的核心内容。预算制度的建构需要以宪法文本为基础，预算制度的改革和发展也需要在宪法的规范框架下进行。我国现行宪法以极其简略的方式规定了预算问题，实现了预算权在人大与政府、中央与地方之间的宏观配置，符合现代预算体系的基本政治框架以及预算民主与预算法治的基本精神。简约的宪法预算条款导致了一些不利于现代预算制度建立和发展的实践倾向，但是仍然可以在许多层面为预算改革提供根本法的规范依据，为预算改革设定宪法基调。

---

① 陈庆海：《政府预算与管理》，厦门大学出版社2014年版，第6页。

第一节　改革开放以来预算制度的发展历程

改革开放以来，预算制度由带有计划经济色彩的管理预算转向市场经济条件下的预算管理，由被动管理转向主动管理，由以收入控制为主转向收支并重，实现了从简略预算走向规范预算，从政策预算走向法治预算，从秘密预算走向透明预算，从功能预算走向绩效预算的政策目标。预算充分体现了经济性与政治性双重的工具性价值，预算制度直接或者间接地反映了中央与地方的权力关系及各自的运作模式，也肩负着厘清中央与地方关系的重要使命。笔者查阅《全国人大常委会公报（1980年—2018年）》及北大法宝法律法规数据库，择取其中最具代表性的立法和政策文件，考察改革开放以来近40年的预算改革史，就我国预算制度四个时期进行了梳理。

一、经验积累时期：1978年—1993年

1978年中共中央作出改革开放的重大战略决策后，国家政治、经济、社会事务的各项改革陆续在全国铺开，预算制度作为管控国家财政资金的重要工具，不可避免地被列入改革事项中。预算制度通过数次改革后，逐步在预算管理、编制和监督等方面积累了丰富的实践经验。

（一）财政管理制度的改革

从改革开放后到税制改革前，"财政大包干"政策实施了有15年之久。1978年，江苏省鉴于其特殊的资源优势与条件，实行"固定比例包干"的办法，形成了江苏模式；京、秦、浙、鲁、陇、黑、吉、闽、湘将过去采用的"总额分成"改为"增收分成"，目的是激发地方发展经济的积极性；青、滇、藏、桂、宁、新及内蒙古七个地区实行"核定收支，定额分成，一年一

变"的财政管理制度。[①]1979年7月，国务院对中央和地方的财政收支范围作了具体的划分，并且对于地方各省份收支上缴或者留成的比例也作了相应的规定。[②]青、滇、藏、桂、宁、新及内蒙古可以自由决定是否将"一年一定"改为"三年一定"，其余地区财政管理办法不变，中央明确指示要在经济不发达地区设立专项财政资金。随后的财政体制管理办法调整过程中，上述七个省份的规定几乎没有发生变化。到1979年诸多地方省份没有按期完成上一年度的财政任务，中央于1979年11月份再一次作出调整，除八个省份[③]以外，在全国实行"收支挂钩，超收分成"[④]的财政管理体制。

20世纪80年代财政制度是对70年代财政改革实践的矫正与革新。80年代初，中央决定粤、闽两个省份分别实行"划分收支，定额上解"与"划分收支，定额补助"；京、津、沪三个经济条件相对良好的地区起初实行"定额分成"，后又同其他省份一样实行"收入按固定比例总额分成"；其余省份实行"划分收支，分级包干"。1983年起，中央决定在除粤与闽地区以外的各个地方推行江苏的财政管理模式，实行"收入按固定比例总额分成"，且是否实行"分级包干"由地区自主决定，给予地区一定的财政自主权。但此时的财政包干办法改革并没有改善中央财政入不敷出的情况。1985年实行"划分税种，核定收支，分级包干"[⑤]的财税体制。80年代末，粤、闽地区的财政管理模式逐步在各个省市推广。至此，集权式的财政管理体制演化为分权式的财政管理体制，财政体制由"地方花钱，中央平衡"的"一灶吃饭"转

---

① 参见财政部综合计划司编：《中华人民共和国财政史料·第1辑·财政管理体制（1950—1980）》，中国财政经济出版社1982年版，第150页。

② 参见《国务院关于试行"划分收支、分级包干"财政管理办法的若干规定》，http://www.pkulaw.com/chl/0da79e528178c373bdfb.html，2018年10月18日访问。

③ 这八个省份分别是内蒙古自治区、广西壮族自治区、西藏自治区、宁夏回族自治区、新疆维吾尔自治区、青海省、云南省、江苏省。江苏省由于形成了自己的江苏模式，推动了江苏省经济的发展，因而没有调整，其余七个省份由于属于经济不发达的地区，中央一直给予财政照顾，继续实行了1963年确定的财政管理体制。

④ 财政部综合计划司编：《中华人民共和国财政史料·第1辑·财政管理体制（1950—1980）》，中国财政经济出版社1982年版，第201页。

⑤ 郭炳炎、吕建丽：《国家预算管理学》，西南财经大学出版社1987年版，第68页。

型为"地方花钱，地方自平"的"分灶吃饭"。

20世纪90年代初期，中央财政捉襟见肘，税权分散和地区封锁等现象严重影响中央宏观调控能力。《第八个五年计划纲要》[1]提出在具备实行"分税制"条件的地方进行试点。1993年，《中共中央关于建立社会主义市场经济体制若干问题的决定》中指出："把现行地方财政包干制改为在合理划分中央与地方事权基础上的分税制"[2]，为落实党的领导和决策，国务院印发了《关于实行分税制财政管理体制的决定》，全国各地掀起了分税制改革的浪潮。

这一时期由于财政管理规范性文件的频繁更改与补充，地方政府对于中央的政策导向没有合理预期，中央没有设定科学合理的权力下放比重，地方发展经济的积极性受挫，中央与地方之间的财权比例失衡。中央财政负担沉重，"冒险地让自己的财政政策去放纵地方政府的'寻租'行为"[3]，以期能获得中央与地方彼此收支平衡。如图5.1.1所示，1984年以前中央的财政支出略大于地方的财政支出，而中央的财政收入却小于地方的财政收入，这意味着地方财政"收大于支"，而中央财政却是"支大于收"，由此便形成了中央财政吃紧的局面。1985年至1990年间，中央与地方的财政支出形成了"剪刀差"，中央与地方均实现了收支平衡，但地方财政支出远高于中央。1990年之后，地方财政收支均呈现出直线增长趋势，收支也相对均衡，而中央财政收支则表现出收入增长缓和，支出比重增大，支出大于收入的趋势。总体上看，财政管理体制改革取得了成效，其中最实在的经验便是权力下放。

---

① "在有条件的城市和地区，积极进行分税制的改革试点。国家预算实行复式预算制，分为经常性预算和建设性预算。"李鹏：《关于国民经济和社会发展十年规划和第八个五年计划纲要的报告——1991年3月25日在第七届全国人民代表大会第四次会议上》，http://www.npc.gov.cn/wxzl/gongbao/2000-12/06/content_5002537.htm，2018年10月18日访问。

② 《中共中央关于建立社会主义市场经济体制若干问题的决定》，http://www.people.com.cn/GB/shizheng/252/5089/5106/5179/20010430/456592.html，2018年10月20日访问。

③ 徐键：《分税制下的财权集中配置：过程及其影响》，《中外法学》2012年第4期，第803页。

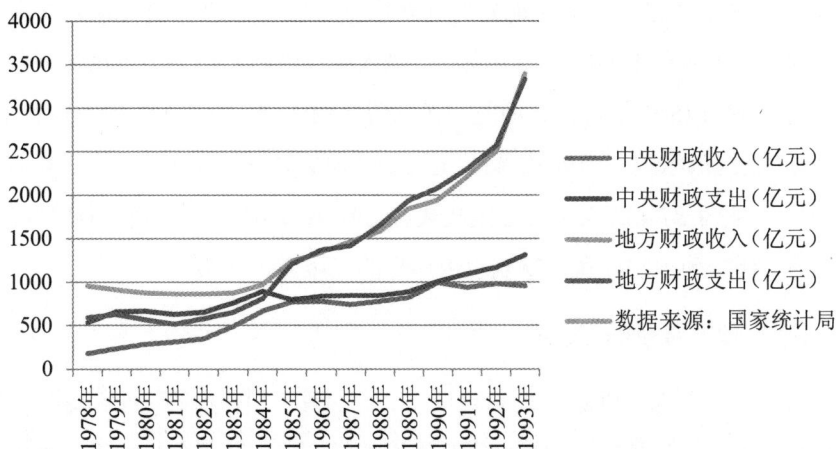

图5.1.1　1978—1993年中央与地方财政收入趋势图[①]

20世纪70年代至90年代间，国家整体上呈现出"中央贫，地方富"的情势，由于没有正确处理中央与地方的财权与事权之间的关系，权力划分不均衡，中央决定进行财税管理体制改革。这一时期中央管理的事务繁杂，却没有强大的财政作为后盾，相反拥有诸多的经济自主权的地方财力雄厚，但管理的事务较少。中央为改变财政不平衡的局势，一方面通过下放事权缓和中央财政压力，另一方面又通过寻求合理的财税管理体制，改变中央与地方的财政关系，既要使中央"富起来"，又不能削弱地方经济发展的积极性。改革中央与地方关系的关键在于分权，"分权是改革中央与地方政府关系的总方向和总趋势"[②]。

（二）预算编制的调整

1980年初，国务院进一步划分中央与地方各自财政"收"与"支"的范围，确定了地方财政收支的包干基数。[③]1982年12月，在两年"财政包干"经验的基础上对中央与地方的财政关系进行局部调整，预算编制也同步进行

---

① 财政收入中不包括国内外债务收入，且均是本级收入。

② 辛向阳：《百年博弈：中国中央与地方关系100年》，山东人民出版社2000年版，第254页。

③ 参见《国务院关于实行"划分收支、分级包干"财政管理体制的通知》（国发〔1980〕33号）。

调整。自1983年起，中央向地方的借款可以相应调整或者减少地方支出的包干基数；工商税不再属于地方收入，纳入中央收入；中央不再承担县办工业、企业70%或80%的亏损，而是与盈利所得的比例一样采50%的负担费用，另50%由县财政承担。①1985年初，全国范围内成立乡级政府的工作任务基本完成，②实行了27年的人民公社正式被宣告终结，由此，我国的预算层级由原先的三级变为五级，预算编制也由原先的三级变为五级。

(三) 预算监督的完善

改革开放以来，国家机关私自设立"小金库""账外账"等滥用国家财政资金的违法行为频发，预算外资金迅速扩张。自1978年至1990年，预算外收入呈现快速增长的趋势，1978年预算外收入是财政收入的30.66%，1988年预算外收入略大于财政收入，1989年预算外收入是财政收入的99.77%，几乎等同于财政收入，1991年与1992年预算外收入是财政收入的102.97%与110.67%，1993年对预算外收入范围进行调整，预算外收入迅速下降至32.93%（如图5.1.2所示）。

1983年财政部出台规范性文件明确界定预算外资金的范围，严格控制预算外资金的收支、转移与使用，③截至1986年，国家并没有实现控制预算外资金滥用的目的，反而愈演愈烈，为了平衡预算收支、管控预算外资金的使用，国务院出台了另一个管理预算外资金的标志性"文件"④。1980年国务院为规范国家财政行为，设立隶属国务院的审计机关。1982年宪法第109条⑤

---

① 参见《国务院关于改进"划分收支、分级包干"财政管理体制的通知》（国发〔1982〕141号）。

② 参见周天勇：《中国行政体制改革30年》，格致出版社2008年版，第13页。

③ 参见《预算外资金管理试行办法》（财政部83财综字4号）第2条："预算外资金是指根据国家财政制度、财务制度规定，不纳入国家预算，由各地方、各部门、各企业事业单位自收自支的财政资金。预算外资金包括：（一）地方财政部门管理的各项附加收入和集中的各项资金。（二）事业和行政单位管理的不纳入预算的资金。（三）国营企业及其主管部门管理的各种专项资金。（四）地方和中央主管部门所属的不纳入预算的企业收入。"

④ 《国务院关于加强预算外资金管理的通知》（国发〔1986〕44号）。

⑤ 1982年宪法第109条："县级以上的地方各级人民政府设立审计机关。地方各级审计机关依照法律规定独立行使审计监督权，对本级人民政府和上一级审计机关负责。"

规定县级以上人民政府设置审计机关，第91条①规定了审计机关独立行使审计监督权，1982年宪法第62条第10款②规定了全国人大对预算的审批权，第99条③规定了县级以上地方各级人大对预算的审批权。宪法对预算监督作了原则性的规定，法律法规在其基础上作了进一步的细化规定④，1991年《国家预算管理条例》第36条⑤规定国家预算由全国人大审查批准，系统地规定了预算编制、调整、审批、执行与监督的各个主体及其程序。至此，预算监督体系进一步得到完善与加强。

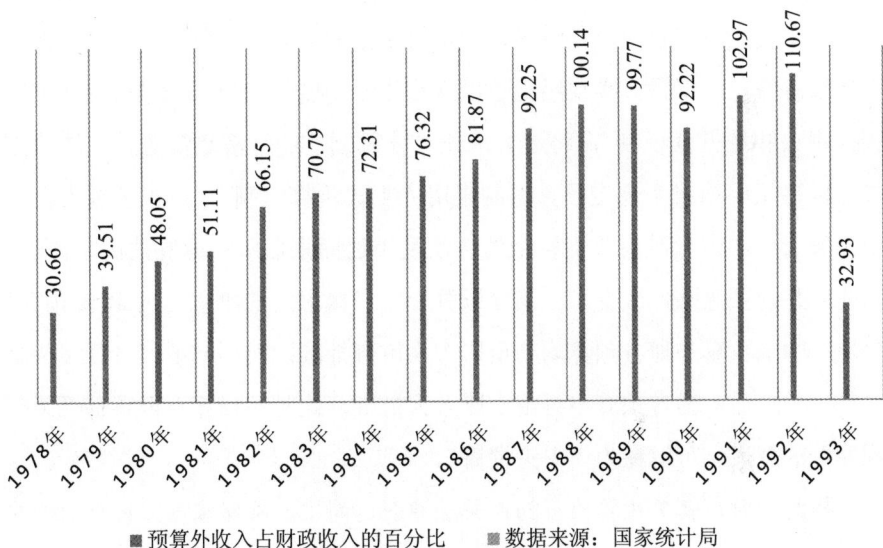

■ 预算外收入占财政收入的百分比　　■ 数据来源：国家统计局

图5.1.2　预算外收入占财政收入的比率（100%）

---

① 1982年宪法第91条："国务院设立审计机关，对国务院各部门和地方各级政府的财政收支，对国家的财政金融机构和企业事业组织的财务收支，进行审计监督。审计机关在国务院总理领导下，依照法律规定独立行使审计监督权，不受其他行政机关、社会团体和个人的干涉。"

② 1982年宪法第62条："全国人民代表大会行使下列职权：……（十）审查和批准国家的预算和预算执行情况的报告。"

③ 1982年宪法第99条："县级以上的地方各级人民代表大会审查和批准本行政区域内的国民经济和社会发展计划、预算以及它们的执行情况的报告。"

④ 《中华人民共和国全国人民代表大会议事规则》（1989年）在第三章规定全国人大职权"审议国家预算"，具体包括财政经济委员会对预算的初审权，审查与表决流程等具体事项等。

⑤ 《国家预算管理条例》（1991年）第36条："财政部将中央预算草案和地方预算草案汇编成国家预算草案，由国务院审定后，提请全国人民代表大会审查和批准。"

二、法律体系形成时期：1994年—1998年

1993年现行宪法修改后在根本法的层面为实现"管理预算"转型为"预算管理"确立了基础。1994年至1998年，大量关于预算制度的法律法规相继出台，规范预算行为的法律体系初步建立。

1994年3月，《预算法》经讨论审议通过。这是中华人民共和国成立以来第一部系统规定预算制度的法律，这部法律制定的时间恰好处于我国由计划经济向市场经济转轨的过渡时期，既带有浓重的计划经济色彩又兼具开放的市场经济特色，将预算实践经验予以规范化、制度化。如第8条规定："国家实行中央和地方分税制"，将过去承载"分税制"的经济政策通过立法的方式加以追认。第26条规定预算编制采用"复式预算编制"，修正了过去在一个预算表中不区分政府收支资金的性质及用途而采取统一编制的简陋做法。除此之外，《预算法》改变了"国家预算"这一概念的法律意义。"国家预算"时期，中央预算与地方预算均归全国人大审查批准，而1995年1月1日《预算法》生效之后，地方预算不再由全国人大批准，此时的预算不再具有"国家预算"的意义，可解释为"中央预算"。

与此同时，有关预算监督的相关法律应运而生，确保预算监督有明确的法律依据，国家管理和监督预算有法可依。自1982年宪法确立审计机关至1995年《审计法》审议通过，长达13年之久这部规范审计行为的法律才被制定颁布。《预算法》与《审计法》相继生效，但由于规定得过于原则，需通过行政法规、规章等加以具体化，如《预算法实施条例》等。笔者以"预算"为关键词在北大法宝进行相关检索，时间以1994年1月1日至1998年12月31日为限，共发现60部法律规范性文件（如图5.1.3所示），其中有4部法律（占7%）、3部行政法规（占5%）、33部地方性法规（占55%）、20部部门规章（占33%），而地方政府规章和规范性文件由于量大名杂，无法做精确的统计。地方性法规中省级地方性法规居多，经济特区与市级地方性法规较少，

12个省、市制定了管理预算的相关规定[①]，有关预算外资金管理的地方性法规有21部之多。除上述立法之外，教育、银行、监狱、土地、自然资源开发与自然灾害应对等直接关系国计民生的相关领域的有关立法中也涉及了与预算有关的规定。1998年12月九届人大六次会议上决定成立预算工作委员会，增强了预算监督主体的专业化。由此，形成了相对完善的预算法律体系。

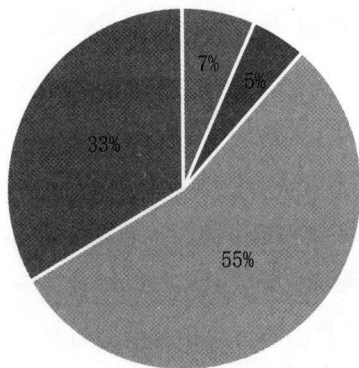

■ 法律　■ 行政法规　■ 地方性法规　■ 部门规章

图5.1.3　1994年1月1日至1998年12月31日预算立法

三、编制与管理规范时期：1999年—2007年

预算的初级运行阶段——预算编制，对预算运行过程具有奠基性的作用，预算运行的核心在于预算管理，是约束预算运行的重要枢纽。没有一套系统而科学的预算编制制度，没有一套民主而有力的预算管理制度，民主预算与法治预算将不可企及。李金华审计长在任期间，每年审计工作报告公布

---

① 它们是《青海省预算管理条例》《玉树藏族自治州财政预算管理条例》《广西壮族自治区财政预算管理条例》《黑龙江省预算管理条例》《抚顺市预算决算审批监督暂行条例》《吉林市预算审批监督条例》《沈阳市财政预算决算审批监督条例》《北京市预算监督条例》《深圳市人民代表大会审查和批准国民经济和社会发展计划及预算规定》《乌鲁木齐市国民经济和社会发展计划、预算以及计划、预算执行情况审批的监督规定》《天津市人民代表大会常务委员会监督国民经济与社会发展计划和财政预算执行情况的若干规定》。

的预算违法违规数据都令人怵目惊心。[①]如2004年审计工作报告指出："24个部门将行政事业性收费存放在中央财政专户以外的账户中，共计39.45亿元，17省份2002年中央补助收入仅编报936亿元，而实际上却获得实际补助4149亿元，还有另外四个省份压根儿没有编报中央补助收入，未编报的资金实际上就脱离了地方人大的审查监督。"[②]从上述数据可以看出，全国大部分省市、国务院大多数部门存在瞒编、谎编、恶意套取国家财政资金的现象，究其原因在于预算编制不科学规范，预算管理约束力弱，法治意识水平较低。到2006年底，"财政部将过去未用或者结余的项目资金约一百七十四亿多元未纳入预算，并且抽查九个部门2006年的预算，96.85亿元并没有在预算编制时进行细化"[③]。预算编制不科学弱化了预算约束力，影响中央预算的完整性，使国家预算资金陷入随意配置的危险。针对这一时期存在的预算违法违规行为，中央决定实行预算改革，以预算编制为突破口，改革编制方法和管理制度。

（一）逐步编制部门预算

1999年财政部首次提出要改变预算编制的一贯做法，在中央一级预算

---

① 2000年7月6日，审计署署长李金华在第九届全国人民代表大会常务委员会第十六次会议上作了《关于1999年中央预算执行和其他财政收支的审计工作报告》。在《报告》中，讲述了1999年中央与地方预算执行中存在的一系列违法使用国家资金的事件。2004年6月23日，第十届全国人大常委会第十次会议上，李金华作了《关于中央预算执行和其他财政收支的审计工作报告》，该报告有1万多字，其中85%讲述的都是预算过程中存在的问题，只有10%的内容是用来提出改进意见的。参见崔常发、谢适汀主编：《纪念新中国成立60年学习纲要》，国家行政学院出版社2009年版，第343页。

② 李金华：《关于2003年度中央预算执行和其他财政收支的审计工作报告——2004年6月23日在第十届全国人民代表大会常务委员会第十次会议上》，http://www.npc.gov.cn/wxzl/gongbao/2004-08/05/content_5332191.htm，2018年10月18日访问。

③ 李金华：《关于2006年度中央预算执行和其他财政收支的审计工作报告——2007年6月27日在第十届全国人民代表大会常务委员会第二十八次会议上》，http://www.npc.gov.cn/wxzl/gongbao/2007-08/15/content_5374690.htm，2018年10月18日访问。

部门"试编部门预算"[①]。首先进行试点的是农业部、科技部等部门。1999年末，全国人大常委会再一次强调，各部门和单位要严格遵循预算法的有关规定"编好部门预算和单位预算"[②]。中央积极主导，地方结合自身实际积极配合，中央与地方形成了部门预算改革的积极氛围。2000年中央强调所有中央一级预算部门都试编部门预算[③]，第九届全国人大第三次会议上国务院提交了4个部门[④]的部门预算。到2001年，全国人民代表大会审议的部门预算由2000年的4个增至26个[⑤]，2001年至2003年可谓是部门预算全面推行的阶段。2004年之后部门预算改革全面落实。部门预算编制改善了政府滥用权力，不按规定使用国家资金的状况。

（二）细化预算编制内容

预算编制细化是规范预算制度的技术性措施，有助于从预算形成时就达致扼制腐败滋生的效果。20世纪90年代后期，国家机关违法私建楼房馆

---

① 《财政部关于改进2000年中央预算编制的通知》（财预字〔1999〕464号）。

② 《全国人民代表大会常务委员会关于加强中央预算审查监督的决定》，http://www.npc.gov.cn/wxzl/gongbao/2000-12/05/content_5004759.htm，2018年10月18日访问。

③ 参见项怀诚：《关于2000年中央和地方预算执行情况及2001年中央和地方预算草案的报告——2001年3月6日在第九届全国人民代表大会第四次会议上》，http://www.npc.gov.cn/wxzl/gongbao/2001-03/19/content_5134509.htm，2018年10月18日访问。

④ 四个部门分别为：农业部、教育部、科技部、劳动和社会保障部。

⑤ 这一时期国务院共29个部门，除了国防部、中国人民银行与安全部以外的26个部门均上报了部门预算。

所①，私分罚没资金②，违法筹募资金③，私设金库用于乱发奖金、购买汽车④等行为造成的社会影响颇为严重。动用国家财政资金建楼房馆所，私分公产的行为损害了最广大人民的根本利益，属于法律绝对禁止的行为。国家机关滥用职权的其中一个原因在于财政部报送全国人大审批的预算较粗，没有落实到具体的部门和项目。1999年财政部发文指出细化预算要以预算收支分类为基础，对何时编制预算、何时报送预算等具体事项均作了概括规定，并强调尝试编制部门预算。⑤12月时全国人大常委会再一次强调要"细化预算"⑥。中央决定进行改革，规范和细化预算编制。

———————————

① 1995年水利部乱拉资金，在北京六里桥地区建水利调度综合楼，实际是包括商务、餐饮、客房在内的高档写字楼；1994至1998年，水利部及下属单位共挪用水利专项资金1.16亿元，用于建宿舍和购置办公楼甚至是炒股；1992年底，财政部提出由各省财政厅集资在上海浦东建金隆大厦。截至1999年1月，共筹集支农周转金等财政资金1.45亿元。参见李金华：《关于1998年中央预算执行和其他财政收支的审计工作报告——1999年6月26日在第九届全国人民代表大会常务委员会第十次会议上》，http://www.npc.gov.cn/wxzl/gongbao/2000-12/06/content_5007140.htm，2018年10月18日访问。

② 银川市城区和新城区人民检察院、国税局在协查"金华税案"过程中，将查缴的增值税罚没收入，以"误收退税"名义，从中央国库违规办理退库，同时要求企业将尚未缴入国库的罚没款，以现金形式上缴给检察院，共计67万元。检察院与国税局将截留的罚款均分，放在账外由个人保管，用于发放奖金和请客吃饭等。参见李金华：《关于1998年中央预算执行和其他财政收支的审计工作报告——1999年6月26日在第九届全国人民代表大会常务委员会第十次会议上》，http://www.npc.gov.cn/wxzl/gongbao/2000-12/06/content_5007140.htm，2018年10月18日访问。

③ 1998年6月，财政部原工交司部分人员在机构改革之前，利用职权向民航总局等5家单位募集资金，成立中盛科技投资发展有限公司。参见李金华：《关于1998年中央预算执行和其他财政收支的审计工作报告——1999年6月26日在第九届全国人民代表大会常务委员会第十次会议上》，http://www.npc.gov.cn/wxzl/gongbao/2000-12/06/content_5007140.htm，2018年10月18日访问。

④ 1996年水利部隐瞒转移南水北调资金，设立"小金库"。天津市蓟县国税局1997、1998两年，共虚开增值税专用发票10753份，损失国家税款1748万元，侵吞国家税款673万元，私设"小金库"，用于乱发奖金、购买汽车等。参见李金华：《关于1998年中央预算执行和其他财政收支的审计工作报告——央预算执年6月26日在第九届全国人民代表大会常务委员会第十次会议上》，http://www.npc.gov.cn/wxzl/gongbao/2000-12/06/content_5007140.htm，2018年10月18日访问。

⑤ 参见《关于改进2000年中央预算编制的意见》（财预〔1999〕464号）。

⑥ 《全国人民代表大会常务委员会关于加强中央预算审查监督的决定》，http://www.npc.gov.cn/wxzl/gongbao/2000-12/05/content_5004759.htm，2018年10月18日访问。

基本支出和项目支出是中央部门编制财政支出预算的两个科目[①]，"2001年国家计委等10个试点部门[②]的本级行政管理费（公安部、司法部为机关经费）按照定员定额标准编制基本支出预算"[③]，2004年中央5个部门进行实物费用定额改革，2006年中央决定推行政府收支分类改革，最终选择了6个中央部门与2个省级地方为试点。[④]改革则意味着推陈出新，过去收支分类的标准是依照经费的性质，而现在的分类标准以功能分类为主，经济分类为辅，财政收入被划分为4级科目（类、款、项、目），6个类别，每一个类别又下设诸多款项；财政支出按照政府职能，由粗至细、由大至小分为3级科目（类、款、项），支出功能分为17类，支出经济分为12类，每一类又具体到相应的款、项、目。细化预算编制的具体运行架构基本已经成型，改变了以往粗简的预算编制模式，有助于人大审查监督预算，控制预算违法行为。

（三）国库管理制度改革

2001年国务院决定选择具有典型意义的单位作为改革试点，建立"收、缴、付"一体的国库单一账户制度。改革以前，国库管理制度存在过渡性账户数量庞大，重复和分散设户，退库形式繁杂，如误征退库、超征退库等，大量预算外资金没有能够得到彻底的清理，未纳入专门的账号进行管理等问题，致使各部门和单位无法及时反馈财政收支情况，政府无法及时、准确地编制年度预算，进而导致预算虚报、瞒报等一系列问题。上述问题长期循环往复，导致国家财政收支不均衡，支出总是大于收入。实行国库单一管理制度有助于提高国家财政资金的周转和管理效率。2001年公布的《财政国库管

[①]　参见《中央部门项目支出预算管理试行办法》（财预〔2001〕331号），《财政部关于印发〈中央部门基本支出预算管理试行办法〉的通知》（财预〔2001〕330号）。

[②]　10个试点部门分别为：国家计委、外经贸部、农业部、铁道部、科技部、文化部、公安部、司法部、人事部、审计署。

[③]　《财政部关于下达2001年国家计委等10个试点部门基本支出预算定员定额标准的通知》（财预2000308号）。

[④]　参见李金华：《关于2005年度中央预算执行的审计工作报告——2006年6月27日在第十届全国人民代表大会常务委员会第二十二次会议上》，http://www.npc.gov.cn/wxzl/gongbao/2006-07/25/content_5350730.htm，2018年10月18日访问。

理制度改革方案》正式拉开了国库管理制度的帷幕，政府收支分类改革将财政收支范围进一步扩大，取消了过去设立的过渡性账户，通过借鉴国际先进的经验、技术优化财政收支的方式和程序，利用信息网络技术建立一体化、现代化的财政信息管理系统、银行收付系统等，进行账户的集中统一管理。2003年，"中央试点部门由上一年的42个扩大到82个"①，"2005年国库集中支付制度改革扩大到中央所有部门……有34个省（自治区、直辖市）和计划单列市本级，以及200多个地级市和500多个县实行了集中收付制度改革"②。国家财政管理制度由过度分散模式转向相对集中模式，便于"财政部门在预算执行过程中对资金流动进行动态监控"③。国库单一账户制度通过对政府收支资金的各个环节进行监督，控制预算执行的全过程，为预算编制提供科学合理的标准和依据。

（四）政府采购制度建立

20世纪90年代末政府采购制度"诞生"，④政府采购制度是规范预算内资金与预算外资金使用行为，提高国家财政资金利用效率，与国库单一账户制度互相配合的另一个重要的预算管理制度模式。在政府采购制度确立以前，各单位建设工程、采买办公用品、租赁设备等活动是分散的，容易滋生腐败，导致市场经济下的竞争机制很难发挥作用。推行政府采购制度以后，各政府和部门可以通过集中采购的方式交由一家或者几家单位集中采购所需的商品和服务，充分地利用市场竞争机制，保障交易的公平公正，使得

---

① 金人庆：《关于2003年中央和地方预算执行情况及2004年中央和地方预算草案的报告——2004年3月6日在第十届全国人民代表大会第二次会议上》，http://www.npc.gov.cn/wxzl/gongbao/2004-04/15/content_5332240.htm，2018年10月18日访问。

② 财政部：《关于2005年中央和地方预算执行情况与2006年中央和地方预算草案的报告——2006年3月5日在第十届全国人民代表大会第四次会议上》，http://www.npc.gov.cn/wxzl/gongbao/2008-06/03/content_1481456.htm，2018年10月18日访问。

③ 任喜荣：《地方人大预算监督权力成长的制度分析——中国宪政制度发展的一个实例》，《吉林大学社会科学学报》2010年第4期，第92-93页。

④ 《财政部关于印发〈政府采购管理暂行办法〉的通知》（财预字〔1999〕139号）、《财政部关于进一步加强地方政府采购管理工作的通知》（财库〔2000〕12号）。

各政府部门和单位之间互相牵制，互相监督，能够有效地解决采购腐败的问题。2000年《政府采购法》起草提上全国人大的立法工作日程，2002年6月审议通过，2003年1月1日正式施行，其中第6条①、第7条②、第8条③及第33条④规定了政府采购预算编制的具体要求。2003年政府采购预算有条件的编制在部门预算之中，没有条件的则单独编制⑤，"2003年全国政府采购规模已超过1500亿元，比上年增加500亿元"⑥。2005年"全国政府采购规模达到2500亿元，比2004年增加了364亿元，资金节约率达11%。"⑦2009年政府采购必须严格依照预算编制的项目与金额进行采购，且政府采购必须全部编入部门预算。⑧这一制度能够牵制政府内部的利益关系，使政府原有的权力重新配置，规范政府使用国家资金的行为，减少财政资金的浪费与损失。

---

① 《中华人民共和国政府采购法》（2003年）第6条："政府采购应当严格按照批准的预算执行。"

② 《中华人民共和国政府采购法》（2003年）第7条："政府采购实行集中采购和分散采购相结合。集中采购的范围由省级以上人民政府公布的集中采购目录确定。属于中央预算的政府采购项目，其集中采购目录由国务院确定并公布；属于地方预算的政府采购项目，其集中采购目录由省、自治区、直辖市人民政府或者其授权的机构确定并公布。"

③ 《中华人民共和国政府采购法》（2003年）第8条："政府采购限额标准，属于中央预算的政府采购项目，由国务院确定并公布；属于地方预算的政府采购项目，由省、自治区、直辖市人民政府或者其授权的机构确定并公布。"

④ 《中华人民共和国政府采购法》（2003年）第33条："负有编制部门预算职责的部门在编制下一财政年度部门预算时，应当将该财政年度政府采购的项目及资金预算列出，报本级财政部门汇总。部门预算的审批，按预算管理权限和程序进行。"

⑤ 参见国务院办公厅转发财政部《关于全面推进政府采购制度改革意见的通知》（国办发〔2003〕74号）。

⑥ 金人庆：《关于2003年中央和地方预算执行情况及2004年中央和地方预算草案的报告——2004年3月6日在第十届全国人民代表大会第二次会议上》，http://www.npc.gov.cn/wxzl/gongbao/2004-04/15/content_5332240.htm，2018年10月18日访问。

⑦ 财政部：《关于2005年中央和地方预算执行情况与2006年中央和地方预算草案的报告——2006年3月5日在第十届全国人民代表大会第四次会议上》，http://www.npc.gov.cn/wxzl/gongbao/2008-06/03/content_1481456.htm，2018年10月18日访问。

⑧ 参见《国务院办公厅关于进一步加强政府采购管理工作的意见》（国办发〔2000〕35号）。

四、预算公开透明与监督强化时期：2008年至今

1951年公布实施的《保守国家机密暂行条例》第2条第5款[①]规定国家预算属于国家机密的范围之一，1989年《中华人民共和国保守国家秘密法》（以下简称《保密法》）实施，《保守国家机密暂行条例》同时废止，《保密法》对预算是否属于国家秘密并没有做出明确的规定。1991年，国家计委和保密局印发关于经济工作秘密的规定中明确指出"财政年度和中长期计划属于国家绝密的等级范围，预算外资金收支的年度和中长期计划属于秘密的等级范围"[②]，"1997年保密局联合财政部制定的经济工作密级规定指出，财政年度预、决算草案及其收支款项的年度执行情况，历年财政明细统计资料等属于国家秘密"[③]。预算被明确规定在国家秘密的范围之内，"预算不但不为普通老百姓所知，甚至人大代表也不全知道，预算掌握在少数几个领导人手里"[④]。直到2007年上海市人大在审议2007年的预算草案时明确将草案上的"秘密"取消并不再收回，预算不再是国家秘密，[⑤]2008年《政府信息公开条例》明确规定预算报告、财政收支计划属于政府应当重点公开的内容，预算不属于国家秘密有了明确的法律依据。2008年至今，公开透明已经成为了预算制度的基本要求。有学者将预算公开透明的外在表现形式作了两个层面的区分——静态层面与动态层面，"静态层面主要表现为一系列的数字与表格；在动态层面则是社会主体对预算全过程的监督与管理"[⑥]。预算公开由静态的预算草案报告和动态的群体监督活动组成。

自2008年5月1日《中华人民共和国政府信息公开条例》正式实施后，国

---

① 《保守国家机密暂行条例》第2条："国家机密包括下列基本范围：国家财政计划，国家概算、预算、决算及各种财务机密事项。"

② 《计划、经济工作中国家秘密及其密级具体范围的规定》（计办〔1991〕91号）。

③ 遥评：《财政预算：从国家秘密到依法公开》，《人民之友》2014年第9期，第28页。

④ 蔡定剑：《公共预算改革的路径和技术》，《中国改革》2007年第6期，第25页。

⑤ 参见张昌辉：《会后不回收　上海预算草案不再"秘密"》，http://finance.sina.com.cn/g/20070131/03533297566.shtml，2018年10月18日访问。

⑥ 蒋悟真：《预算公开法治化：实质、困境及其出路》，《中国法学》2013年第5期，第43页。

务院与财政部制定了一系列与预算公开有关的文件①。"2010年1月四川省巴中市巴中区'白庙乡财政预算公开及民主议事会'启动"②，这是地方预算公开的一个实例，也是中西部地区第一个预算公开透明改革的事例。2011年首次公开了除社会保险基金预算以外的其他预算表格③，虽只公开了2009年的执行内容与2010年的预算内容，但是掀开了预算的"神秘面纱"，让社会公众有机会了解和参与预算的管理与监督，实现知情权与监督权的实效。2011年"88个中央部门公开了2011年全国人大审批的部门收支预算总表与财政拨款支出预算表，有的部门还进一步将支出预算细化到'项'"。《政府信息公开条例》经修订后于2019年4月15日予以公布，进一步明确了行政机关信息公开的义务，扩大了政府信息公开的范围。预算做为政府信息的重要组成部分，其公开的基本要求进一步规范化。④

2012年，《预算法》修正案（第二次审议稿）公布，预算法的立法宗旨依旧采用了1994年《预算法》的规定⑤，1994年制定的《预算法》地带有计划经济体制下落后、保守的特点以及"浓厚的国家分配论"⑥色彩，有学者认为"整个'预算审议稿'修改幅度偏小、修订内容较抽象以及增补条文缺

---

①　《国务院办公厅关于施行中华人民共和国政府信息公开条例若干问题的意见》（国办发〔2008〕36号）《国务院办公厅关于做好政府信息依申请公开工作的意见》（国办发〔2010〕5号）《国务院办公厅关于进一步做好部门预算公开工作的通知》（国办发〔2011〕27号）《财政部关于进一步推进财政预算信息公开的指导意见》（财预〔2008〕390号）《财政部关于进一步做好预算信息公开工作的指导意见》（财预〔2010〕31号）等。

②　杨国斌：《城乡社区治理中实施参与式预算对策研究》，中国农业科学技术出版社2015年版，第212页。

③　其余表格包括，四张：中央财政收入预算表、中央财政支出预算表、中央本级支出预算表、中央对地方税收返还和转移支付预算表。八张："中央财政国债余额情况表、中央政府性基金收入预算表、中央政府性基金支出预算表、中央本级政府性基金支出预算表、中央对地方政府性基金转移支付预算表、中央国有资本经营预算收入表、中央国有资本经营预算支出表、2010年中央财政地震灾后恢复重建基金收支表。

④　参见《国务院办公厅关于进一步做好部门预算公开工作的通知》（国办发〔2011〕27号）。

⑤　《中华人民共和国预算法》（1994年）第1条规定："为了强化预算的分配和监督职能，健全国家对预算的管理，加强国家宏观调控，保障经济和社会的健康发展，根据宪法，制定本法。"

⑥　刘剑文：《由管到治：新〈预算法〉的理念跃迁与制度革新》，《法商研究》2015年第1期，第5页。

乏可操作性"①。这一观点笔者是赞同的，其实质上并未改变"预算"在计划经济时代的价值特色，这与中央最初决定修法时的原意背道而驰。2014年《预算法》修正案（第三次审议稿），修改了立法宗旨，强调预算监督与预算的公开透明，2014年修订的《预算法》第1条②中明确增加"公开透明的预算制度"。9月，国务院将"实施全面规范、公开透明的预算制度"③作为预算制度改革的目标。预算公开强调全面性，各部门和单位无一例外，但基于国家利益的考量，涉及国家秘密的预算不予公开。④地方预算同样需要遵循"以公开为常态，不公开为例外的原则"⑤。预算公开透明实现了"秘密预算"向"透明预算"的转变，保障了公民信息获得权，有助于发挥社会监督的效用。2017年"中央政府及部门和中央对地方转移支付的预算信息集中在中国政府网和财政部门户网站上公开，部门预算公开的中央部门已经达致105个"⑥。党的十九大报告再一次提出"建立全面规范透明、标准科学、约束有力的预算制度"⑦，在预算公开透明的基础上提出了标准科学、约束有力的新时代要求。

"在现代各国，预算监督权力都是最重要的立法机构监督政府的工具，

---

① 朱大旗：《迈向公共财政：〈预算法修正案（二次审议稿）〉之评议》，《中国法学》2013第5期，第34页。

② 《中华人民共和国预算法》（2014年）第1条规定："为了规范政府收支行为，强化预算约束，加强对预算的管理和监督，建立健全全面规范、公开透明的预算制度，保障经济社会的健康发展，根据宪法，制定本法。"

③ 《国务院关于深化预算管理制度改革的决定》（国发〔2014〕45号）。

④ 参见财政部：《关于2014年中央和地方预算执行情况与2015年中央和地方预算草案的报告——2015年3月5日在第十二届全国人民代表大会第三次会议上》，http://www.npc.gov.cn/wxzl/gongbao/2015-05/07/content_1939109.htm，2018年10月18日访问。

⑤ 《财政部关于印发〈地方预决算公开操作规程〉的通知》（财预〔2016〕143号）。

⑥ 财政部：《关于2017年中央和地方预算执行情况与2018年中央和地方预算草案的报告——2018年3月5日在第十三届全国人民代表大会第一次会议上》，《中国财政》2018年第8期，第65页。

⑦ 习近平：《决胜全面建成小康社会　夺取新时代中国特色社会主义伟大胜利——在中国共产党第十九次全国代表大会上的报告》，http://www.gov.cn/zhuanti/2017-10/27/content_5234876.htm，2018年10月18日访问。

立法机构的预算监督也因此成为建立对人民负责政府的关键手段。"①改革开放以来，"预算监督"在中央与地方的各个重大文件中反复提及，但具体实施的效果并不理想。现今我国预算监督处于由形式监督走向实质监督的转型时期，公开透明的预算制度逐步完善，参与式预算初步形成，预算约束力逐渐增强。

增强和尊重人大代表及社会各界人士对预算运行的过程积极参与，增强预算监督的民主性成为新时期人大工作的重要内容。宪法、预算法以及监督法等赋予了人大预算审批与监督权，但实践中人大的这项权力并没有充分行使。将所有财政收支均列为预算，实行"全口径预算管理方式"②，是实现预算监督的重要工具。

五、结语：向民主预算与法治预算迈进

良好的制度设计促使民主与法治逐渐成长。预算制度的优劣决定了财政权能否得到合理有效的管控。正如阿伦·威尔达夫斯所言，"如果你不能制定预算，你怎能治理"③，现代民主国家的成长依托于高效、科学、合理、透明的预算制度。我国预算制度几经变革，积累了丰富的经验，逐渐形成了规范的、完备的法律体系、科学的管理制度，民主预算与法治预算也逐渐成长。

只有将预算制度放置在历史演变的时间框架内，才能一探究竟。回看我国预算制度改革的历史，总结和归纳预算"经验"，有助于认清我国预算制度的现实状况，指明未来预算制度发展方向。完善预算制度，实现民主预算与法治预算，首先，必须依赖于人大立法权、监督权与审批权的理性且有效

① 林慕华、马骏：《中国地方人民代表大会预算监督研究》，《中国社会科学》2012年第6期，第73页。

② 中共中央办公厅印发《关于人大预算审查监督重点向支出预算和政策拓展的指导意见》，http://www.gov.cn/zhengce/2018-03/06/content_5271524.htm，2018年10月18日访问。

③ ［美］阿伦·威尔达夫斯基：《预算与治理》，苟燕楠译，上海财经大学出版社2010年版，第302页。

行使。人大通过立法权的行使，制定了大量的预算法律规范，确保预算制度在法治的轨道之内运行；人大通过行使预算监督权，事先监督与事后监督相结合，规范预算运行过程各个阶段的行为，强化预算的约束力；人大通过行使预算审批权，确保预算制度能够良好有序的运行，实现国家财政的稳定。"根据现代的代议民主理论，政府为民理财，议会代表选民对政府进行监督，议会的财政立法权、决定权以及监督权被形象地称为'钱袋子'权力。"[1]人大'钱袋子'权力的实效有待于逐渐通过改进预算制度以及建立相应的制度保障机制而增强。[2]其次，妥善处理中央与地方的权力关系。迈向民主预算与法治预算，需要通过立法的形式合理界定中央与地方权力比例，保障中央与地方各自利益的最大化，使中央与地方的关系脱离"一统就死、一死就放、一放就乱，一乱就收，一收又统"往返循环的困境。[3]最后，参与式预算实践的积极探索。近年来，我国参与式预算实践已经形成了具有典型意义的"温岭模式""哈尔滨模式""无锡模式"和"闽行模式"，检验着参与式民主预算的制度土壤和制度模式。预算具有双重工具性价值——政治性与经济性，参与式预算通过直接或者间接地影响政府的行政活动和政治决策，实现国家政治体系制度化尽可能地避免和弱化对"公意"的侵害或偏离。[4]参与式预算能够有效地整合社会资源，公民通过积极参与预算过程，表达自己的观点，进而影响政治决策和公共资源分配，弥补传统预算缺陷，是民主政治形式的补充。进一步探索和推广参与式预算，是实现民主预算与法治预算的一个重要途径。

---

① 任喜荣：《预算监督与财政民主：人大预算监督权的成长》，《华东政法大学学报》2009年第5期，第108页。

② 参见任喜荣：《预算监督与财政民主：人大预算监督权的成长》，《华东政法大学学报》2009年第5期，第108页。

③ 参见张千帆：《国家主权与地方自治：中央与地方关系的法治化》，中国民主法制出版社2012年版，第156-189页。

④ 参见闫海：《公共预算过程、机构与权力：一个法政治学研究范式》，法律出版社2012年版，第67-70页。

第二节　中国预算法治发展的宪法规范基础

财政乃庶政之母，新中国第一部社会主义类型的宪法制定时就有人提出应该专章规定预算问题，[①]但宪法最终还是采取了最简略的规定方式。从1954年宪法原文来看，宪法仅在第27条（全国人民代表大会的职权）、第49条（国务院的职权）和第58条（地方各级人民代表大会的职权）中对预算问题加以规定。对于其中的原因，刘少奇曾在关于1954年宪法草案的说明的最后部分梳理了对全民讨论过程中提出问题的处理结果，提到"有人主张，应专门规定预算一章，这一意见没有被接受"，原因"主要是因为《苏联宪法》没有规定，再说我们对预算缺乏经验，1953年预算搞早了，公布不久就出问题，所以不宜写"[②]。1982年宪法在起草过程中，预算问题几乎没有受到关注，彭真在关于宪法草案的说明中也没有对预算方面的内容加以阐述。现行宪法是在1954年宪法基础上进行修改的结果，继承了1954年宪法对于预算法治的规范模式。

一、我国宪法中的预算条款及其制度逻辑

（一）我国宪法中的预算条款

现行宪法仅在第62条第11项、第67条第5项、第89条第5项、第99条第2款直接提到了预算，分别规定全国人大有权"审查和批准国家的预算和预算执行情况的报告"，全国人大常委会有权"在全国人民代表大会闭会期间，审查和批准国民经济和社会发展计划、国家预算在执行过程中所必须作的部分调整方案"，国务院有权"编制和执行国民经济和社会发展计划和国家预

---

①　参见韩大元：《1954年宪法制定过程》，法律出版社2014年版，第330页。

②　韩大元：《1954年宪法制定过程》，法律出版社2014年版，第330页。

算"以及"县级以上的地方各级人民代表大会审查和批准本行政区域内的国民经济和社会发展计划、预算以及它们的执行情况的报告",内容极其简略。就是这样的规定与1954、1975、1978年宪法相比,还有所进步。[1]除此之外,宪法还在第107条、第117条,以内容更广泛的"财政"一词,涵盖了"预算"的内容。第91条、第109条则分别规定了国务院和地方政府的审计机关的设立及其职权,由于审计监督的主要内容就是财政收支,所以也与预算权的配置相关。宪法的上述规定实现了对预算权在人大与政府之间以及中央与地方之间的宏观配置,即:人大审查和批准预算、政府编制和执行预算、中央预算统率地方预算。符合现代预算体系的基本政治架构,以及预算民主与预算法治的基本精神。

但是,不容回避的是,我国宪法的上述条文,在内容上仅将预算作为一种国家职能在不同国家机关间进行了权力的初始分配,缺少对于预算制度细节的规定,无法完全反映我国预算制度的基本面貌。预算是一国的财政收支计划,在现代民主国家,"政府从事的公共财政活动,其资金主要来源于国民交纳的税收,故国民必然十分关注政府如何有效地支配这部分公共资金。人民希望通过某种制度安排、程序设计、技术手段,尽量改善政府对有限财政资源的使用效率"[2]。这是现代预算制度产生的内在动力。预算制度在构成要素上应该包括预算原则、预算分类、预算方式、预算程序、预算监督等内容。完善的预算制度是控制国家权力最有效的机制。财政的收支计划从来都不是简单的如何花钱的问题,"公共预算是国家政治的主题,预算权力是一种非常重要的政治权力,预算制度是政治制度的重要组成部分,公共预算的本质属性是政治性,它体现了利益权威分配的政治过程"[3]。因此,许多国家的宪法中都对预算制度做出尽量详尽的规定。反观我国,国家财政收入的来源极其复杂,既有税收、国有资本收益,也有出让土地、发行彩票等取得的

---

[1]　参见张献勇:《预算权研究》,中国民主法制出版社2008年版,第180-181页。

[2]　张志超:《现代财政学原理》,南开大学出版社2011年版,第43页。

[3]　黄新华、赵瑶:《政治过程与预算改革》,《财经问题研究》2014年第12期,第73页。

收入，以及通过社会保险缴（税）费、银行信贷等获得的收益。我国预算法曾长期将第一类视为预算内的财政收入，而其他的收入则不列入预算。直到2011年预算外收入才全部纳入预算内，现有政府预算体系由公共财政预算、国有资本经营预算、政府性基金预算、社会保障预算组成，基本反映政府收支总量、结构和管理活动，但仍然不够全面。预算公开与预算问责也没有完全建立起来。对于预算制度的上述缺陷，由于宪法并未就财政收入的来源、分配的原则、预算编制的方式等做出原则性规定，而完全留给《预算法》以及其他的行政法规加以解决，因此，宪法无法提供具体的制度建构以及违宪审查的规范依据。

（二）比较分析宪法中的预算条款

宪法应该对预算做出多大程度的规定，并没有完美的榜样。预算制度的形成和发展往往是现实中政治博弈的结果，也是普通法律逐步制定和完善的结果。美国的预算制度就是在分权与制衡的权力结构中逐渐发展变革的。[1]美国宪法第1条第9款第6项规定："除依据法律规定拨款外，不得从国库支款；一切公款的收支报告和账目应不时予以公布。"根据这一项，1789年美国财政部向国会提交了组建联邦政府以来的第一份预算申请法案，该条规定"使得国会拥有主导一切有关财政收入和财政拨款问题的权力"[2]。该项关于公布收支报告和账目的规定也确立了透明预算原则。尽管宪法条文的规定简略，但美国预算制度经过200多年的发展已经相当复杂和精致，并被许多国家推崇。近年来，我国国内介绍美国政府预算管理体系、预算过程中的政治博弈、美国公共财政框架的译著和著作也越来越多。[3]

与美国不同，许多国家选择在宪法中对预算制度尽量做出详细的规定，

---

[1]　参见周军华：《预算中的政治：浅论美国联邦预算中冲突与平衡的制度结构》，载于马骏等主编：《呼吁公共预算》，中央编译出版社2008年版，第138-157页。

[2]　肖鹏：《美国政府预算制度》，经济科学出版社2014年版，第6页。

[3]　代表性的如美国阿伦·威尔达夫斯基的《预算过程中的新政治学》、爱伦·鲁宾的《公共预算中的政治：收入与支出，借贷与平衡》、罗伯特·D.李的《公共预算体系》，以及肖鹏编著的《美国政府预算制度》等。

从而为预算制度的发展和预算中的权力冲突提供宪法规范依据，确保现代财政制度的建立。一些国家的宪法，尤其是二战结束后新制定或新修订的宪法，不仅在政治架构部分原则规定立法机关与行政机关在预算权上的配置，更是通过尽量丰富的条文对预算的核心制度内容做比较细致、全面的规定。《联邦德国基本法》第十章是"财政制度"，全面规定了联邦与各州以及议会与政府在预算上的权力分配。如对于联邦与各州之间在预算权力上的原则分配，基本法第109条规定："联邦和各州的财政预算相互独立、互不依赖。"但是"联邦和各州预算原则上应当在不进行贷款的情况下保持收支平衡"。对于预算计划的编制以及预算法的通过，基本法第110条规定："联邦一切收入和支出均须编入财政预算计划"，"预算计划必须保持收支平衡"。"编制预算计划应当以一个或以若干个财政年度为单位，于第一个财政年度开始前由预算法予以规定。"编制预算计划以及"修改预算法、预算计划的提案，在提交联邦议院的同时亦提交于联邦参议院。"对于这一条的规定，德国宪法学家康拉德·黑塞认为："在这项传统并且非常重要的权限中，联邦议会获得了对于确立一切国家权力之内容、方向与范围的决定性的分享参与权。其对于财政手段的分享参与决定权，通过第115条第1项第1句的规定^①得以被完整化，根据这条规则，信贷接受、保证金取得、担保或者其他财政上的保障，这些或者需要按照某个确定的数额，或者需要确定的联邦法律授权后方能进行。"^②《联邦德国基本法》还在第112、113条规定了议会对于预算权力的行使受到政府制衡的内容。《西班牙王国宪法》第七章是"经济与财政"，其中，第134条、135条、136条对预算、公债、审计等做了详细规定。《大韩民国宪法》对预算的规定相对简略，但仍然在第54到第58条用5条的内容规定了国会对预算的审查批准权、政府预算案的提交时间、新会计年度开始前预算案尚未通过的处理、跨会计年度的预算支出、政府的预算变更和议会的

---

① 德国基本法第115条规定："可能引起未来财政年度支出的贷款、担保、一般保证和其他类型保证，需要联邦法律作出已确定额度或可确定额度的授权。"

② ［德］康拉德·黑塞：《联邦德国宪法纲要》，李辉译，商务印书馆2007年版，第455页。

预算变更权等内容。

宪法对于预算制度做出尽量详细的规定，优势明显这样可以实现预算权力配置、预算审查和批准程序、预算调整、预算监督，甚至财政年度的计算等预算基本制度问题的宪法化，明确政府在财政收支方面的宪法责任，从而降低了宪法中的原则性条款在法律化过程中发生扭曲和变形的危险。

（三）我国简约的宪法预算条款的制度逻辑

从我国目前宪法的预算条款看，预算在国家治理中的重要地位没有受到宪法应当的重视。究其原因，除了现代财政制度长期不完善，预算制度一直在发展完善当中之外，[①]制宪者关于宪法的定位以及对于财政权力的定性，是导致宪法中的预算条款内容简约的制度逻辑。未来如要完善宪法中的预算条款，需要从改变规范背后的制度逻辑出发。

其一，宪法被定位为"国家的根本法"和"政治法"。将宪法定位为"国家的根本法"就使"非"根本性制度问题无法进入宪法规制的视野。将宪法定位为"政治法"主要关注宪法关系的政治层面，间接地排除了对宪法关系其他层面的关注。反映到预算制度上，宪法主要关注预算权力在人大与政府间的分配，至于预算制度本身的原则和基本内容，则划入法律的调整范围，导致目前缺乏宪法层面的对于预算发展的原则性指引。

其二，国家的财政活动主要被视作是一种行政管理活动，与之相连，财政权的行政权面向受到重视，立法权面向则受到忽视。财政权是一种在中央与地方、立法机关与行政机关之间平衡配置的国家权力，因行使的机关不同，而具有立法权与行政权的不同面向，并不能笼统地称之为立法权或行政权。但是，在财政权力运行的实际中，哪种面向更受重视，则可以通过实证分析得出结论。根据我国的宪法文本，管理财政和经济是各级行政机关的主

---

① 参见杨志勇：《我国预算管理制度的演进轨迹：1979—2014年》，《改革》2014年第10期，第5-19页。

要职权，[①]人大则负责相关领域的立法和有限的监督。尽管宪法规定各级人大有权审查和批准财政预算以及预算执行情况的报告，新修正的《预算法》也明确规定："经人民代表大会批准的预算，非经法定程序，不得调整。各级政府、各部门、各单位的支出必须以经批准的预算为依据，未列入预算的不得支出。"人大关于财政预决算的决定的法律性质越来越突出。但是，从实践中看，除预算立法外，哪些财政收入列入预算、如何分配以及如何编制预算，基本都由行政机关主导。行政机关也缺少以人大为代表的外部压力机制推动其加快预算制度的完善，由宪法明确预算制度的基本原则和主要内容的社会需求严重降低。这与法治发达国家对于预算权的认识有很大不同。众所周知，现代预算制度最早形成于英国，而"英国预算制度的形成过程也是英国议会预算权的形成过程"[②]。英国议会通过将征税权从国王手中收回，以及控制国王的支出，逐渐掌握了财政权，并日益细化了政府就公共开支向议会负责（accountability），接受议会的审议和调查的制度。在美国，"1787年宪法将征税权和根据拨款法案进行开支的权力赋予了国会，而对总统和行政机构在财政上的角色却只字不提。"[③]美国的审计总署设在议会，负责对各行政部门的账务进行独立审计。美国国会在预算审查方面的技术力量也非常雄厚，"美国国会的预算办公室有两三百名工作人员，其预算分析人员在知识水平和技术能力方面，与所有其他政府部门相比，都是最强的。"[④]从而切实保障了国会预算审查作用的发挥。可见，英美等国是极其重视预算权的立法权面向的。

[①]　宪法明确将经济和财政视作是行政工作，《宪法》第107条的规定明确反映了这一事实："县级以上地方各级人民政府依照法律规定的权限，管理本行政区域内的经济、教育、科学、文化、卫生、体育事业、城乡建设事业和财政、民政、公安、民族事务、司法行政、监察、计划生育等行政工作，发布决定和命令，任免、培训、考核和奖惩行政工作人员。"

[②]　张献勇：《预算权研究》，中国民主法制出版社2008年版，第41页。

[③]　张献勇：《预算权研究》，中国民主法制出版社2008年版，第56页。

[④]　张志超：《现代财政学原理》，南开大学出版社2011年版，第62页。

二、简约的宪法预算条款的制度后果

过于简单化的预算条款对预算实践缺乏积极的规范性，从而导致了一些不利于现代预算制度建立和完善的实践倾向。

（一）预算权力在整体权力配置中的重大意义没有得到足够重视

预算权力，顾名思义是指参与预算的编制、批准、执行、变更、监督的国家权力。对预算权力进行配置，是民主国家宪法的重要内容。从各国宪法文本来看，许多国家的宪法是在对立法权力和行政权力或中央权力与地方权力的一般性配置中，把预算作为权力的一项内容加以分别规定，如意大利、日本、韩国等。也有国家在宪法中列出专章或专节对预算权力的主体、内容、程序等作出详细规定，如德国、葡萄牙、西班牙等。宪法一方面将预算作为权力配置的重要内容，另一方面，又通过预算权力的配置实现权力的平衡与控制的目的。行政机关编制和执行预算，立法机关批准和监督预算，成为现代预算体系的核心制度形态。这一制度形态支撑了立法权与行政权之间符合各国需要的权力分配和制约的目标。但具体到各国预算权力的实际配置，可谓千差万别，各国预算权力配置的背后反映了差异性的政治和经济诉求，并由此确定了各国预算制度的发展方向。

"公共预算不仅仅是技术性的，它在本质上是政治性的。"[1]这是公共预算政治学的核心观点。"因为公共预算反映了政府做什么和不做什么的选择，反映了不同的个人和组织影响预算结果的相对权力。"[2]我国现行《宪法》的文本仅用几条零散的条文，在最简单的意义上勾画了预算权力的基本配置，预算权力在整体配置中的重大意义没有足够重视。

（二）预算权力向行政机关过度倾斜

人大的预算监督能力问题长期没有得到重视，将审计机关设立于国务

---

[1]　［美］爱伦·鲁宾：《公共预算中的政治：收入与支出，借贷与平衡》（第四版），叶娟丽、马骏等译，中国人民大学出版社2001年版，第1页。

[2]　黄新华：《预算政治学研究进展与前瞻》，《学海》2014年第6期，第92页。

院，权力的天平进一步向行政机关倾斜。宪法除了一般性地规定人大审查和批准预算并监督预算的执行外，并没有为这一权力的实现提供实质性的制度内容。相反，却将审计这一专门性的财政监督机关设立于国务院，①从而注定使权力的天平向行政机关倾斜。审计机关因其财政监督权力的专门性、专业性、独立性、权威性，而成为现代国家财政民主机制中不可替代的监督主体。许多国家将审计机关设计为立法机关的组成部分，一方面加强审计的独立性，另一方面加强立法机关财政监督权力的专业性。我国目前采取的是行政型审计模式，地方各级审计机关依照法律规定独立行使审计监督权，对本级人民政府和上级审计机关负责，而不是直接向权力机关负责。各级人大虽然也设立了财政经济委员会和预算工作委员会，主要对国民经济和社会发展计划及计划执行情况、国家预算及预算执行情况等进行审查，但与审计机关的专业性和机构庞大性相比，处于明显的弱势。笔者曾经撰文分析我国人大预算监督权力的成长，②分析了人大预算监督权重增加的事实。但与法治发达国家议会的预算权力相比，我国人大的预算监督能力还是明显不足。

　　人大预算监督能力的不足导致了一些明显的预算制度缺陷长期存在。例如，预算的"先执行，后批准"问题。《预算法》规定我国的预算年度从每年的1月1日起至12月31日止，而我国的各级人大，市级人大基本上在每年的12月底或1月初召开，省级人大基本上在1月底或2月初召开，而全国人大则固定在每年的3月初召开。考虑到各级人大批准预算后到预算的执行还需要一段时间，可以说我国预算的整体情况是"先执行，后批准"。我国《预算法》第54条为此专门做出规定：预算年度开始后，各级预算草案在本级人民代表大会批准前，可以安排下列支出，包括：上一年度结转的支出；参照上

---

① "国务院设立审计机关，对国务院各部门和地方各级政府的财政收支，对国家的财政金融机构和企业事业组织的财务收支，进行审计监督。""审计机关在国务院总理领导下，依照法律规定独立行使审计监督权，不受其他行政机关、社会团体和个人的干涉。"

② 参见任喜荣：《预算监督与财政民主：人大预算监督权的成长》，《华东政法大学学报》2009年第5期，第101-108页；《地方人大预算监督权力成长的制度分析——中国宪政制度发展的一个实例》，《吉林大学社会科学学报》2010年第4期，第88-96页。

一年同期的预算支出数额安排必须支付的本年度部门基本支出、项目支出，以及对下级政府的转移性支出；法律规定必须履行支付义务的支出，以及用于自然灾害等突发事件处理的支出。预算经本级人民代表大会批准后，按照批准的预算执行。2014年修订的《预算法》也没有改变预算年度的计算方法。如果说调整预算年度以适应各级人大现行的会期制度不可避免会增加行政成本，那么保持二者的不变使"先执行，后批准"成为常态，虽然可以节省行政成本，但无疑牺牲了财政民主的本意，耗费了巨大的成本。我国预算制度还曾存在预算外资金长期存在以及政府提交的预算案过于简略的问题。对此我们可以找到大量的分析性文章，有人总结为政府提交给人大的预算案"看不全""看不清""看不懂"[1]，等等。政府凭借强大的专业技术团队，在预算权力能力上占有绝对优势，客观上一定程度地削弱了人大的实质性监督。

（三）在民主与效率的博弈中效率优先成为常态

现代公共预算是19世纪的产物，主要成型于19世纪的欧洲国家，是伴随着代议民主制度的确立而确立的，具有天然的民主取向。"正如财政史表明的，预算民主是任何现代税收国家都绕不过去的一个坎。对于从自产国家转向税收国家的中国来说也是如此。"[2]中国宪法依人民代表大会制度的框架配置预算权力，也具有明确的民主价值取向。这一点是毋庸置疑的，尤其通过预算监督体系的建设表现得最为明显。从监督体制的基本概况看，我国的公共预算基本上形成了适当分权、环环相扣、内外呼应的监督体制。有人将其概括为四道防线：第一道防线，是人大及其常委会的监督；第二道防线，是上级政府的监督；第三道防线，是财政部门的监督；第四道防线，是审计部门的监督。[3]但预算制度的民主价值目标却因人大预算监督能力的不足而严

---

①　薛菁：《全面规范、公开透明的预算制度：背景、重点、保障》，《福州党校学报》2014年第2期，第46页。

②　马骏：《中国公共预算改革》，中央编译出版社2005年版，第44页。

③　参见王秀芝：《部门预算制度研究》，经济科学出版社2007年版，第126页。

重削弱。"现代公共预算有四个基本目标：总额控制、配置效率、运作效率和财政问责。其中，财政问责是最根本性的。这四大基本目标也是衡量一个国家预算能力高低的关键性指标。"①而我国预算中的主要问题恰恰是人大无法有效地监督政府从而实现政府的财政责任。这种现状事实上是配置效率与运作效率的考虑优越于财政问责即财政民主的表现，即在制度的民主目标之后隐含着更为现实、有效的效率目标。有研究人员分析某省财政预算信息公开存在的问题时指出，预算编制环节透明度不高、预算审批环节监督弱化、预算审计结果公开性不强、民众参与监督意识薄弱、预算信息公开平台过少是主要表现。②我们可以从中看出追求效率的后果。通过对预算草案修正权的分析③以及人大目前采用的综括性的表决方式（即仅对预算草案进行整体表决而不是分项表决），更清楚地看到在民主与效率的价值博弈中，事实上是效率占优的现实。建立民主与效率更稳定、合理的平衡应该是预算宪法学对于预算改革最重要的理论关照。

三、重新认识预算法治发展的宪法规范基础

预算改革具有重要的意义，因为对收入与支出的控制最终会从财政经济领域渗透到政治领域，从而影响现有的权力关系结构。"预算过程的改变可以增加亦可以减少公民参与的机会；可以强化亦可以弱化预算平衡或经济刺激；可以使政府更透明，亦可以使政府更加隐秘。"④我国的预算改革正在进行时，但主要的理论探讨集中在财政理论和财税法理论领域，宪法的规范价值没有得到应有的重视。这与宪法本身的规范内容过少有关，也与人们对于宪法规范效力的认识不足有关。事实上，尽管我国宪法对于预算的规定过于

---

① 中国发展研究基金会：《公共预算读本》，中国发展出版社2008年版，第9页。

② 参见蒋玉瑶：《黑龙江省财政预算信息公开的问题及对策》，《北方经贸》2014年第10期，第129页。

③ 魏陆：《人大预算修正权困境研究》，《社会科学》2014年第12期，第28-36页。

④ ［美］艾伦·鲁宾：《公共预算中的政治：收入与支出，借贷与平衡》（第四版），叶娟丽、马骏等译，中国人民大学出版社2001年版，中文版序言第6页。

简略，但从宪法文本的整体看，宪法仍然可以在许多层面为预算改革提供根本法的规范依据，从而为预算改革设定宪法基调。

对于未来一段时间中国预算制度的发展，《中共中央关于全面深化改革若干重大问题的决定》提出："实施全面规范、公开透明的预算制度。审核预算的重点由平衡状态、赤字规模向支出预算和政策拓展。清理规范重点支出同财政收支增幅或生产总值挂钩事项，一般不采取挂钩方式。建立跨年度预算平衡机制，建立权责发生制的政府综合财务报告制度，建立规范合理的中央和地方政府债务管理及风险预警机制。"为全面快速推进财税体制改革，中共中央政治局于2014年6月30日审议通过了《深化财税体制改革总体方案》（以下简称《方案》），提出深化财税体制改革的目标是建立统一完整、法治规范、公开透明、运行高效，有利于优化资源配置、维护市场统一、促进社会公平、实现国家长治久安的可持续的现代财政制度。重点推进三个方面的改革：改进预算管理制度，加快建立全面规范、公开透明的现代预算制度；深化税收制度改革，建立有利于科学发展、社会公平、市场统一的税收制度体系；调整中央和地方政府间财政关系，建立事权和支出责任相适应的制度。当时《方案》预计新一轮财税体制改革2016年基本完成重点工作和任务，2020年基本建立现代财政制度。2014年8月底修改完成的《预算法》实现了预算改革目标的法律化，成为财税体制改革的一个重要环节。国务院随后制定了《国务院关于深化预算管理制度改革的决定》，按照2014年修订的预算法，改进预算管理，实施全面规范、公开透明的预算制度。

在财税体制改革如火如荼之际，宪法应该发挥何种功能有必要在理论上加以明确。根据宪法的根本法地位，宪法应为预算改革确定制度的及价值的基调，从而确保预算制度的改革发展在法治的轨道上运行。党的十八届四中全会通过的《中共中央关于全面深化依法治国若干重大问题的决定》中强调："依法治国首先要依宪治国，依法执政首先要依宪执政。""重大改革要于法有据"，有利于我们认识宪法在预算改革中的基础性作用。

（一）预算民主的宪法依据

中国宪法对于预算的规定分散在国家机构权力配置的条款中，反映了宪法在预算权力配置上的关注，即通过民主权力机制的运作将预算维持在可控的范围内。在预算权的配置上，宪法反映出了明显的民主偏好。《预算法》以及国务院有关的行政法规，国家的宏观发展政策，都应该肩负起将宪法中的民主原则具体落实的任务，并接受宪法的规范评价。

预算权力关系是现代民主制度框架下国家权力关系的一部分。预算权力的运行应该符合民主权力架构的普遍原则，而不应独辟蹊径。国家财政收支庞杂繁复，利益博弈贯穿始终，实际发生的收支的绩效评价，往往在事后才能完成。中央与地方、政府各部门、社会发展各领域，互相博弈，极易使国家和地方预算服务于地方、部门及短期利益，最终损害整体利益。

宪法不会调整预算制度的细节，但宪法对于民主制度的设计则为预算制度的发展确定了民主的基调，从而确保预算在总体方向上接受民主的约束。使得预算制度的变革能够经受住民主合理性的考验。

2014年修订的《预算法》在第1条开宗明义确定了预算法治的发展目标，即："建立健全全面规范、公开透明的预算制度"，"透明预算"是"民主预算"的结果，"民主"是"透明"的价值内核。以民主为基调可以审查预算制度的具体设计是否始终遵循了民主的程序设计，是否在具体制度安排上弱化了民主的考量，等等。

（二）预算法治的宪法依据

《中华人民共和国预算法》《各级人大常委会监督法》《中华人民共和国审计法》以及其他一些行政法规和规制对预算、决算的编制、审查、批准、监督，以及预算的执行和调整等作了实体和程序的规定。预算法治的规范框架基本完备，基本上实现了形式意义的预算法治，即："一是预算的形成及运作过程受到法律约束，即预算的要素法定、预算的程序法定、预算的责任法定；二是预算必须提交立法机关审议，一经通过就具有法律效力，成为各级政府及其部门在财政年度内安排各项支出的依据；三是对于已通过的政府预算，未经法定程序，任何主体都无权擅自改变；四是在特殊情况下，需要增加支出或变更既定支出的用途，必须得到立法机关的批准。"①但预算法治在中国还有很长的路要走，预算约束力不够和预算透明度不够，财经纪律有待加强的问题还很突出。

《国务院关于深化预算管理制度改革的决定》提出了"遵循社会主义市场经济原则，加快转变政府职能，完善管理制度，创新管理方式，提高管理绩效，用好增量资金，构建全面规范、公开透明的预算制度，进一步规范政府行为，防范财政风险，实现有效监督，提高资金效益，逐步建立与实现现代化相适应的现代财政制度"的预算管理制度改革的指导思想，其中明确强调了法治的重要性，是巨大的进步。但预算法治的发展方向和基调是由宪法设定的。"中华人民共和国实行依法治国，建设社会主义法治国家"于1999年被写入宪法，只有将宪法中的法治精神和原则深入贯彻到预算制度中，才能够真正建立起现代财政制度。

政府预算是具有法律效力的政府年度财政收支计划。经人大批准的预算具有法律效力。对此，实践中长期有不同认识，实践中调整预算而不根据法律规定报人大常委会审查批准的情况经常存在。更重要的是，由于报人大审批的预算过于简略，实际上的预算调整往往可以绕过人大而由政府自由决定，降低了预算的严肃性。2014年修订的《预算法》明确了预算调整的条件，并规定："在预算执行中，各级政府一般不制定新的增加财政收入或者支出的政策和措施，也不制定减少财政收入的政策和措施；必须作出并需要进行预算调整的，应当在预算调整方案中作出安排。"对于不同预算科目间的资金调剂，2014年《预算法》规定："各部门、各单位的预算支出应当按照预算科目执行。严格控制不同预算科目、预算级次或者项目间的预算资金的调剂，确需调剂使用的，按照国务院财政部门的规定办理。"尽管与旧法相比增加了"严格控制不同预算科目、预算级次或者项目间的预算资金的调剂"的规定，但并没有实质性的改变。

① 陈治：《迈向实质意义的预算法定》，《政法论坛》2014年第2期，第142页。

（三）预算监督的宪法依据

预算权力的行使必须受到监督，是现代公共预算制度的主要关切。"公共预算的灵魂在于依法监督与控制行政权，立法机构通过民主方式将社会成员对公共财政活动的集体意愿上升为法律，使社会成员的意志得以约束、规范、监督政府公共财政活动，确保政府公共财政活动符合社会成员的根本利益。"[①]一般来看，预算监督主要是对预算的编制、执行、以及决算等活动的真实性、合法性、有效性实施的监察和督促。除了财政系统内部的监督制约机制外，还有隶属于行政机关但具有相当独立性的审计机关的监督和各级人民代表大会的立法监督，从而形成了复杂的监督网络体系。我国目前已形成的预算监督体系主要由人大监督、财政部门监督、审计监督构成，人大的监督侧重预算的法制性与规范性；财政监督的是预算编制是否具有实用性和效益性；审计部门的监督主要侧重于预算的真实性与准确性。[②]

预算监督的基调是由宪法确定的。宪法明确规定了人大的预算监督权，规定了审计机关的审计监督权，规定了行政机关上下层级对于财政的纵向监督权。预算改革应将监督的制度机制进一步完善，从而符合宪法的基本理念。要完善全口径预算，增强预算的完整性，并推进一般公共财政预算、国有资本经营预算和政府性基金预算之间的统筹；进一步细化政府预决算公开内容、扩大部门预决算公开范围和内容，除涉密信息外，中央和地方所有使用财政资金的部门均应公开本部门预决算。

（四）财政资源配置的宪法责任基调

预算归根结底是财政资金如何分配的问题。"政府制定财政预算的主要目的，在于为完成政府财政政策目标而确定财政活动重点及其优先顺序，并且据此监控财政活动进程。"[③]在预算改革中以及具体制定预算时，尽管指导

---

① 马骏等主编：《呼吁公共预算：来自政治学、公共行政学的声音》，中央编译出版社2008年版，第13页。

② 参见任喜荣：《地方人大监督权论》，中国人民大学出版社2013年版，第230页。

③ 张志超编著：《现代财政学原理》（第四版），南开大学出版社2011年版，第43页。

性原则及其具体法律规范依据，可能来自党的决定、人大的立法、政府的法规和规范性文件，但其中都应该反映宪法在财政资源配置上的原则性规定。宪法中的一些条款看起来与预算无关，但事实上对国家的财政资源配置具有宪法规范效力。

例如对少数民族公民和少数民族地区特殊的财政倾斜政策，《宪法》第4条第2款规定："国家根据各少数民族的特点和需要，帮助各少数民族地区加速经济和文化的发展。"第118条第2款规定："国家在民族自治地方开发资源、建设企业的时候，应当照顾民族自治地方的利益。"第122条第1款规定："国家从财政、物资、技术等方面帮助各少数民族加速发展经济建设和文化建设事业。"

宪法在原则上提出了财政支出的一般原则，以及财政资金的分配原则，如《宪法》第14条第2、3、4款规定："国家厉行节约，反对浪费。""国家合理安排积累和消费，兼顾国家、集体和个人的利益，在发展生产的基础上，逐步改善人民的物质生活和文化生活。""国家建立健全同经济发展水平相适应的社会保障制度。"

发展民生需要国家积极的财政投入，宪法中对此有明确的规定，涉及教育、医疗、体育、文化事业、环境保护等；经济社会权利的实现需要国家的财政支持，对社会权利实现的国家责任，宪法中也有明确表述。例如：对于劳动权，《宪法》规定："国家通过各种途径，创造劳动就业条件，加强劳动保护，改善劳动条件，并在发展生产的基础上，提高劳动报酬和福利待遇。""国家对就业前的公民进行必要的劳动就业训练。"对于休息权，《宪法》规定："国家发展劳动者休息和休养的设施。"对于社会救助权，或社会保障权，《宪法》规定："退休人员的生活受到国家和社会的保障。""国家发展为公民享受这些权利所需要的社会保险、社会救济和医疗卫生事业。""国家和社会保障残废军人的生活，抚恤烈士家属，优待军人家属。""国家和社会帮助安排盲、聋、哑和其他有残疾的公民的劳动、生活和教育。"对于科学研究的权利，《宪法》规定："国家对于从事教育、科学、技术、文学、艺术和其他文化事业的公民的有益于人民的创造性工作，给以鼓励和帮助。"对于男女平等权,《宪法》规定:"国家保护妇女的权利和利益,实行男女同工同酬,培养和选拔妇女干部。"

我国宪法不具有司法适用性,宪法中的上述原则性和政策条款目前主要通过发挥对国家政策的指导原则功能、资源配置功能、立法审查功能以及责任主体的界定功能,发挥规范效力。国家和地方的预算在上述方面没有合理的安排,就应该接受宪法的审查。

第六章 预算权力运行的合宪性控制

　　预算权作为国家公权力的重要组成部分，其运行过程受到宪法文本和宪法精神的拘束，但应当根据一个国家的宪法制度设计和宪法实践来确定预算权合宪性控制的目标和手段。本章从中国人民代表大会制度出发，分析了预算权合宪性控制的中国语境，并展示了预算权合宪性控制的中国实践。我国预算权合宪性控制的首要目标仍在于实现财政民主。根据我国的宪制设计，可以从两个角度观察预算权合宪性控制的实践：第一，预算立法过程的合宪性控制。在法律草案审议过程中，原全国人大法律委员会、现在的全国人大宪法和法律委员会可以依据宪法文本和宪法精神，对相关立法草案进行合宪性控制，一方面消除预算立法草案中的合宪性瑕疵，另一方面补强预算立法的合宪性。第二，全国人大预算监督过程中的合宪性控制。全国人大财政经济委员会在全国人大及其常委会行使预算监督权的过程中发挥了重要的作用。实证研究表明，全国人大财经委是有可能对中央预算的执行和编制活动进行实质性审查的。在这个基础上，全国人大财经委能够协助全国人大对相关预算的编制和执行进行监督。对于预算编制和执行过程中存在的合理性、合法性乃至合宪性问题，全国人大财经委在审查过程中有着较为清晰的认识。总体而言，我国预算权的合宪性控制并不能解决预算实践中存在的具体问题，其核心功能在于维护全国人大及其常委会与国务院在预算编制、批准、执行、监督过程中的宪法关系。

第一节　预算权合宪性控制的中国语境

预算权作为国家公权力的重要组成部分，其运行过程应当受到宪法文本和宪法精神的拘束。然而，如何从合宪性的层面对预算权进行有效拘束，在不同国家、不同语境之下，其目标、手段和效果都可能存在差异。在中国探讨预算权的合宪性控制问题，就需要从中国的法律制度和法律实践出发，从中国的语境下厘清预算权合宪性控制的若干要素，慎重评估预算权合宪性控制的可能性。大体而言，需要首先分析以下四个问题：第一，预算权合宪性控制的特点；第二，预算权合宪性控制与合法性控制的区分；第三，预算权合宪性控制的目标；第四，人民代表大会制度下对预算权进行合宪性控制的可能路径。

一、预算权合宪性控制的特点

预算权是财政权的核心，[①]决定了一个国家财政资源的筹集方式和分配方案、运用方式。预算权本身的特质决定了它既不同于传统的立法权、行政权和司法权，也不同于预算本身，因此，准确界定预算权合宪性控制的特点，才能展开进一步分析。

第一，预算权是一个权力束，预算权的合宪性控制是对多种权力的控制。本章对预算权采用广义的定义，议会的预算监督权，涉及预算制度构建的立法权，政府的预算编制权、预算执行权，审计部门的预算审计权，都可以纳入预算权的概念范围。甚至在某些语境下，预算权可以等同于国家财政权。[②]因此，预算权的配置既涵盖了议会与政府，涉及立法权与行政权，而且在议会和政府内部，同样具有不同的属性（如议会的立法权与监督权，政

---

① 姚燕来：《我国人大财政权研究》，中国检察出版社2010年版，第35页。

② 参见姚燕来：《我国人大财政权研究》，中国检察出版社2010年版，第36页。

府的行政权与自我监督等）。预算权的合宪性控制，自然涵盖对立法权、行政权和监督权的合宪性控制。这也就意味着对预算权的合宪性控制，既有可能采取对立法权的合宪性控制手段，也有可能采取对行政权的合宪性控制手段，或者两者兼而有之。

第二，预算权的合宪性控制包括但不限于对预算的合宪性审查。对预算的合宪性审查，尤其是对预算支出的合宪性审查是近年来我国财政宪法学研究的一个热点问题。预算的合宪性审查问题以预算的法律性质的讨论为起点，在国内形成了法律说、非法律说与特殊法律说等观点，并最终落脚于对违反预算行为的追责方式问题上。[1]但也有学者指出，从宪法的视角和我国的法治实践出发，预算到底是不是法律，并没有特别重要的意义。[2]对预算的合宪性审查的概念和模式，有学者也进行了较为宏观的比较梳理。[3]相较而言，预算权的合宪性控制在范围上要比预算的合宪性审查更为广泛，不仅包括对整个预算过程（预算编制、批准、执行、决算）的合宪性审查，也包含对相关预算立法的合宪性审查。同时，对于预算权的配置、政府在预算过程中审计机关对于预算执行的监督等行为都也可以纳入预算权的合宪性控制范围。预算权的合宪性控制是一个动态的控制，而不是一个静态的控制。

在我国，预算权同样具有多重面向。一方面，各级人大对预算和决算的审查批准和听取、审议预算执行情况的报告是人大监督权的重要组成部分。[4]立法中涉及预算的内容是对预算权的配置，也属于合宪性控制的对象。而人大在重大事项决定领域，如果涉及重大财政收入和支出，也属于预算权的范围。另一方面，政府在预算编制、预算执行、审计监督领域的权力运行，亦属于本书的预算权。预算权的合宪性控制，也就是对上述权力采取不同的方式予以控制，确保其在宪法范围内运行。

---

① 参见周刚志：《财政转型的宪法原理》，中国人民大学出版社2014年版，第136-140页。

② 参见熊伟：《宪法视野下的预算:预算法律说批驳》，《江苏行政学院学报》2007年第4期，第103-106页。

③ 参见张献勇：《预算权研究》，中国民主法制出版社2008年版。第167-175页。

④ 参见陈斯喜：《人民代表大会制度概论》，中国民主法制出版社2016年版，第251-255页。

二、预算权合宪性控制与合法性控制的区分

在探讨对公权力进行合宪性控制时，区分合宪性与合法性是非常必要的前提之一。合宪性审查与合法性审查在对象、主体、层次、程序、方式上都有明显的不同，建立科学的合宪性与合法性问题的区分机制对于减轻我国合宪性审查工作压力、推动合宪性审查顺利展开具有重要意义。[①]混淆合宪性与合法性对于目前构建合宪性审查制度并无益处，主要表现在：首先，从技术操作层面，将大量普通的合法性问题上升至宪法层面探讨，既无必要，也无助于对宪法实践技术的提炼和总结。其次，从制度层面来说，混同合宪性审查与合法性审查，也可能掩盖合法性审查机制在纠正违宪问题方面的制度缺陷，延缓真正的合宪性审查制度出台。[②]再次，从研究方法上而言，混淆合宪性与合法性问题，可能会丧失宪法学研究的底色，冲淡宪法学视角的问题意识。在探讨预算权的合宪性控制问题上，采用较为严格的标准区分合宪性与合法性尤为必要。[③]为了进一步强调预算权的"合宪性"控制，需要进一步分析以下问题。

第一，预算权合宪性控制的空间很大程度上依赖于宪法文本对预算问题规定的详细程度。预算权虽然属于国家公权力，但基于预算权本身的特点，预算权能否从宪法层面进行控制、能在多大程度上进行合宪性控制，还需要结合实践慎重分析。上文已述，预算权不同于传统的立法权、行政权，而是一束权力的集合。预算权与宪法之间的关联还要看宪法文本有多少条款涉及到预算权的行使。宪法对预算权行使规定得越详细，对预算权进行合宪性控制的空间也就越大，反之则越小。如果宪法文本没有规定相关内容，预算权控制的问题更多留给立法机关在立法中具体规定，相关的问题可能只需要在

---

① 参见马岭：《孙志刚案的启示：违宪审查还是违法审查》，《国家行政学院学报》2005年第1期，第79-82页。

② 参见林来梵：《合宪性审查的宪法政策论思考》，《法律科学》2018年第2期，第37-45页。

③ 事实上，国内目前财政宪法学研究领域对于我国预算问题的研究，相当一部分是在《预算法》的框架下描述我国的预算制度，而非强调宪法学的视角。虽然法律问题与宪法问题之间存在着过渡地带，但相关的研究似乎并没有凸显宪法学研究的底色。

法律层面予以解决。因此，宪法文本对于预算问题规定的程度，决定了预算权合宪性控制的空间与力度。

第二，并不是所有关于预算权的问题都能够从宪法层面进行回应。一些非常重要的现代财政理念，即便与现代宪法的精神相符合，在对预算权进行控制的过程中也需要尽可能落实，但仍可能仅局限在合法性层面，而无法上升到宪法层面。譬如，对财政赤字的控制问题，就可能无法从合宪性层面进行具体的操作。一方面，实现财政的收支平衡是一种理想状态，但有学者认为，"绝对的财政平衡只能在会计账簿中存在，而不大可能在现实中发生"，"预算平衡很重要，但实际上却很难实现"。[①]如何通过法律的手段控制财政赤字在世界范围内都是一个难题。以美国为例，美国国会从19世纪70年代就开始不断试图通过立法削减赤字，但是效果并不理想，种种体制上的创新反而都因涉及国会与总统权限的划分难题面临着违宪的争议，而被联邦最高法院宣布违宪。[②]另一方面，宪法文本是否适合对具体的预算赤字问题作出原则或者具体的规定，也存在争议。多年以来，美国有关政治力量一直试图修改宪法，在宪法修正案中加入预算平衡条款（a balanced budget amendment），以控制政府财政赤字。1935年，为了反对罗斯福新政在财政收入不足的情况下仍然增加公共支出，美国国会曾提出过一个预算平衡修正案，但没有通过。在此之后，1982、1985、1990、1992、1994、1995、1996年美国国会针对预算平衡条款的修宪动议进行表决，均以失败告终。[③]2011年，预算平衡修正案在联邦众议院表决时因赞成票未达到法定的三分之二多数而再次失败。[④]美国学者艾伦·希克（Allen Schick）指出："预算平衡时修

① 叶姗：《财政赤字的法律控制》，北京大学出版社2013年版，第24页。
② 参见叶姗：《财政赤字的法律控制》，北京大学出版社2013年版，第127-144页。
③ ［美］布拉德利·希勒：《当代宏观经济学》，豆建民等译，人民邮电出版社2003年版，第203页。
④ 杜静、王丰丰：《美国众议院否决平衡预算宪法修正案》，《新华日报》2011年11月20日，第A04版。

宪呼声减弱，而一旦赤字重现，修宪话题又会被提上日程。"[①]

对于这一修宪的动议，美国学界也一直存在反对意见。知名宪法学者却伯（Laurence Tribe）撰文指出，为了规定一个财政政策而修宪是无效且有害的，有些人可能会侵犯而非维护人民的意愿，破坏而非修正宪法。宪法作为根本法不应成为特定社会和经济政策的工具。如果能够通过立法或行政手段更好地实现目标，就不应该动用修宪程序。[②]美国学者阿尔伯特·海迪（Albert Hyde）也指出："一些规定可以被遵守而不必纳入到宪法中。而要把一条法令纳入到美国宪法中但没有任何比这个更明智的理由的话，这就是草率和不成熟的举动。"[③]希克也指出："在经济疲软从较缓到严重的时期，宪法在面对经济现实时将不得不退避三舍的可能性很大。"[④]通过宪法对预算进行控制本身就存在一个可行性问题。

第三，即便宪法文本对某些涉及预算的问题进行了具体规定，但如何解释，能否落实，也是一个大问题。例如，从世界范围内来看，有些国家的宪法文本中明确规定了预算平衡条款，如《乌克兰宪法》第95条第3款规定："国家应当努力实现乌克兰预算的平衡。"[⑤]2008年乌克兰宪法法院曾针对这一款的内涵作出了具体解释。乌克兰宪法法院认为："国家应当努力实现"意味着引导其行为完成乌克兰宪法所规定的某项任务的意图与义务，"平衡"意味着支出和收入均等的关系，以及保持支出与收入相一致。但并不排除通过一份收支不等的预算的可能。同时，预算收支平等的本质不能仅仅局限在财政经济的构成上，预算是一份为了保障国家权力主体（bodies of state

---

① 参见［美］艾伦·希克：《联邦预算：政治、政策、过程》，苟燕楠译，中国财政经济出版社2011年版，第29页。

② See Tribe Laurence: Issues Raised by Requesting Congress to Call a Constitutional Convention to Propose a Balanced Budget Amendment, *Pacific Law Journal*,Vol.10 (1979),pp629-631.

③ ［美］阿尔伯特·C.海迪等：《现代预算之路》（第2卷），苟燕楠、董静译，上海财经大学出版社2006年版，第507页。

④ ［美］希克：《联邦预算：政治、政策、过程》，苟燕楠译，中国财政经济出版社2011年版，第31页。

⑤ 英文表述为：the state shall strive to balance the budget of Ukraine.

power)、克里米亚自治共和国权力主体（bodies of power of the Autonomous Republic of Crimea）和地方自治政府主体（bodies of local self-government）在预算期内完成任务和发挥功能而设置的财政资源组成与利用的规划。[①]可见，乌克兰宪法法院也并不认为宪法中明确规定的预算平衡就一定排除收支不平衡的可能。

从我国的实践出发，整体而言，预算权的合宪性控制在我国的空间并不大，这表现为：

首先，从我国宪法文本来看，直接涉及预算的条款较为简单，仅仅是对预算权在人大和政府之间的配置进行了框架性的规定。因此，宪法文本对于预算权的直接拘束是较弱的。除此之外，宪法总纲中的"国家目标条款"均可能对预算权的运行产生目标和价值上的引领作用。[②]但这些条款能否对预算权产生直接拘束，还需要具体问题具体分析，一方面要具体考虑预算权中不同权力的属性，另一方面也要考虑未来我国正式启动宪法解释的可能性。至于一些重要财政理念，则仅在法律层面予以规定，如《预算法》第12条规定，"各级预算应当遵循统筹兼顾、勤俭节约、量力而行、讲求绩效和收支平衡的原则"，预算平衡原则对预算权的拘束就仅限于法律层面。

其次，在宪法文本规定较为简单的情况下，地方人大与政府在预算权行使过程中产生的问题是否能够称得上是"宪法问题"就有待进一步商榷。如果将地方人大和地方政府在预算权领域的问题也纳入合宪性控制的范围，很可能混淆合宪性与合法性之间的界限。在这种情况下，将预算权的合宪性控制局限在中央层面，可能更容易实现理论与实践的对接。

综上，预算权的合宪性控制首先依赖于宪法文本对预算问题的规定，但预算问题更多要考量实践中的具体情况，许多重要的理念、原则都无法在宪法文本中作出应然性的具体规定，即便宪法作出了规定，能否实行以及对预

---

① M.E. Sharpe, Inc. translated: Decision of the Constitutional Court of Ukraine No. 26-rp of November 27, 2008, *Statutes and Decisions*, Vol.45 (2010), No.1, pp29-30.

② 参见周刚志：《财政转型的宪法原理》，中国人民大学出版社2014年版，第73-78页。

算权的拘束力能达到何种程度还存在不确定因素。因此，预算权虽然需要受到宪法的拘束，但宪法到底是直接拘束预算权（整体或一部分）还是通过立法机关具体化后以法律的形式拘束预算权，从宪法层面能够采取何种手段拘束、能够拘束到何种程度，都需要根据具体的宪法实践予以确定。

三、预算权合宪性控制的目标辨析

对预算权能否进行合宪性控制、能够控制到何种程度是一个重要的问题，而制度设计者对于预算权的合宪性控制采取一种怎样的目标预设也同样重要。预算权的合宪性控制需要达到何种目标，同样是对预算权进行合宪性控制需要明确的前提性问题，确立一个科学的、稳妥的、可行的、务实的目标，既关系到合宪性控制具体机制的设计思路，同时也关系到对具体实践效果的评价标准。对于我国而言，在人大制度之下，需要如何从宪法层面控制预算权，以及背后的逻辑是什么，都直接影响到我国的相关实践。因此，首先要对预算权合宪性控制的目标予以辨析和明确。

预算权的合宪性控制并不是一个新兴的课题，而是具有历史脉络的老问题。随着政治实践的发展，预算权的合宪性控制本身就被赋予了更多的功能和目标。具体而言，可以分为以下三个：

第一，实现财政民主原则，强调国会对政府的制约。国会通过控制政府的钱袋子，实现国会对政府的有效制约，防止政府滥用权力，是预算权合宪性控制最为主要，也是最为经典的目标。财政民主原则是近代立宪主义在财政领域的具体体现，也是国会制约政府有效的手段。为落实这一目标，主要策略是在预算权配置上强调国会对政府预算的审批权，未经国会批准，预算不具有效力。蔡定剑教授认为预算的民主化至关重要，是推动政治体制改革的重要步骤。[①]

在实现财政民主原则的基础上，预算权的合宪性控制还涉及到中央与地

① 蔡定剑：《政改至少走三步:党内民主、公共预算、公众参与》，《南方周末》2009年12月31日，第029版。

方财权和事权分配的问题。在20世纪初，就有美国学者提出要注重从宪法层面理解和构建国家预算制度，为了更好地调整州和联邦的关系，应当采用全国性的预算体系（a National Budget System）而无须修改宪法。[①]通过完善预算体制，建立财权与事权相匹配的财政体制也是当代中国面临的重要课题。[②]

第二，实现对国会财政权，尤其是预算审批权的宪法性拘束。与财政民主原则强调国会对政府的制约不同，预算权的合宪性控制的另一目标在于控制议会的财政权，强调对议会行为的制约。这种制约并不是传统意义上单纯对议会立法权的制约，而是强调议会不得滥用财政权，阻碍国家功能的实现。一方面，有学者指出，与行政部门一样，立法机构在预算决策过程中同样存在着机会主义行为。国会可能基于自身利益无原则扩大预算规模，也可能扭曲预算结构，需要对国会的行为进行宪法性拘束。[③]另一方面，如果国会滥用预算审批权，在特定时期刻意阻止政府预算案通过，导致政府面临破产或者其他严重的财政危机，造成严重的权力对立，不利于国家各机关功能的实现。因此，预算权合宪性控制的目标中理应包含对国会行为的合宪性控制，作为对财政民主原则的必要补充。

第三，控制国家的外交行为，将国家的对外援助与对外合作的财政投入规模限制在合理范围之内，保障本国国民能够充分享受本国的财政资源，理顺国会与政府在外交领域的权限。随着全球化和区域一体化的发展，对外援助和对外合作在外交领域成为了越来越重要的课题。但对外援助涉及对国内财政资源的分配，其决定权在国会。在让渡部分主权的情况下，如何协调本国财政资源的利用与履行相关国际义务，成为了一个重要的宪法问题。例

---

① See Collins Charles Wallace: Constitutional Aspects of a National Budget System, *Yale Law Journal*, Vol.25(1916), No.5, pp376-385.

② 参见谭波：《中央财权、事权匹配的宪法保障机制研究》，社会科学文献出版社2018年版，第63-72页。

③ 曾军平：《人大预算决策、机会主义行为与宪法性约束》，《上海财经大学学报》2009年第1期，第48-54页。

如，在欧债危机爆发之后，德国作为欧盟重要且经济实力最强的成员，制定和参与了大量的金融援助方案，承担了数额庞大的援助资金。从国会议员、政府官员到民间组织，对有关金融援助法案的合宪性和有效性提出了诸多质疑，并向联邦宪法法院提出了大量的宪法诉讼申请。德国联邦宪法法院在一系列判决中明确认定，国家财政的决定权只属于联邦议会，不属于联邦政府和欧盟组织。联邦宪法法院肯定了联邦议会部分转让其财政权的可能，但必须受到宪法的约束，包括联邦议会只能通过有限的单向授权向超国家组织让渡部分财政权、议会保留监督权以及正当程序原则。[①]对国会和政府对外援助和对外合作行为的合宪性控制，是在国际化和区域一体化、主权让渡成为常态的时代背景下，对国家预算权提出的一项新的控制目标，将合宪性控制的视野从国内事务扩展到了国际事务，也对宪法监督机关根据本国宪法和国际法解决国内和国际矛盾的能力提出了新的要求。

具体就我国而言，在确定预算权合宪性控制的目标时，也面临着多种价值考量与目标选择。正如林来梵教授所言，中国宪法学应采取一种理性主义的价值取向，即"近代课题与现代课题相互交融、近代阶段与现代阶段齐头并进"[②]。在预算权运行的过程中，也面临着近代课题与现代课题的交汇。

首先，财政民主原则在我国仍有待进一步落实。在我国对预算权进行合宪性控制的目标，更大程度上仍然在于落实财政民主原则，加强人大对政府的监督制约，以及在此基础上进一步理顺中央与地方财权事权的划分标准。当下中国财政预算的统一性、权威性和民主性仍存在着诸多不足，[③]陈斯喜将我国财政实践中的主要问题概括为"一软一硬"，即政府的财政编制权、执行权"硬"，人大审查批准权、监督权"软"。[④]要改变这一状况，就要充分落实《宪法》中规定的预算权的配置，严格执行《预算法》，强化人大对

[①] 参见毛晓飞：《对外财政援助决定权的宪法制约——德国联邦宪法法院对欧元区援助法案的违宪审查》，《欧洲研究》2013年第2期，第135-151页。

[②] 林来梵：《从宪法规范到规范宪法》，商务印书馆2017年版，第35页。

[③] 参见周刚志：《财政转型的宪法原理》，中国人民大学出版社2014年版，第80-82页。

[④] 姚燕来：《我国人大财政权研究》，中国检察出版社2010年版，序二（陈斯喜序）。

政府财政预算的监督。

其次，对人大预算权的合宪性控制，重点在于对预算立法的合宪性控制。从我国预算权运行的实践来看，全国人大及其常委会并不会刻意阻挠国务院预算案的通过，因此人大与政府之间在预算案上的拉锯目前还只是一种假设。对人大预算权的合宪性控制，重点仍在于确保相关预算立法符合宪法精神，这在本质上仍然属于立法权的合宪性控制这一传统宪法问题。但是否有必要未雨绸缪，防止人大在审批预算案时出现机会主义行为，不无探讨的必要。

再次，如何规范中国的对外援助行为，需要进一步研究探索。随着中国经济的发展，我国目前对外援助与对外合作愈加频繁。根据国务院的数据，60多年来，中国共向166个国家和国际组织提供了近4000亿元人民币援助。[1]在"一带一路"提出之后，国家主导的对外援助和对外投资资金总量日趋庞大。[2]如何保障政府开展对外合作的同时加强人大的监督，实现国内发展与国际合作齐头并进，也是摆在全国人大及其常委会面前的一项重要课题。事实上，全国人大常委会在作出《关于加强经济监督工作的决定》时就已经意识到了监督对外经济活动的重要性，指出对外经济交往"往往涉及国家主权、尊严和经济安全"[3]。曾有全国人大代表提出议案，建议制定"对外援助

---

① 国务院新闻办公室：《发展权中国的理念、实践与贡献白皮书》，《人民日报》2016年12月2日，第10版。

② 参见屈彩云：《新时期中国对外援助规模及实施》，《中国新闻观察》2017年第19期，第33-36页。

③ 陈光毅：《关于〈全国人民代表大会常务委员会关于加强经济监督工作的决定（草案）〉的说明》，《全国人民代表大会常务委员会公报》（以下简称《公报》）2000年第1期，第7页。

法",而相关立法还在论证研究之中,[①]能否通过对预算权的合宪性控制实现这一目标,还有待进一步探讨。

四、人民代表大会制度下预算权合宪性控制的可能路径

在明确了预算权合宪性控制的主要目标之后,需要探讨的是,在人民代表大会制度下,对预算权进行合宪性控制存在着哪些路径?亦即:在中国语境下,预算权合宪性控制的实践应从哪一个角度展开?这需要充分结合我国的实际情况,探讨对预算权进行合宪性控制的可能性与可行性。这主要考虑两个因素:第一,预算权本身是否与宪法文本直接相关,预算权的运行是否能够直接依据宪法进行。这直接关系到,对于预算权的控制究竟是合宪性还是合法性控制。并不是所有对预算权的控制都能够称为"合宪性控制"。正如上文所述,如果对"合宪性控制"进行广义理解,则有冲淡宪法基调,混淆合宪性与合法性界限的嫌疑。第二,即便相关预算权的运行直接与宪法相关,还需要考虑在我国现行的人民代表大会制度之下,是否存在着合宪性控制的可能,现行制度能否提供相关合宪性控制的路径。如果无法在现有制度下找出可行的途径,预算权的合宪性控制本身也会是一个"伪命题"。

---

① 2007年全国人大开会时,李邦良等30名代表提出关于制定对外援助法的议案(第389号),全国人大外事委员会审议认为:"议案提出就对外援助工作立法符合依法行政的要求。但我国是一个发展中国家,一些地区经济还相对落后,目前的立法条件尚不具备,时机也不成熟。建议国务院有关部门针对援外工作存在的问题,尽快对现行的援外规定进行修改和充实。在此基础上,对制定对外援助法的可行性作进一步探讨和论证。"2016年全国人大开会时,骞芳莉等30名代表提出,为促进对外援助工作规范化和法制化,确保援外工作有法可依,建议制定对外援助法,明确对外援助的定位、管理体制、资金来源等问题,建立对外援助采购、资金管理、项目管理、援外项目实施任务等制度(第18号议案)。商务部研究后认为:"对外援助立法层级较低是制约我国对外援助事业发展的重要因素,仅靠部门规章和规范性文件管理对外援助工作,不能适应国内外形势变化和满足对外援助实际工作需要",会推动《对外援助条例》正式列入国务院立法计划,认真组织起草工作并推动尽早出台。参见《全国人大外事委员会关于第十届全国人民代表大会第五次会议主席团交付审议的代表提出的议案审议结果的报告》,《公报》2007年第7期,第832页;《全国人民代表大会财政经济委员会关于第十二届全国人民代表大会第四次会议主席团交付审议的代表提出的议案审议结果的报告》,《公报》2016年第6期,第1134-1135页。

但不得不承认，在当前中国的语境下，"预算权的合宪性控制"似乎面临着"空中楼阁"的困境与尴尬。一方面，近年来财政宪法学研究在我国发展迅速，越来越多的学者注意到了从宪法层面理解和分析预算制度的重要性。①另一方面，鉴于我国缺乏正式的宪法解释与合宪性审查的实践，在预算研究领域也很难从我国宪法实践中找到对应的研究素材，因此，在预算权研究领域，"合宪性控制"亦很难根据本土实践展开。在这种情况下，恰当地寻找研究对象，是展开实证研究的关键。本书认为，结合预算权合宪性控制的特点，在科学区分合宪性与合法性的基础上，以落实财政民主原则为主要目标，可以从以下两个角度展开：

第一，全国人大及其常委会预算立法的合宪性控制。全国人大及其常委会通过的《预算法》《监督法》《全国人民代表大会常务委员会关于加强中央预算审查监督的决定》和其他单行法律中涉及预算问题的法律规定共同构成了我国预算法律制度的基础。全国人大及其常委会直接依据宪法制定法律的行为存在着合宪性控制的空间。首先，预算立法行为本身是立法行为，需要遵循宪法的原则进行。党的十八届四中全会提出："使每一项立法都符合宪法精神。"②确保全国人大及其常委会通过的法律符合宪法，是推动宪法实施、维护宪法权威的重要手段。确保相关涉及预算的立法符合宪法文本和宪法精神，是预算权合宪性控制的重要内容。全国人大及其常委会通过立法，实现对预算权的科学配置，确立全国人大及其常委会对国务院的预算编制、预算执行活动进行监督的制度，是对全国人大及其常委会与国务院在预算领域的宪法关系进行具体化。而通过立法具体化的这种关系是否符合宪法文本与宪法精神，也需要进一步观察和研究。其次，全国人大及其常委会的立法存在着合宪性控制的路径。全国人大及其常委会既可以通过修改法律确保法律合宪，也可以在立法过程中，通过充分审议法律草案、提高法律草案质量，确保法律符合宪法规定。因此，对于预算立法的合宪性控制，是我国预

_____

① 参见任喜荣：《预算制度改革的宪法基调》，《财经法学》2015年第2期，第17-24页。
② 《中共中央关于全面推进依法治国若干重大问题的决定》，人民出版社2014年版，第8页。

算权合宪性控制的重要组成部分。

第二，通过观察全国人大审查和批准国家预算和预算执行情况报告的过程，展示全国人大和国务院宪法关系的实践样态。审查和批准国家预算和预算执行情况的报告是宪法明确赋予全国人民代表大会的职权。这项职权落实情况如何，直接关系到财政民主原则能否得到贯彻。在个别情况下，地方人大可能会在预算审批和监督过程中超越法定权限，从而产生合宪性控制的必要。[①]但在更多的情况下，全国人大审查和批准国务院提交的预算和预算执行情况的报告，是相关宪法条款实施的直接体现，这也是全国人大对国务院预算权进行合宪性控制的重要途径。

本书在下文将从上述两个角度，对预算权的合宪性控制在我国的实践展开实证分析。

第二节　预算立法的合宪性控制——以立法过程为视角

一、预算立法的合宪性标准与立法过程中的合宪性控制原理

通过立法对预算权进行合宪性控制是人民代表大会制度下对预算权进行合宪性控制的最主要渠道。这既包括对全国人大及其常委会立法权的合宪性控制，也包括全国人大及其常委会通过立法对政府预算编制和预算执行权的合宪性控制。如果能够确保相关预算立法的合宪性，预算权的控制问题就主要是合法性层面，尤其是法律执行层面的问题了。因此，在我国，预算权的合宪性控制的重点应当在于对预算立法的合宪性控制。而对预算立法的合宪

---

① 2017年底，全国人大常委会法制工作委员会指出：十二届全国人大以来，针对少数地方规定的预算审查监督内容超出本级人大及其常委会的职权范围，法制工作委员会多次开展专项审查。参见沈春耀：《全国人大常委会法制工作委员会关于十二届全国人大以来暨2017年备案审查工作情况的报告》，《中国人大》2018年第1期，第11页。

性标准，根据立法内容的不同，主要包括以下三条：

第一，在预算立法中，预算权的横向配置需要符合宪法文本的规定，亦需要符合人大监督政府的宪法精神，落实财政民主原则。人大与政府之间的预算权配置主要通过立法来完成，需要进行合宪性控制。确保相关立法中对于预算权的配置、运行符合宪法文本和宪法精神，是从宪法层面拘束预算权的基础。①与人大预算监督、行政机关执行预算和司法机关审判活动不同，在制定和修改相关预算立法的过程中，全国人大及其常委会存在着直接依据宪法作出相关宪法判断的制度性空间。而在预算立法中，能否按照宪法上民主集中制原则，落实人大对预算的监督，在人大和政府之间确立符合宪法精神的宪法关系，是对预算立法进行合宪性控制的关键。

第二，预算立法中，预算权的纵向配置应当符合《宪法》第3条规定的"两个积极性原则"。预算立法发挥着划分中央与地方财权事权的功能，对相关立法进行合宪性控制能够从央地分权的层面实现对中央与地方关系的合宪性控制。中央与地方关系是一个重要的宪法议题，而在预算立法中，对于中央与地方关系的规定直接涉及中央和地方财权与事权的划分。通过确保相关预算立法的合宪性控制，能够将财权事权划分领域已经成熟的经验以立法的方式确定下来。为此，既要防止立法向地方财政施加过重负担，也要防止中央对地方财政控制力的减弱，影响全国财政状况。

第三，预算立法中的法定支出应当充分确保公民基本权利和相关国家机关职能的实现。在我国，预算内容本身不大可能直接与宪法文本相抵触，但预算立法对预算的内容作出了若干规定，尤其是预算立法中存在大量的法定支出条款，有合宪性控制的必要。预算立法中的法定支出条款对预算内容发

---

① 可以比较的是，美国联邦最高法院在1986年Bowsher v. synar一案中宣布美国重要的联邦预算立法《平衡预算与紧急赤字控制法》（GRH法）的核心规则："将预算赤字自动递减的权力交由会计总署审计长负责"违反宪法上的权力分立原则。1996年《择项否决权法》（LIVA法）赋予总统否决部分预算的权力，有学者认为这"引发了预算编制时总统和国会关系的根本变革"，但也被联邦最高法院认定违反权力制衡原则。可见，预算立法对于预算权的配置可能会被合宪性审查机关认定违宪，需要重视预算立法中预算权配置的合宪性问题。参见叶珊：《财政赤字的法律控制》，北京大学出版社2013年版，第127-144页。

挥着重要的影响，确保相关法定支出条款的合宪性，能够在一定程度上确保预算支出内容的合宪性。法定财政支出的法律依据是预算执行的重要法律基础，由预算立法所规定的财政支出权亦应遵守宪法界限。张献勇认为："对法定支出预算的合宪性审查实质上是对该支出所依据的法律的合宪性审查。"[①]如果能够确保预算立法中法定支出条款的合宪性，就能从立法层面实现对政府预算编制权和预算执行权的有力制约。

而对于预算立法的合宪性控制，本节将从立法过程的视角予以展开。在我国，全国人大及其常委会通过的法律并不属于《立法法》《监督法》规定的备案审查对象。狭义上的法律是否存在违宪的可能，在学术上还有争议。一方面，宪法具有最高法律效力，法律不得与宪法相抵触是宪法的明文规定。另一方面，由于全国人大拥有修宪权，全国人大常委会拥有释宪权，全国人大可以通过修宪、全国人大常委会可以通过宪法解释避免法律与宪法相抵触。因此有些学者从制度运行的层面认定"法律不可能违宪"[②]。2018年我国《宪法》的修改和《监察法》的出台从实践层面印证了这一观点。"先修宪，后立法"实质上是"为立法而先修宪"。如果从一种静态的角度来看，全国人大及其常委会通过的法律确实没有违宪的可能。

但如果从立法过程来看，全国人大及其常委会在立法过程中可以通过对法律草案的充分审议，发现和排除法律草案中可能存在违宪问题的条款，进而提高立法质量，确保法律的合宪性。在我国的立法实践中，这种实践是大量存在的。通过审议法律草案控制法律的合宪性具有成本低、阻力小、立法机关主动等优势，应当成为我国确保法律合宪性的最主要渠道。[③]2018年6月22日，全国人大常委会通过了《全国人大常委会关于宪法和法律委员会职责问题的决定》，规定："宪法和法律委员会在继续承担统一审议法律草案等工作的基础上，增加推动宪法实施、开展宪法解释、推进合宪性审查、加强宪

---

①　张献勇：《预算权研究》，中国民主法制出版社2008年版，第168页。

②　参见翟小波：《论我国宪法的实施制度》，中国法制出版社2009年版，第59-63页。

③　参见邢斌文：《论法律草案审议过程中的合宪性控制》，《清华法学》2017年第1期，第167-188页。

法监督、配合宪法宣传等工作职责"。宪法和法律委员会作为专门委员会，协助全国人大及其常委会监督宪法实施的职能被加强，其在立法过程中作出的宪法判断，亦可能对未来我国推进合宪性审查工作产生重要影响。

因此，在立法过程中，通过审议法律草案对预算立法进行合宪性控制是可行的。上述预算立法的合宪性标准，在预算立法的过程中也具备了实践和操作的空间。在《预算法》和其他单行法律制定和修改过程中，全国人大宪法和法律委员会（原全国人大法律委员会）可以在统一审议法律草案（包括有关法律问题决定的草案）时，根据全国人大代表、有关国家机关和地方、社会公众的意见对草案进行调整。其中，根据宪法文本和宪法原则对有关预算立法的草案进行调整，是确保预算立法合宪性的重要手段。根据调整草案的目的，可以将宪法和法律委员会（原法律委员会）对法律草案的合宪性控制分为两种：第一种，纠正法律草案中的合宪性瑕疵。这是一种消极的合宪性控制，即在法律草案中的个别条款可能直接与宪法相抵触，或者不符合宪法精神的情况下，对法律草案作出调整，预防法律违反宪法，这是实践中典型的合宪性控制活动。第二种，补强法律草案的合宪性。与前者相比，这是一种较为积极的合宪性控制，即在原有草案没有明显与宪法相抵触的情况下，通过调整法律草案的内容，根据宪法精神强化人大对政府的监督、强化对公民基本权利的保障、合理调整中央与地方关系。原有法律草案虽然并不直接抵触宪法文本，但可能在某些方面的规定力度还不够，仍有进一步改进的空间。这样的条款虽然很难称得上与宪法相抵触，但草案的相关规定不足以充分落实宪法的精神。根据宪法的精神对相关条款作出调整，进行补强，有助于通过完备的法律实施宪法，这种行为亦应当属于合宪性控制的范畴。

下文将结合我国的立法实践，根据《全国人民代表大会常务委员会公报》（以下简称《公报》）中刊载的立法背景资料，对我国预算立法过程中的合宪性控制活动进行描述和分析。

二、预算立法过程中法律草案合宪性瑕疵之消除

法律草案与宪法文本直接抵触，或者明显违背宪法精神，是法律草案的重大缺陷，在某种程度上来说，也是立法工作的失误。但在表决前，立法机关仍可以通过充分的审议，纠正草案中存在的合宪性瑕疵，确保表决后法律的合宪性。要纠正法律草案中的合宪性瑕疵，首先要发现和认定法律草案中与宪法文本相抵触、不符合宪法精神的条款。关于这一宪法判断，存在着两个层次：首先，根据宪法文本和法律草案的字面理解，就能够认定草案与宪法文本相抵触。其次，需要根据宪法文本的明确规定，运用简单的体系解释方法即能够推断法律草案与宪法文本和宪法精神明显不符。在实践中，预算立法草案与宪法文本相抵触或与违背宪法精神的情况主要有以下三种：

第一，草案遗漏或弱化了《宪法》明确规定的国家机关对财政活动的监督职权。在1994年制定《预算法》时，草案第12条第1款规定："全国人民代表大会审查中央和地方预算草案及中央和地方预算执行情况的报告；批准中央预算。"有的代表提出，中央预算执行情况的报告也应当由全国人民代表大会批准。因此，法律委员会建议将草案中"批准中央预算"修改为"批准中央预算和中央预算执行情况的报告"[①]。《宪法》第62条第11项规定，全国人大"审查和批准国家的预算和预算执行情况的报告"。在1994年实行分税制改革之后，全国人大不再批准地方的预算和预算执行情况（但仍进行审查），因此《宪法》第62条第11项的"国家预算"已经解释为"中央预算"。[②]《预算法》原草案只规定了全国人大"批准中央预算"，但却遗漏了全国人大"批准（国家）中央预算执行情况"的权力，改变了全国人大与国务院在预算监督方面的宪法关系，应当认定为与宪法文本直接抵触。经修改后，草案规定才完整体现了宪法文本规定的全国人大与国务院在预算领域完整的宪法关系。

---

① 薛驹：《全国人大法律委员会关于〈中华人民共和国预算法（草案）〉审议结果的报告》，《公报》1994年第3期，第151页。

② 蔡定剑：《宪法精解》，法律出版社2006年版，第317页。

另有值得提及的一例是，在1994年制定《审计法》时，原草案没有规定审计机关对事业单位的审计监督。有些委员和地方指出，根据《宪法》第91条的规定："国务院设立审计机关，对国务院各部门和地方各级政府的财政收支，对国家的财政金融机构和企业事业组织的财务收支，进行审计监督"，《审计法》也应作出相应规定。法律委员会采纳了这一意见，增加了审计机关对国家事业单位财政收支进行审计监督的规定。[①]《审计法》原草案实质上缩小了宪法明确赋予审计机关的职权范围，忽略了审计机关对国家事业单位的内部预算监督权，应当认定草案与宪法相抵触，进而作出相应修改。

第二，原草案限缩地方人大重要的法定权力。1994年《预算法》第2条第2款规定："不具备设立预算条件的乡、民族乡、镇，经省、自治区、直辖市政府确定，可以暂不设立预算。"本条规定是基于当时部分乡镇经济极不发达，预算收入少，需要考县级财政支持（即"乡财县管"）的事实，作出的权宜规定。[②]我国宪法文本虽然没有明确规定乡镇人大审查和批准同级政府预算和预算执行情况的职权，但在《地方组织法》中明确规定了乡镇人大对同级政府财政的监督权，本条规定限缩了乡镇人大的权力，使乡镇财政有可能规避同级人大的监督，严格来说是不符合《宪法》所规定的人大和政府的宪法关系的，也违反《地方组织法》的规定。[③]在2014年修改《预算法》时，修订草案中仍保留了这一规定。但法律委员会在审议时认为："根据宪法和地方各级人民代表大会和地方各级人民政府组织法，乡镇政府作为一级政权组织，其履行职责需要财力保障。地方各级人民代表大会和地方各级人民政府组织法专门规定，乡镇人大的一项重要职权是审查和批准本级预算和预算执行情况的报告，监督预算的执行"，因此对草案进行修改，规定乡镇

---

① 参见项淳一：《全国人大法律委员会关于〈中华人民共和国审计法（草案）〉审议结果的报告》，《公报》1994年第6期，第432页。

② 参见朱大旗主编：《中华人民共和国预算法释义》，中国法制出版社2015年版，第17页。

③ 《地方组织法》（1979年）第9条规定："乡、民族乡、镇的人民代表大会行使下列职权：……（四）审查和批准本行政区域内的财政预算和预算执行情况的报告"，本条至今尚未被改动。

一级均设立预算。①这样做就恢复了基层人大与政府的宪法关系，实现了对预算立法的合宪性控制。《预算法》规定乡镇一律设立预算，是通过修改法律的方式完成的，但同样是发生在审议法律草案的过程之中，因此仍应当算是立法过程中的合宪性控制。

第三，中央和地方事权财权分配范围尚未厘清，草案内容引发争议。在2016年制定《国防交通法》时，原草案规定："中央和地方人民政府负担的国防交通经费，按照事权划分的原则，分别列入中央财政预算和地方财政预算。"审议时有人大常委会委员建议：国防交通作为中央事权，应将国防交通经费纳入中央预算。财政部认为国防交通领域财政事权尚待进一步明确，法律委员会最终将草案改为"国防交通经费按照事权划分的原则，列入政府预算"。②2014年财政部曾表态认为：国防建设是中央政府事权，应由中央财政承担主要支出责任，③但在制定《国防交通法》时仍未能明确厘清中央和地方事权财权划分的标准，导致原草案可能违背宪法精神，增加地方的财政负担。法律委员会审议过程中事实上回避了这一问题的宪法判断，将国防交通经费的负担划分进行了模糊化处理。但不可否认的是，通过对草案的修改，草案争议条款的解释空间就大了许多，这为未来的合宪性解释提供了

---

① 洪虎：《全国人民代表大会法律委员会关于〈中华人民共和国预算法修正案（草案）〉修改情况的汇报》，《公报》2014年第5期，第505页。

② 《全国人民代表大会法律委员会关于〈中华人民共和国国防交通法（草案二次审议稿）〉修改意见的报告》，《公报》2016年第5期，第770页。

③ 在2014年全国人大开会时，丁继业等44名代表（第439号议案）提出，目前各级政府对涉及国防和军队建设的事务给予高度关注和支持，但仍然存在不少事权和财权不匹配，支出责任不清晰、不规范等问题，建议按照事权和支出责任相匹配原则，对涉及国防和军队建设的各类事务进行清理，以立法的方式将国防和军队建设事务明确划定为中央事权。财政部认为，国防建设是中央政府事权，应由中央财政承担主要支出责任。目前，在国防动员、军人优抚安置等领域还存在职责不够清晰、支出责任不够明确等情况。财政部正在研究中央与地方事权和支出责任划分工作，将进一步加强法规制度建设，从体制机制上研究提出涉及国防和军队事务的解决方案。财经委认为，进一步明确中央和地方事权和支出责任，对于保障和促进国防军队现代化建设十分必要，将会同相关部门组织开展专题调研论证，积极推动相关立法工作。见《全国人民代表大会财政经济委员会关于第十二届全国人民代表大会第二次会议主席团交付审议的代表提出的议案审议结果的报告》，《公报》2014年第6期，第755页。

可能。

从实践来看，依据宪法文本发现法律草案中的合宪性瑕疵较为容易：通过文义上的逻辑分析与文字对比，即可以发现法律草案与宪法文本之间存在的抵触嫌疑。虽然法律草案与宪法文本的差异并不必然导致合宪性瑕疵的认定，但法律草案中任何明显更改宪法文本的表述，如果变更了宪法所确立的宪法关系，也就改变了预算权在宪法层面的配置，一旦通过成为正式的法律，就存在着违宪的风险。从效果上看，在立法过程中，相关审议主体直接依据宪法文本对法律草案提出的质疑往往是强有力的，立法机关在严格遵守宪法的前提下必须要根据宪法文本对法律草案的内容进行调整。在这种情况下，合宪性控制的结果也是可预测的。相对而言，对于"不符合宪法精神"的认定则较为困难，在宪法文本对预算规定十分模糊，同时没有明确宪法解释的情况下，如何理解"宪法精神"就成为立法过程中的难题。从严格的"合宪性"概念出发，立法对于预算权的配置不符合宪法精神，主要包括横向上改变人大与政府在预算领域的关系（"审查批准—执行"关系），纵向上不恰当地分配财权事权，导致中央地方财政关系失衡。但宪法文本明确规定了人大和政府在财政预算方面的批准与编制、监督与执行关系，相关草案中的关系就可以直接依据宪法文本解决，而无须抽象至宪法精神的层面。而中央与地方关系在宪法文本中的规定较为模糊，中央与地方财权的划分更是缺乏明确的宪法依据，在预算立法过程中，对于法律草案中不恰当地划分事权财权（主要是不适当增加地方财政负担）的条款，相关审议主体无法直接依据宪法文本提出对草案内容的质疑，是否调整法律草案的具体内容，以及如何调整，更加不确定。而从上文的例子来看，暂时回避争议，显然是技术上可行的办法。

三、预算立法过程中法律草案合宪性之补强

在预算立法过程中，除了消除法律草案中明显存在的合宪性瑕疵之外，在法律草案原有的基础上，对法律草案进行调整，补强法律草案的合宪性，

是提高立法质量的重要手段，亦是对预算立法进行合宪性控制的重要一方面。与消除法律草案中明显的合宪性瑕疵相比，补强法律草案的合宪性有以下的不同：首先，前提不同。补强法律草案的合宪性，前提是原法律草案并不存在明显的合宪性瑕疵，根据一般的文义理解，并不能认定草案本身与宪法文本相抵触，或者明显违反宪法精神。但是，法律草案可能存在改进的空间。其次，目的不尽相同。补强法律草案的合宪性，不在于消除法律草案中的合宪性瑕疵，而在于在草案原本就合宪的基础上进一步巩固法律草案的合宪性，进一步在法律草案中体现宪法精神，实现宪法的目的，如强化人大对政府的监督、强化中央与地方的互动协商、强化对公民基本权利的保障等。再次，对于补强法律草案的合宪性而言，立法机关拥有更大的立法形成自由。法律草案能够修改到什么程度，并没有统一固定的标准，需要根据实际情况加以判断。从实践来看，立法过程中对预算立法的合宪性补强主要包括以下三个方面：

第一，强化全国人大常委会监督国务院预算执行的宪法关系。在预算立法中，人大能否充分监督政府，是一个重要的宪法问题。在法律草案没有明显违反宪法文本的情况下，还存在着人大对政府执行预算监督到何种程度的问题，这是立法形成自由。但通过在立法过程中强调财政民主原则，相关审议主体可以在审议相关法律草案时对人大监督政府这一宪法关系予以补强，即加强人大监督政府执行预算的范围和力度。具体包括：强化预算领域向人大报告和备案机制，通过扩大备案和报告的范围，增强人大对预算执行权的监督；规范政府在报告中的预算公开与说明义务，规范人大审查预算的行为；压缩政府在财政领域的自由裁量空间，坚持强化人大监督的立法方向等。经过审议，法律草案中人大监督政府的宪法关系得到了一定程度的加强，法律草案的合宪性自然得到了补强。如表6.2.1所示：

表6.2.1　法律草案审议过程中人大对预算执行监督的强化

立法时间	名称	内容
1994	预算法	根据全国人大财经委员会的意见，在"中央预算与地方预算有关收入和支出项目的划分、地方向中央上解收入、中央对地方返还或者给予补助的具体方法，由国务院规定"后增加规定"报全国人民代表大会常务委员会备案"
		根据有的代表的意见，在"各级政府、各部门、各单位应当加强对预算外资金的管理。预算外资金管理办法由国务院另行规定"后增加规定："各级人民代表大会要加强对预算外资金使用的监督"
	审计法	有些委员提出，根据宪法规定的精神，为了有利于人大常委会对财政收支情况实行有效监督，本法应当规定，对预算执行和其他财政收支的审计情况，应向人大常委会报告。法律委员会采纳了这一意见
1999	全国人民代表大会常务委员会关于加强中央预算审查监督的决定	有些常委委员提出，应将草案二次审议稿第十条关于"要采取措施将中央预算外资金逐步纳入中央预算，对暂时不能纳入预算的要编制收支计划和决算"规定中的"逐步"二字删去，以积极推动将预算外资金纳入预算的工作。法律委员会采纳了这一意见
2014	预算法修订	有的意见提出，应当进一步加强人大对预算的审查和监督，建议充实有关规定。法律委员会经研究，建议增加以下规定：一是要求报人大审批的预算草案应当细化，一般公共预算支出按其保障功能分类（类、款、项三级），应当编列到项；按其经济性质分类（类、款两级），基本支出应当编列到款。同时要求一般性转移支付应当按照国务院规定的标准和计算方法编制，专项转移支付应当分地区、分项目编制。二是增加县级预算调整方案和决算草案由县级人大常委会有关工作机构进行初步审查的规定。三是增加将人大有关专门委员会、常委会有关工作机构的初步审查意见印发人大代表和常委会组成人员的规定。四是增加对预算批准前政府安排支出的监督，要求上述支出情况应当在预算草案的报告中作出说明。五是增加各级人大常委会在审查决算草案时应当重点审查的内容

资料来源：相关年份的《全国人大常委会公报》

第二，进一步理顺中央与地方在预算权配置和预算执行方面的权限。通过立法过程中的协调，科学配置预算权力和财政负担，完善预算立法草案中的相关条款，亦是补强法律草案合宪性的重要手段。在预算立法中，中央和地方的宪法关系既包括财权事权划分问题，也包括中央对地方的监督，补强内容主要包括三个方面：

1.加强中央对地方的财政支持。如在1994年审议《预算法》草案时，法律委员会采纳了全国人大民族委员会和一些代表的意见，在草案中增加规定，中央和地方预算中安排必要资金，扶助经济不发达的民族自治地方、革命老根据地、边远、贫困地区发展经济文化建设事业。[1]在2002年修改《测绘法》时，法律委员会也根据有关意见在草案中增加"国家对保障基础测绘投入确有困难的边远地区、少数民族地区给予财政支持"的规定。[2]这些规定既符合《宪法》第3条第4款关于调动地方主动性、积极性的归档，也是对《宪法》第122条第1款关于国家支持少数民族地区发展的规定的具体化。

2.控制地方财政负担。在中央和地方财权划分上，宪法文本并未提供明确清晰的依据，立法者拥有巨大的立法形成自由。在此情况下，立法者根据事权财权相匹配原则，科学合理地减轻地方财政负担，是提高立法质量，提高地方主动性、积极性的重要手段。例如在2014年审议《预算法》修订草案时，为了规范转移支付行为，法律委员会根据相关意见，在草案中增加规定，明确上级政府在安排专项转移支付时，一般不得要求下级政府承担配套资金，[3]并将例外情形严格控制在"按照国务院的规定应当由上下级政府共同承担的事项"范围内。[4]

3.强化中央对地方的财政监督。规范和加强中央对地方财政的监督，亦

---

[1] 参见薛驹：《全国人大法律委员会关于〈中华人民共和国预算法（草案）〉审议结果的报告》，《公报》1994年第3期，第151页。

[2] 张绪武：《全国人大法律委员会关于〈中华人民共和国测绘法（修订草案）〉审议结果的报告》，《公报》2002年第5期，第392-393页。

[3] 参见安建：《全国人民代表大会法律委员会关于〈中华人民共和国预算法修正案（草案）〉审议结果的报告》，《公报》2014年第5期，第511页。

[4] 《全国人民代表大会法律委员会关于〈全国人民代表大会常务委员会关于修改《中华人民共和国预算法》的决定（草案）〉修改意见的报告》，《公报》2014年第5期，第513页。

是预算立法合宪性控制的重要议题。在2014年修订《预算法》时，围绕地方举债权限和监督问题，法律委员会对草案进行了反复修改。草案本来对地方举债的权限、额度、方式进行了具体规定，但在法律委员会审议后，本着"对地方债务应从严规范"的精神，删去了新增条款，维持了1994年《预算法》的原有规定。[①]在二次审议稿的基础上，法律委员会根据有关方面的意见，重新对地方举债的主体、方式、用途、规模、管理和担保进行了规定，有限开放地方政府举债权，强化了全国人大和国务院对地方举债行为的监督，以及地方人大对同级政府举债的监督。再次审议后，法律委员会又修改草案中相关条款，进一步明确地方举债只能用于公益性资本支出，并规定国务院建立地方债务风险评估机制、应急处置机制以及责任追究制度，进一步加强国务院对地方举债行为的监督管理。[②]经过多次修改，《预算法》修订草案中关于地方政府举债问题的规定才最终成形。[③]法律委员会根据有关意见反复修改，确保了法律草案内容的妥当性，也确保了相关条款的合宪性。

　　第三，规范和强化法定支出。法定支出是指"以具体具有约束力的规范

[①]　1994年《预算法》第28条规定：地方各级预算按照量入为出、收支平衡的原则编制，不列赤字。除法律和国务院另有规定外，地方政府不得发行地方政府债券。

[②]　参见洪虎：《全国人民代表大会法律委员会关于〈中华人民共和国预算法修正案（草案）〉修改情况的汇报》；李飞：《全国人民代表大会法律委员会关于〈中华人民共和国预算法修正案（草案）〉修改情况的汇报》；安建：《全国人民代表大会法律委员会关于〈中华人民共和国预算法修正案（草案）〉审议结果的报告》，《公报》2014年第5期，第507-513页。

[③]　现行《预算法》第35条规定：地方各级预算按照量入为出、收支平衡的原则编制，除本法另有规定外，不列赤字。

　　经国务院批准的省、自治区、直辖市的预算中必需的建设投资的部分资金，可以在国务院确定的限额内，通过发行地方政府债券举借债务的方式筹措。举借债务的规模，由国务院报全国人民代表大会或者全国人民代表大会常务委员会批准。省、自治区、直辖市依照国务院下达的限额举借的债务，列入本级预算调整方案，报本级人民代表大会常务委员会批准。举借的债务应当有偿还计划和稳定的偿还资金来源，只能用于公益性资本支出，不得用于经常性支出。

　　除前款规定外，地方政府及其所属部门不得以任何方式举借债务。

　　除法律另有规定外，地方政府及其所属部门不得为任何单位和个人的债务以任何方式提供担保。

　　国务院建立地方政府债务风险评估和预警机制、应急处置机制以及责任追究制度。国务院财政部门对地方政府债务实施监督。

确定的预算支出"①。在《预算法》和其他单行法中,立法者可以以法律的形式规定具体的支出项目,拘束政府预算的具体内容。政府如果没有按照法定要求编制和执行预算,即构成违法。将特定预算支出项目法定化,显示了该项支出的重要性,立法者需要以立法的形式拘束政府的预算编制与执行,确保特定项目的财政支出,确保基本权利能够得到充分的财政保障,相关国家机关履行职责有充分的财政支持,更好地实现宪法规定的目标。据笔者统计,我国现行有效的法律中,一共有58部法律规定了具体的预算支出事项,②在不同的法定支出项目中,法律规定的力度也不同。大体可分为以下几类:(1)规定相关支出经费列入政府预算,以预算支出法定的形式保障相关经费,这些法定支出对于维持国家机关运作和相关工作的开展、保障公民基本权利具有重要意义,如残疾人事业经费(《残疾人保障法》第5条),公务员工资、福利、保险、退休金以及录用、培训、奖励、辞退等所需经费(《公务员法》第79条)、人大代表的选举经费和活动经费(《选举法》第7条,《代表法》第35条)、国家赔偿经费(《国家赔偿法》第37条)等,其中,立法者对部分法定支出项目还进一步要求按照事权财权相统一原则列入财政预算,如反恐怖主义工作经费(《反恐怖主义法》第73条)、公共文化服务经费(《公共文化服务保障法》第45条)、国防动员经费(《国防动员法》第6条)等。(2)相关支出项目不仅要求列入财政预算,还要保证逐年增加(逐步提高),这意味着立法者要求相关预算支出的数量总体上只能提高,不能降低,如农业投入和扶贫开发投入(《农业法》第38条、第39条、第86条),农业技术推广资金(《农业技术推广法》第28条)、科普经费(《科学技术普及法》第23条)等。(3)要求特定支出在预算中单独列项或安排专项资金,这意味着立法者对相关支出项目特别重视,强调该项支出不同于其他

---

① 闫海:《公共预算过程、机构与权力——一个法政治学的研究范式》,法律出版社2012年版,第118页。

② 其中《城市房地产管理法》第19条规定:"土地使用权出让金应当全部上缴财政,列入预算,用于城市基础设施建设和土地开发。"本条既规定了预算收入的法定项目,也规定了该项收入的具体用途。

项目，一般来说对实现公民的基本权利具有重要影响，如教育经费（《教育法》第56条）、就业专项资金（《就业促进法》第15条）等。（4）要求相关支出项目在预算中单独列项、足额给付，并保持逐年增长，即义务教育经费（《义务教育法》第42条、第45条）。

可以看出，相关法定支出对于保障公民基本权利的实现和国家职能的实现具有重要意义。在法律草案审议过程中，立法者也可以根据社会经济的发展，对法定支出的范围和力度进行调整，以更好地保障公民基本权利，实现国家机关的职能。其一是通过将相关法定支出"列入预算"的方式规范相关经费支出。如《选举法》本来就规定，各级人大的选举费用由国库开支。2010年在审议《预算法》修订草案时，有的代表提出，为保证选举经费的落实，建议明确选举经费应当列入财政预算。法律委员会采纳了这一意见。[1]明确将原有的法定支出项目纳入预算，相关财政支出活动即必须受到《预算法》的拘束，这有助于人大对政府财政支出的监督。其二是通过扩大法定支出范围，以将新的支出项目"列入预算"的方式保障相关经费支出。如1986年制定《义务教育法》时文本中原本没有预算支出的规定，"地方各级人民政府在财政预算中将义务教育经费单列"的规定就是在2006年修订《义务教育法》时增加的。又如，2008年在审议《残疾人保障法》修订草案时，法律委员会根据一些常委会组成人员的意见，为了建立稳定的经费保障机制，在草案中增加规定，将残疾人保障经费列入政府财政预算。[2]对相关法定支出项目的强化，也意味着公民基本权利的实现有了更为稳定的财政支持，对于充分实施宪法具有积极意义。

从实践来看，在立法过程中补强相关预算立法的合宪性是我国立法实践中长期存在的实践，对于提高预算立法的合宪性具有重要意义。但这种补强行为也存在着若干问题，补强的程度和效果在很大程度上没有一个确定的

---

[1]　《关于〈中华人民共和国全国人民代表大会和地方各级人民代表大会选举法修正案（草案）〉审议结果的报告》，《公报》2010年第3期，第212页。
[2]　参见张柏林：《全国人大法律委员会关于〈中华人民共和国残疾人保障法（修订草案）〉修改情况的汇报》，《公报》2008年第4期，第469页。

标准，更多依赖于立法机关的主动性。首先，在国务院提出不同意见的情况下，全国人大常委会也可能有所让步。[①]其次，在中央与地方关系方面，如何划分财权和事权，仍然是一个需要不断探索的问题，立法在这一方面可能很难规定得十分具体，通过审议，补强的效果十分有限。再次，预算立法过程中对于法定支出范围和力度的补强也依赖于立法当时的经济社会发展水平与财政状况。而且，即使法律规定了特定的预算支出项目，相关法律能否得到遵守，仍然需要慎重评估。如1995年《教育法》虽然规定了教育经费在预算中单独列项，但之后全国人大常委会的执法检查发现，绝大部分省、自治区、直辖市并未执行这一法律规定。[②]全国人大代表亦多次提出议案，对教育经费落实情况表达不满，要求制定"教育投入法"，以专门立法的形式保障教育经费投入。但全国人大相关专门委员会和国务院有关部门回应意见则是强调加强法律实施的力度。[③]可见，要实现相关立法目的，单纯依靠立法机关是不够的。

从上述角度而言，预算立法过程中的合宪性控制——无论是合宪性瑕疵之消除，还是合宪性之补强，对预算权的配置，以及预算的编制、执行情况的合宪性控制的作用与效果都是有限的。在坚持立法过程中的合宪性控制的同时，也应该充分发挥法律修改和执法过程中对预算权的控制作用，才能对预算权实现有效的制约。

---

① 例如在预算公开方面，国务院在立法过程中就发表过不同意见。在审议《全国人民代表大会常务委员会关于加强中央预算审查监督的决定》草案时，草案原规定：国务院财政部门提交审查的材料应逐步做到包括科目列到款的预算收支总表。但国务院提出，全部列到款的预算收支总表过于庞大，不便于审议；科目都列到款，实际上也容易掩盖普遍关心的重点内容。因此，法律委员会建议将草案第二条规定的"科目列到款的收支总表"修改为"科目列到类，重要的列到款的预算收支总表"。参见周克玉：《全国人大法律委员会关于〈全国人民代表大会常务委员会关于加强中央预算审查监督的决定（草案）〉审议结果的报告》，《公报》1999年第7期，第744页。

② 参见费孝通：《全国人大常委会执法检查组关于检查〈中华人民共和国教育法〉执行情况的报告》，《公报》1996年第8期，第938-941页。

③ 参见邢斌文：《全国人大代表立法提案的实证研究——基于〈全国人大常委会公报〉（1983—2015）》，《行政法论丛》第20卷，法律出版社2017年版，第194页。

第三节 全国人大预算监督过程的实证研究

一、全国人大预算监督活动的宪法之维：观察视角的转换

立法机关对政府预算编制和预算执行活动进行监督，是落实财政民主原则最主要途径。随着我国预算体制的完善，人大预算监督权在制度设计层面走向了规范化。[①]自20世纪90年代以来，地方人大通过组织、程序、手段等方面的规范发展，使自身的预算监督能力快速成长。[②]地方人大的实践为我国预算权监督机制的完善提供了有益的探索。一方面，随着公共预算改革的推进，地方人大在预算监督过程中逐步掌握的预算修正权，[③]蕴含着宪法制度完善的可能性与动力。另一方面，地方人大在行使预算监督权的过程中逐步推进的人大主导、公众参与和绩效管理等具体制度改革，在预算审查和决算审查中推动听证、专题询问、预决算细节公开等创新措施的制度化，对政府预算和决算进行深度审查，为我国预算制度的整体完善提供了宝贵的经验。[④]更值得一提的是，2018年7月，辽宁省人大常委会为了加强预算监督，成立了政府支出预算结构和政府性债务问题调查委员会。[⑤]这是贯彻落

[①] 参见任喜荣：《预算监督与财政民主：人大预算监督权的成长》，《华东政法大学学报》2009年第5期，第101-108页。

[②] 参见任喜荣：《地方人大预算监督权力成长的制度分析——中国宪政制度发展的一个实例》，《吉林大学学报》2010年第4期，第88-97页。

[③] 参见范永茂、赵东伟：《预算民主视野下的人大预算修正权——基于现状与可行性的分析》，《国家行政学院学报》2013年第5期，第31-37页。

[④] 参见刘小楠主编：《追问政府的钱袋子：中国公共预算改革的理论与实践》，社会科学文献出版社2011年版，第129-243页；黑龙江省人大常委会预算工作委员会：《中国地方人大决算审查的一个案例：黑龙江省十一届人大常委会第二十六次会议2010年财政决算审查实务》，黑龙江省人大常委会预算工作委员会出版，2011年版。

[⑤] 参见赵英明：《成立政府支出预算结构和政府性债务问题调查委员会》，《辽宁日报》2018年7月26日第03版。

实《地方组织法》和《预算法》，凸显人大监督职权的大胆探索，也为全国人大及其常委会加强预算监督提供了一个新思路。但是，上述的制度完善与改革实践大都还是"合法性"层面的议题，并不直接涉及宪法文本，亦没有引起全国人大常委会作出相应的宪法解释。因此，全国人大及其常委会直接依据《宪法》和《预算法》对国务院预算编制和预算执行活动的监督，才可能更接近合宪性控制（合宪性审查）的语境。根据我国《宪法》第62条第11项与67条第5项的规定，全国人大审查和批准国家的预算和预算执行情况的报告；在全国人大闭会期间，全国人大常委会审查和批准国家预算在执行过程中所必须作的部分调整方案。上述宪法条款是我国宪法文本中关于预算权合宪性控制的核心条款，其在实践中究竟如何运行，作用如何，是否得到了遵守，是在讨论预算权合宪性控制相关问题时不可回避的问题。因此，本节拟结合《全国人大常委会公报》（以下仍简称《公报》）中披露的相关信息，对全国人大审查和批准国家的预算和预算执行情况的报告、全国人大常委会审查和批准国家预算部分调整方案的实践进行实证研究。

从合宪性控制的角度出发，如果要对全国人大及其常委会行使预算监督权的实践进行全面和客观的描述，应当对观察的视角进行转变，主要有三点：

第一，从注重预算内容的合宪性转变为注重宪法关系的维护。本节观察预算监督活动的重点，并不是预算（案）内容的合宪性，而是全国人大及其常委会与国务院之间的宪法关系能否在预算监督的实践中得到维护和强化。原因在于：首先，全国人大及其常委会对预算内容进行合宪性审查的空间并不大。上文已述，宪法文本对于预算问题规定的详细程度，决定了预算权合宪性控制的空间与力度。对于国家预算案编制的内容与执行，我国《宪法》第89条仅作了原则性权限规定，宪法文本中只有一些条款间接拘束国务院对预算内容的安排，如根据《宪法》总纲中相关条款的要求，在国家预算中应当安排资金发展社会主义教育事业、科学事业、卫生事业、文化事业、保护环境事业等。但如何安排预算，国务院在编制预算时有非常大的裁量空间。因此单纯从内容上来看，全国人大在审查预算和预算执行情况的报告时，不大可能涉及合宪性层面判断，主要应该局限在合法性层面。其次，对于预算执行过程中存在的可能违反宪法精神的行为，全国人大在审查时也很难作出刚性处理，认定违宪。如我国《宪法》第14条第2款规定："国家厉行节约，反对浪费。"但中央和地方在预算执行过程中出现的铺张浪费情况却并不鲜见。对于实践中的这种情况，全国人大亦无法直接追究相关国家机关和个人的责任。在这种情况下，对全国人大预算监督的重点即在于强调和巩固、强化全国人大及其常委会与国务院的宪法关系，即在预算编制和预算执行的过程中，预算应当先由全国人大批准，预算调整方案应先由全国人大常委会批准，国务院应当对全国人大及其常委会负责，主动接受全国人大及其常委会的监督。维持全国人大及其常委会与国务院在预算领域的正常宪法关系，是落实财政民主原则的关键所在。

第二，从注重监督结果转变为注重监督过程。在预算监督的过程中，全国人大及其常委会与国务院的关系是动态的过程，而非静态的结果。如果单纯从全国人大审查和批准预算、全国人大常委会审查和批准预算调整方案的结果来看，并不能反映全国人大及其常委会监督国务院编制预算和执行预算行为的客观情况。由于"不唱对台戏"是我国人大监督工作中的重要方针，[1]从1983年至今，国务院提交的预算和预算执行情况的报告在全国人大会议上都顺利通过，全国人大常委会也从没有否决过国务院调整预算的方案，包括增加支出与结构调整等，以支持国务院应对特定情况，实现特定目标。（见表6.3.1）但是，这并不意味着全国人大对于预算和预算执行情况没有批评性意见。只有关注在监督过程中全国人大及其常委会与国务院的互动，才能够更加真实、准确、全面地描述和分析全国人大及其常委会行使《宪法》所赋予的预算监督权的实践。

---

[1]　1982年宪法实施以来，全国人大常委会历任委员长都发表过人大在监督工作中"不唱对台戏"的观点，参见彭真：《彭真文选》，人民出版社1991年版，第472页；万里：《万里文选》，人民出版社1995年版，第585页；李鹏：《立法与监督：李鹏人大日记》（下），新华出版社2006年版，第531、538页。

表6.3.1　1982年以来全国人大常委会批准国务院调整预算方案的实践

时间	决定名称	主要调整内容	背景
1998.08.29	全国人民代表大会常务委员会关于批准国务院增发今年国债和调整中央财政预算方案的决议	由财政部向国有商业银行发行1000亿元、还债期限为10年的长期国债；这笔长期国债在1998、1999两年纳入国家预算，列入中央财政赤字，1998年列入中央财政预算支出500亿元，这样，中央财政赤字将由年初预算的460亿元扩大到960亿元。1998年财政预算中原安排用于基础设施建设的180亿元资金调整为经常性项目支出，用于增加科技教育投入、国有企业下岗职工基本生活费保障、离退休人员养老金和增加抗洪抢险救灾支出	亚洲金融危机，1998年抗洪
1999.08.31	全国人民代表大会常务委员会关于批准增发国债和1999年中央财政预算调整方案的决议	利用1999年的预算超收入增加城镇中低收入居民的收入和农村扶贫资金；增发600亿元国债，主要用于在建的基础设施项目、重点行业的技术改造、重大项目装备国产化和高技术产业化、环保与生态建设以及科教基础设施等方面的支出。增发的国债，300亿元由中央政府举借，列入1999年中央财政预算，相应扩大中央财政赤字，中央财政赤字将由年初预算的1503亿元扩大到1803亿元；其余300亿元由中央政府代地方政府举借，不列入中央财政预算。	国内有效需求不足
2000.08.25	全国人大常委会关于批准国务院增发长期建设国债和今年中央财政预算调整方案的决议	2000年再向商业银行发行500亿元长期建设国债，新增国债基本用于在建的国债项目建设，促使这批项目早日竣工，发挥效益。增发500亿元国债全部纳入中央预算，中央财政赤字由2000年初预算的2298亿元扩大到2798亿元	西部大开发
2008.06.26	全国人大常委会关于批准2008年中央预算调整方案的决议	2008年中央财政拟安排地震灾后恢复重建基金收入预算700亿元。其中，从中央预算稳定调节基金中调入600亿元，通过调整年初预算中车辆购置税、彩票公益金和国有资本经营预算的支出结构安排100亿元	汶川地震
2016.11.07	全国人民代表大会常务委员会关于批准2016年中央预算调整方案的决议	2016年中央一般公共预算收入由70 570亿元调整为72 350亿元，增加1780亿元；中央一般公共预算支出由85 885亿元调整为87 665亿元，增加1780亿元，全部用于对地方的税收返还	全面实行营改增

资料来源：中国人大网

　　第三，从关注全国人大及其常委会的预算监督转变为关注专门委员会在预算监督过程中的作用。如上所述，全国人大及其常委会在预算监督的过程中从未否决过国务院提交的预算案、预算执行报告和预算调整方案，虽然1982年宪法赋予全国人大及其常委会监督中央预算的权力，但长期以来全国人大及其常委会"对中央预算的审查监督基本上是程序性的"[1]，实质性监督的色彩并不浓厚。因此，全国人大及其常委会在预算监督方面作出的批准决定在内容上高度雷同。单纯从全国人大及其常委会作出的相关决议出发，亦无法观察全国人大及其常委会行使预算监督权的过程。尽管近年来个别全国人大代表、全国人大常委会组成人员在财政监督活动中表现积极，如在审议预算和决算报告时尖锐地指出预算执行中存在的缺乏监督、浪费严重、操作不规范、转移支付不合理、政府举债过度等问题，[2]但人大代表个人的意见缺乏制度性的公开途径，个人审议意见的实际影响力也无法评估。相对而言，在全国人大审查批准预算之前，全国人大财政经济委员会（以下简称全国人大财经委）对预算执行情况报告和预算草案、预算调整方案草案进行的初步审查能够反映出全国人大及其常委会预算监督的过程，全国人大财经委在相关审查报告中发现的问题、提出的建议对于全国人大及其常委会作出相关决定具有重要参考价值，全国人大财经委的审查报告又统一刊载于《全国人大常委会公报》之上，为进一步观察全国人大及其常委会行使预算监督权的过程提供了新的视角。

　　综上，本节主要结合全国人大财经委对中央预算及其调整方案的审查报告，观察和分析全国人大及其常委会依据《宪法》行使预算监督权的过程，展示全国人大及其常委会与国务院在预算监督领域的宪法关系。

---

[1]　郭振乾：《关于〈全国人民代表大会常务委员会关于加强中央预算审查监督的决定（草案）〉的说明》，《公报》1998年第7期，第740页。

[2]　参见朱永新：《我在人大这五年：一位民主党派成员见证的中国民主政治进程》（上册），新华出版社2014年版，第350、567-569页；牟新生：《开诚布公　履职尽责——牟新生在第十一届全国人大常委会五年工作纪实》，中国海关出版社，群众出版社2014年版，第109-172页。

二、全国人大财政经济委员会在预算监督过程中的地位变迁

我国1954年宪法第27条第10项规定，全国人大审查和批准国家的预算和决算。根据1954年宪法第30条，全国人大之下设立了专门委员会性质的"预算委员会"，负责协助全国人大审查国家预算和国家决算。但在1983年之前，全国人大审查和批准预算的职权并未得到严格执行，若干年份全国人大议程中并未安排审查和批准预算的议程，[①]因此预算委员会的运转情况也并不理想。1982年宪法在全国人大之下设立了财政经济委员会，其重要的工作职责之一就是提出对国家预算和预算执行情况的审查报告。[②]因国家决算编制时间与全国人大会期可能存在冲突，1982年宪法并未规定全国人大审查批准国家决算。[③]但1983年，全国人大曾在大会期间审查和批准国家决算（1983年预算已由1982年五届全国人大五次会议通过）；[④]1984年，全国人大开会时将1983年国家决算与1984年国家预算安排合并审查批准。[⑤]从1985年开始，全国人大开会时一直将上一年国家预算执行情况的报告与新一年国家预算安排合并审查。从1986年起，全国人大在批准上一年度预算执行情况和本年度预算的决议里会同时授权全国人大常委会审查批准上一年度国家决算，[⑥]直至1994年通过的《预算法》才明确规定全国人大常委会审查和批准中央决

---

① 参见蔡定剑：《宪法精解》，法律出版社2006年版，第317页。

② 参见刘政主编：《人民代表大会制度词典》，中国检察出版社1992年版，第229页。

③ 参见蔡定剑：《宪法精解》，法律出版社2006年版，第318页。

④ 参见《第六届全国人民代表大会第一次会议关于1982年国家决算的决议》（1983年6月21日），载全国人民代表大会常务委员会预算工作委员会预决算审查室编：《历届全国人民代表大会及其常务委员会审议通过的预算决算文件汇编》，中国财政经济出版社2002年版，第381页。

⑤ 参见《第六届全国人民代表大会第二次会议关于1983年国家决算和1984年国家预算的决议》（1984年5月31日），载全国人民代表大会常务委员会预算工作委员会预决算审查室编：《历届全国人民代表大会及其常务委员会审议通过的预算决算文件汇编》，中国财政经济出版社2002年版，第388页。

⑥ 参见《第六届全国人民代表大会第四次会议关于1985年国家预算执行情况和1986年国家预算的决议》（1986年4月12日），载全国人民代表大会常务委员会预算工作委员会预决算审查室编：《历届全国人民代表大会及其常务委员会审议通过的预算决算文件汇编》，中国财政经济出版社2002年版，第420页。

算。①1994年之前，全国人大审查和批准的国家预算包括中央预算和地方预算，1994年之后，根据分税制和扩大地方自主权的精神，全国人大只批准和审查中央预算和预算执行情况，不再批准地方预算。②但仍审查地方预算执行情况和地方预算安排，全国人大财经委审查的内容相对固定。

　　1994年制定的《预算法》第37条正式确认了全国人大财经委的初步审查职责，规定"国务院财政部门应当在每年全国人民代表大会会议举行的一个月前，将中央预算草案的主要内容提交全国人民代表大会财政经济委员会进行初步审查"。全国人大专门委员会"人才荟萃，知识密集"③，充分发挥全国人大财经委的专业优势有助于全国人大财政监督职能的实现。但在相当长的时间内，全国人大财经委在发挥协助全国人大及其常委会预算监督职能方面的效果也不尽人意。1998年全国人大常委会在设立预算工作委员会时曾说明：（预算的审查）工作的专业性强，工作量大，全国人民代表大会财政经济委员会承担的工作范围较宽，难以集中主要力量进行，目前基本上处于程序性的审查监督，在一定程度上影响了对预算审查监督的深度和力度。因此在全国人大常委会之下设立预算工作委员会（以下简称预工委）。预工委的主要职责之一就是协助全国人民代表大会财政经济委员会承担全国人民代表大会及其常务委员会审查预决算、审查预算调整方案和监督预算执行方面的具体工作。④

　　目前，预算审查可以分为预工委承担的审查前准备阶段、全国人大财经

① 根据1994年制定的《预算法》第12条第2款规定："全国人大常委会审查和批准中央决算。"根据全国人大常委会的惯例，一般是在每年六月份常委会会议上听取审议上一年中央决算报告时一并审议当年一至五月份预算执行情况。自2010年起，为了加强预算监督，改为在每年八月份的常委会会议上专门听取审议国务院关于本年预算执行情况的报告，着重审查全国人大批准预算决议的执行情况，中央和地方预算收支的主要情况，财政政策及相关财税措施的实施情况，农业、科教文卫和社会保障等重点支出的资金到位、使用情况，中央财政对地方转移支付的情况，国债发行情况等。参见吴邦国：《吴邦国论人大工作》（下），人民出版社2017年版，第524-525页。
② 参见蔡定剑：《宪法精解》，法律出版社2006年版，第317页。
③ 吴邦国：《全国人民代表大会常务委员会工作报告》，《公报》2009年第3期，第333页。
④ 参见何椿霖：《全国人民代表大会常务委员会委员长会议关于提请审议设立全国人民代表大会常务委员会预算工作委员会的议案说明》，《公报》1998年第6期，第699-700页。

委承担的初步审查阶段和代表大会审查批准阶段。①随着预工委的成立，全国人大及其常委会预算审查工作的力度得到了加强。全国人大财经委对于预算和预算执行报告的审查，也逐步走向规范、深入和实质化。在审查报告中，全国人大财经委对上一年预算执行情况作出评价，对本年预算安排是否合法、合理作出评价，并提出相关建议，供全国人大及其常委会、国务院参考。2014年《预算法》在修订时总结了预算监督工作中的经验，进一步明确了全国人大财经委在预算审查工作中的职责与工作程序。（表6.3.2），并对全国人大财经委审查报告的框架和主要内容作出了具体规定。②

表6.3.2　现行《预算法》对全国人大财经委预算审查工作的规定（不包括决算审查）

条文	内容
第22条	全国人民代表大会财政经济委员会对中央预算草案初步方案及上一年预算执行情况、中央预算调整初步方案和中央决算草案进行初步审查，提出初步审查意见
第44条	国务院财政部门应当在每年全国人民代表大会会议举行的四十五日前，将中央预算草案的初步方案提交全国人民代表大会财政经济委员会进行初步审查
第49条	全国人民代表大会财政经济委员会向全国人民代表大会主席团提出关于中央和地方预算草案及中央和地方预算执行情况的审查结果报告
第69条	国务院财政部门应当在全国人民代表大会常务委员会举行会议审查和批准预算调整方案的三十日前，将预算调整初步方案送交全国人民代表大会财政经济委员会进行初步审查

修订后的《预算法》将全国人大财经委多年以来预算审查的工作程序、审查报告的框架模式制度化、规范化，意味着全国人大财经委的预算审查模式是有效的、可行的。虽然全国人大财经委作为专门委员会并没有监督

① 孟庆瑜、张永志、谢兰军编著：《人大代表审查预算教程》，中国民主法制出版社2015年版，第125-127页。

② 现行《预算法》第49规定：审查结果报告应当包括下列内容：

　（一）对上一年预算执行和落实本级人民代表大会预算决议的情况作出评价；

　（二）对本年度预算草案是否符合本法的规定，是否可行作出评价；

　（三）对本级人民代表大会批准预算草案和预算报告提出建议；

　（四）对执行年度预算、改进预算管理、提高预算绩效、加强预算监督等提出意见和建议。

权，[①]但进一步加强全国人大财经委在预算审查方面的功能，通过组织建设，克服其编制少、规章制度缺失、监督技术和信息缺乏的局限，也是强化全国人大及其常委会预算监督职权的重要途径。[②]在现有制度下，全国人大财经委、全国人大常委会预工委协助全国人大进行预算审查监督工作的模式还会一直持续，[③]深入观察全国人大财经委预算审查工作的内容，客观评估其工作效果，是学术界和理论界必须要承担的课题。

三、全国人大财政经济委员会预算审查报告的实证研究

从1985年开始，全国人大在开会时将上一年度预算执行情况的报告和本年度预算安排合并在一起审查批准。在全国人大审查批准上一年度预算执行情况和本年度国家预算草案之前，财政部会代表国务院向大会做相关预算执行情况和预算安排的报告。全国人大财经委在初步审查的基础上，结合全国人大代表、各专门委员会的意见进一步审查，国务院会根据审查意见对预算报告进行修改，全国人大财经委再向会议主席团提交预算审查结果报告，对预算执行情况和预算安排进行评价，分析预算执行过程中存在的问题，并对本年预算执行工作提出建议，最后预算报告再由全国人大表决通过。从实践来看，全国人大在作出的相关批准决议中，都会表态同意全国人大财经委提交的审查结果报告。该审查结果报告，就成为了解全国人大预算监督工作的关键。因此，本部分重点对全国人大财经委在审查报告中的评价行为与提出完善措施建议的行为进行分析。

---

① 参见刘松山：《运行中的宪法》，中国民主法制出版社2008年版，第440-446页。

② 参见廖喜云：《论人大预算审查监督体系的重构》，《人大研究》2013年第7期，第6-8页。

③ 近年来，全国人大代表曾提出相关议案，建议修改《全国人大组织法》，在全国人大之下设立"预算委员会"，加强人大预算审查监督。法律委员会、法工委表示会认真研究代表议案，在今后的改革实践中探索研究，凝聚共识。参见《全国人民代表大会法律委员会关于第十一届全国人民代表大会第二次会议主席团交付审议的代表提出的议案的审议意见》，2010年第1期，第84页；《全国人民代表大会法律委员会关于第十二届全国人民代表大会第二次会议主席团交付审议的代表提出的议案的审议意见》，《公报》2015年第1期，第83页。

(一)全国人大财经委对预算执行和预算安排的评价及其效力

1983年以来，全国人大财经委在预算审查报告中都会对上一年中央与地方预算执行情况、本年中央与地方预算安排进行评价。虽然从结果上看，每一年全国人大财经委都会在审查报告中建议全国人大通过国务院提交的上一年度预算执行情况的报告和本年度预算草案，全国人大每年也都批准了国务院的相关预算报告，但是在评价中央与地方预算执行情况与预算草案时，全国人大财经委有更大的空间，对国务院的预算执行活动与预算编制进行审查，发表意见。

首先，是对上一年度中央和地方预算执行情况的评价。实践中，全国人大财经委在审查中并不会质疑国务院在预算执行情况报告中提供的具体预算收入和预算支出数据的真实性，但对于预算执行情况，则可以提出正面的肯定意见和反面的批评。虽然全国人大财经委每一年都会建议全国人大批准国务院提交的中央与地方预算执行情况的报告，但并不意味着在预算执行中不存在问题。全国人大财经委在审查报告中一方面要对上一年中央和地方预算执行情况进行总体评价，另一方面要指出预算执行中存在的缺点。总体上看，全国人大财经委对预算执行情况一般持总体肯定态度，即认定预算执行情况"总体上是好的"，再指出一些存在的问题。但在某些年份，全国人大财经委并没有在审查报告中声明预算执行情况"总体良好"，①而是直接指出了存在的问题。在个别年份，虽然全国人大财经委声称预算执行情况"总体上是好的"，但指出预算执行中实质上存在严重的问题，如没有完成预算；②在某些年份，全国人大财经委对于预算执行中存在的问题（如偷税漏税、挥

---

① 如根据《公报》披露，全国人大财经委对1983、1986、1987、1988、1990、1991年的预算执行情况虽然肯定了预算完成的情况，但并未像其他年份那样作出预算执行情况"总体上是好的"、"基本上是好的"等评价。

② 例如，1993年中央财政没有完成预算，2014年部分收支项目也没有完成预算。参见柳随年：《第八届全国人民代表大会财政经济委员会关于1993年国家预算执行情况和1994年国家预算草案的审查报告》，《公报》1994年第2其，第127页；《第十二届全国人民代表大会财政经济委员会关于2014年中央和地方预算执行情况与2015年中央和地方预算草案的审查结果报告》，《公报》2015年第2期，第245-246页。

霍浪费问题）甚至使用了"相当严重"的措辞。①

　　在预算执行中存在的问题大多是合法性与合理性问题，如偷税漏税问题、越权减免税、拖欠机关事业单位、国企职工工资、转移支付结构不合理、预算资金使用不规范、地方债务存在风险等，但一些问题则涉及到了宪法层面。如"中央与地方事权和支出责任划分不清晰、不合理、不规范"②。一些预算执行过程中长期存在的问题也反映了人大监督政府的宪法关系发生了扭曲，即：人大通过的预算对政府缺乏拘束力，人大也无法对政府执行预算的行为进行有力监督。例如，全国人大财经委在审查报告中几乎每年都要提及预算执行中存在（严重的）浪费问题，政府擅自将预算内收入转移到预算外进而逃避监督的行为也不鲜见。③虽然全国人大一直强调控制财政赤字，但我国财政几乎一直存在赤字，且赤字规模不断扩大，在个别年份甚至超出了人大规定的赤字额度，全国人大无法有效控制赤字的发生和赤字规模的增长。④在作出上述评价的过程中，全国人大财经委事实上已经承认了预算执行过程中存在的违规、违法甚至可能的违宪问题。

　　其次，是对本年度预算草案的评价，即对本年度预算安排是否合法、合理、可行作出判断。在实践中，国务院在中央预算编制方面具有很大的自由空间，全国人大财经委在审查预算安排时充分尊重国务院的预算编制，绝大多数年份全国人大财经委在审查报告中都认定预算安排"基本可行"，并建议全国人大批准。在某些情况下，全国人大财经委在审查报告中会指出预算

---

①　参见陈慕华：《第七届全国人民代表大会财政经济委员会关于1990年国家预算执行情况和1991年国家预算草案的审查报告》，载全国人民代表大会常务委员会预算工作委员会预决算审查室编：《历届全国人民代表大会及其常务委员会审议通过的预算决算文件汇编》，中国财政经济出版社2002年版，第559页。

②　《第十二届全国人民代表大会财政经济委员会关于2013年中央和地方预算执行情况与2014年中央和地方预算草案的审查结果报告》，《公报》2014年第2期，第237页。

③　参见李灝：《第八届全国人民代表大会财政经济委员会关于1995年中央和地方预算执行情况和1996年中央及地方预算草案的审查报告》，《公报》1996年第2期，第167页。

④　在1982年宪法实施早期，全国人大追求避免赤字的出现。但除了1985年财政实现盈余外，其他年份均存在赤字，且赤字规模不断增长。参见叶姗：《财政赤字的法律控制》，北京大学出版社2013年版，第332-333页。

安排中存在的问题，如收入增长较慢、支出增长较快、赤字扩大等问题，但也会陈述这种预算安排的合理性与现实性，[①]对预算安排的内容并无实质变更。在个别情况下，全国人大财经委可以在初步审查预算安排后，通过事前协商的手段，明确建议国务院对预算草案进行调整，待国务院调整预算安排后再将审查报告提交给全国人大主席团。如1996年全国人大财经委在初步审查国务院本年度的预算安排后，认为预算收入安排偏低，预算赤字压缩偏少，建议国务院"将财政收入增长幅度增加一些，赤字多压缩一些"，国务院基于上述意见对预算安排进行了调整，全国人大财经委建议全国人大批准调整后的预算安排。[②]可见，全国人大财经委可以通过事前沟通的方式，建议国务院主动调整预算安排，修正预算安排中不合理的内容，通过一种柔性的方式，实现全国人大对国务院编制预算行为的实质性监督，这种"建议修改预算安排"的实践亦进一步丰富了全国人大与国务院宪法关系的内涵。

全国人大财经委的审查结果报告是初步审查的延伸，但不是初步审查的结果。[③]从法律性质上而言，全国人大财经委的预算审查报告是全国人大代表审查预算执行情况和预算安排草案的"专业化、通俗化辅助"[④]，对全国人大实质审查具有重要借鉴作用，审查报告中的相关评价也是全国人大作出批

[①]   如1994年全国人大财经委认为：1994年国家预算安排的主要问题是收入增长较慢，支出增长较快，赤字数额增加较多。全国人大财经委同时指出：这是因为1994年经济体制改革的力度较大，为了推进财税体制改革的顺利实施，求得机制的转换，采取了一些重要措施，财政减收增支的因素增加。参见柳随年：《第八届全国人民代表大会财政经济委员会关于1993年国家预算执行情况和1994年国家预算草案的审查报告》，载全国人民代表大会常务委员会预算工作委员会预决算审查室编：《历届全国人民代表大会及其常务委员会审议通过的预算决算文件汇编》，中国财政经济出版社2002年版，第644-645页。类似的情况，还可参见郭振乾：《第九届全国人民代表大会财政经济委员会关于1998年中央和地方预算执行情况及1999年中央和地方预算草案的审查报告》，《公报》1999年第2期，第91页。

[②]   参见李灏：《第八届全国人民代表大会财政经济委员会关于1995年中央及地方预算执行情况和1996年中央及地方预算草案的审查报告》，载全国人民代表大会常务委员会预算工作委员会预决算审查室编：《历届全国人民代表大会及其常务委员会审议通过的预算决算文件汇编》，中国财政经济出版社2002年版，第700页。

[③]   参见全国人大常委会法制工作委员会、全国人大常委会预算工作委员会、中华人民共和国财政部编：《中华人民共和国预算法释义》，中国财政经济出版社2015年版，第104页。

[④]   参见朱大旗主编：《中华人民共和国预算法释义》，中国法制出版社2015年版，第185页。

准决定的重要参考依据。在全国人大财经委一律建议全国人大批准相关预算执行情况和预算安排报告的同时，对预算执行情况和预算安排的合法性、合规性、合理性作出客观评价，指出其中存在的问题，有助于提高全国人大批准决定的公信力和透明度，对于政府开展自我检查，整顿财政纪律也具有重要的意义。

（二）全国人大财经委提出的改进建议及其效力

全国人大财经委在预算审查报告中不仅要对预算执行情况、预算安排作出评价，建议全国人大批准相关预算报告，还要对执行年度预算、改进预算管理、提高预算绩效、加强预算监督等提出意见和建议。从审查报告的内容安排与逻辑上看，全国人大财经委提出的改进建议既是对上一年度预算执行情况中存在问题的应对与解决方案，也是对本年度预算执行工作可能存在的问题进行预估与防范。从实践来看，相关改进的建议大体可以分为四类：

第一，针对以往预算执行中存在问题，反复地提出改进建议。如针对预算执行中存在的赤字扩张、浪费严重、税收执法不严等顽疾，多年来全国人大财经委在改进建议部分都会建议预算执行部门严格控制财政支出、加强税收征管、严肃财政纪律，各级人大应加强预算监督等。在某些情况下，全国人大财经委甚至从宪法的高度，强调了预算监督的重要性，这使得相关建议就带有了浓厚的合宪性控制色彩。如全国人大财经委在1993年的审查报告中就建议："1993年国家预算经全国人民代表大会批准以后，必须严格执行。如在执行中需要作部分调整时，必须按照《宪法》规定，报经全国人大常委会审查和批准。任何地方和部门都不得擅自开减收增支的口子。"[1]这一表述暗示着政府可能存在自行调整预算而未经人大批准这种不符合宪法规定的行为，也表达了全国人大财经委试图对此类现象进行预防的态度。对预算执行中出现的新问题，全国人大财经委在改进建议中也会作出回应。如1994年实

---

[1]　柳随年：《第八届全国人民代表大会财政经济委员会关于1992年国家预算执行情况和1993年国家预算草案的审查报告》，载全国人民代表大会常务委员会预算工作委员会预决算审查室编：《历届全国人民代表大会及其常务委员会审议通过的预算决算文件汇编》，中国财政经济出版社2002年版，第618页。

行分税制后，全国人大财经委提出"要抓紧中央和地方的事权划分，明确中央和地方各级的收支范围，并逐步建立、完善转移支付制度"①，1995年后亦多次在审查报告中强调类似内容。

第二，对预算、税收立法进度提出建议。1993年全国人大财经委就建议"国务院在1993年内将预算法草案提交人大常委会审议，争取1994年提交全国人大审议通过"②。2012年，全国人大财经委也建议"积极做好预算法修改工作"③。在2014年《预算法》修订后，全国人大财经委亦建议国务院抓紧修改出台预算法实施条例。④2017年，全国人大财经委建议进一步加强税收立法工作，落实税收法定原则，要求"有关方面要高度重视税收立法工作，按照确定的时间表，进一步加大工作力度，确保如期实现税收立法目标"⑤。

第三，强调加强预算管理和人大监督的具体措施，对预算执行提出方向性建议。如2009年全国人大财经委提出"提高项目管理的规范性和透明度，向全国人大提交中央政府公共投资安排情况表。政府重大公共投资和实施情况，要向全国人大常委会报告"⑥；2014年全国人大财经委提出"研究出台统一、全面、规范的地方政府性债务管理办法，严格控制新增地方政府性债务，将地方政府性债务分类纳入预算管理"⑦；2015年全国人大财经委提出要

① 李灏：《第八届全国人民代表大会财政经济委员会关于1994年国家预算执行情况和1995年中央及地方预算草案的审查报告》，《公报》1995年第2期，第203页。

② 柳随年：《第八届全国人民代表大会财政经济委员会关于1992年国家预算执行情况和1993年国家预算草案的审查报告》，载全国人民代表大会常务委员会预算工作委员会预决算审查室编：《历届全国人民代表大会及其常务委员会审议通过的预算决算文件汇编》，中国财政经济出版社2002年版，第619页。

③ 《第十一届全国人民代表大会财政经济委员会关于2010年中央和地方预算执行情况与2011年中央和地方预算草案的审查结果报告》，《公报》2011年第3期，第327页。

④ 参见《第十二届全国人民代表大会财政经济委员会关于2014年中央和地方预算执行情况与2015年中央和地方预算草案的审查结果报告》，《公报》2014年第2期，第237页。

⑤ 《第十二届全国人民代表大会财政经济委员会关于2016年中央和地方预算执行情况与2017年中央和地方预算草案的审查结果报告》，《公报》2017年第2期，第302-303页。

⑥ 《第十一届全国人民代表大会财政经济委员会关于2008年中央和地方预算执行情况与2009年中央和地方预算草案的审查结果报告》，《公报》2009年第3期，第327页。

⑦ 《第十二届全国人民代表大会财政经济委员会关于2013年中央和地方预算执行情况与2014年中央和地方预算草案的审查结果报告》，《公报》2014年第2期，第238页。

建立重点民生政策和重大专项支出的绩效评价机制，并向全国人大报告绩效评价结果，细化预算公开内容。[①]

第四，对预算监督管理工作作出具体安排。在这一类建议中，全国人大财经委并不是仅仅作出方向性的建议，而是以一种类似命令的方式给出具体的建议。如针对地方违法违规举债的问题，全国人大财经委提出："不允许以任何形式或者变通办法突破人大批准的债务限额。对违法违规举债担保行为，坚决查处，问责到人。"[②]近年来，全国人大财经委对一些具体的工作部署，甚至明确要求国务院及相关部门立刻执行（如预算公开），或者给出了时间表。如表6.3.3所示，全国人大财经委在预算审查报告中，以建议的方式对国务院及其部门在预算编制、预算公开、预算审计等方面提出了具体的要求，并明确要求国务院就相关预算工作向全国人大报告。通过落实上述具体的建议，全国人大可以实现对国务院预算编制和预算执行的具体监督，在这个过程中，财政民主原则得到了彰显和强调，全国人大与国务院在预算工作中正常的宪法关系得到了巩固。

表6.3.3　全国人大财经委近年来在预算审查结果报告中提出的部分具体要求

时间	建议中的具体要求
2017	2018年向全国人大提交中央社会保险基金预算。总结试点工作情况，确保2020年前建立权责发生制政府综合财务报告制度
2011	从2012年起，应当将地方的土地出让收支情况向全国人大报告。2011年审计工作应将地方土地出让收支情况作为一个重点。进一步细化政府公共财政预算，力争在2012将中央本级预算中的重点支出细化列到"项"
2010	各项预算要编制到部门和项目，逐步减少代编预算。细化政府预算科目，提高预算透明度。2011年，向全国人大报告基本建设、行政经费等社会关注的项目支出情况。预算经批准后，应在15日内向社会公开
2009	2010年向全国人大提交中央国有资本经营预算，试编社会保险基金预算

---

① 参见《第十二届全国人民代表大会财政经济委员会关于2014年中央和地方预算执行情况与2015年中央和地方预算草案的审查结果报告》，《公报》2015年第2期，第246页。

② 《第十二届全国人民代表大会财政经济委员会关于2016年中央和地方预算执行情况与2017年中央和地方预算草案的审查结果报告》，《公报》2017年第2期，第302页。

续表

时间	建议中的具体要求
2008	编制2009年政府预算时，关系民生、社会发展等重点支出要按新的收支科目编列到"款"
2004	2004年要开展对土地资金的审计和长期建设国债资金的审计，并将审计结果向全国人大常委会报告

根据相关年份《全国人大常委会公报》整理

　　从性质上看，全国人大财经委在预算审查报告中对国务院及地方政府提出的相关意见和建议并不是全国人大正式作出的决定，不具有法律拘束力。但相关建议虽然名为"建议"，却蕴含着刚性拘束的色彩。全国人大财经委的一些具体建议，在立法过程中也得到了采纳和调整。① 全国人大在相关决议中同意了全国人大财经委的审查报告后，审查报告中的相关建议即获得了一定的民主正当性，应当得到国务院及其他部门的尊重。实践中，国务院财政部也多次表示："主动接受人大依法监督和政协民主监督，既是财政部门的一项法定职责，更是一项重要政治任务。"② 每年国务院财政部在向全国人大报告上一年度预算执行情况时，都会提及落实全国人大相关预算决议和全国人大财经委审查意见的情况。从2014年起，"落实人大预算决议情况"（包括落实人大财经委审查意见）在国务院财政部的预算执行情况的报告中成为了独立的一部分。③ 从形式上看，国务院和财政部对全国人大财经委的审查意见比较重视，财政部在相关报告中明确表示落实了全国人大财经委的相关审查意见，如2012年"向社会公开的财政决算细化到项级科目"④，2014年

---

① 如预算公开的时间期限，2010年全国人大财经委要求，预算经批准后，应在15日内向社会公开。2014年修订后的《预算法》第14条则规定的是批准后20日内公开。

② 财政部：《关于2017年中央和地方预算执行情况与2018年中央和地方预算草案的报告——2018年3月5日在第十三届全国人民代表大会第一次会议上》，《公报》2018年第2期，第229页。

③ 参见财政部：《关于2013年中央和地方预算执行情况与2014年中央和地方预算草案的报告》，《公报》2014年第2期，第223-224页。

④ 财政部：《关于2011年中央和地方预算执行情况与2012年中央和地方预算草案的报告》，《公报》2012年第2期，第258-259页。

"进一步压缩代编规模"[①]等等。但是，一些体制性的问题，如预算执行过程中的浪费问题、地方债务风险问题、预算执行不规范等，依旧没有从根本上得到解决。在某些情况下，全国人大财经委对财政部的落实情况甚至并不满意。如2015年财政部指出，2014年预算执行过程中优化转移支付结构，中央对地方专项转移支付项目比上年减少三分之一以上，[②]但全国人大财经委在2017年仍认为中央预算执行过程中"财政转移支付管理不够规范，专项转移支付清理整合不够"[③]。因此，从整体上看，全国人大财经委在预算审查报告中提出的建议能否落实，主要还是靠国务院和有关部门的主动性。

综上所述，从全国人大财经委预算审查报告来看，全国人大财经委是有可能对中央预算的执行和编制活动进行实质性审查的。在这个基础上，全国人大财经委能够协助全国人大对相关预算的编制和执行进行监督。对于预算编制和执行过程中存在的合理性、合法性乃至合宪性问题，全国人大财经委在审查过程中有着较为清晰的认识。通过在预算审查报告中作出评价和建议，全国人大财经委不断强调着全国人大监督国务院预算活动的宪法意义，维护着全国人大和国务院的宪法关系。在这个基础上，全国人大对国务院的预算监督，才有可能走向深入和实质化。而目前全国人大对于国务院的预算监督的效果仍然是有待提高的。从预算监督的过程来看，《宪法》第62条第11项的实施情况应当从多个视角予以评估：首先，全国人大能够从形式法治的层面，对国务院的预算编制和执行活动进行形式上的监督。其次，不能否认实践中出现过，而且可能仍然存在不符合宪法规定与宪法精神的做法，各级人大对同级政府执行预算的监督仍有待加强和走向实质化。第三，全国人大财经委在协助全国人大进行预算监督的过程中发挥了重要的作用，对预算执行情况的报告和预算草案进行了一定程度上的实质审查，并通过评价和建

---

① 参见财政部：《关于2013年中央和地方预算执行情况与2014年中央和地方预算草案的报告》，《公报》2014年第2期，第223页。

② 财政部：《关于2014年中央和地方预算执行情况与2015年中央和地方预算草案的报告》，《中国财政》2015年第8期，第10页。

③ 《第十二届全国人民代表大会第五次会议关于2016年中央和地方预算执行情况与2017年中央和地方预算的决议》，《公报》2017年第2期，第300页。

议的方式，指出了预算实践中存在的问题。在充分发挥全国人大财经委职能的基础上，应当探索更加有力的监督途径，加强《预算法》等财政立法的完善和实施，通过完备的法律法规巩固财政民主原则的落实，提高预算监督和预算执行的规范化水平。

第四节　小结

从中国的实践语境出发，"预算权的合宪性控制"是一个颇具争议的课题。在"预算权""合宪性"与控制的途径与效果等问题上，仍然大有探讨的空间。关键的问题是，在当下的制度背景下，探讨预算权的合宪性控制，有什么实际价值，即：能否对实践中存在的现象作出恰当并令人信服的解释，能否对实践中存在的问题提出可行的解决之策？显然，基于宪法问题的宏观性，预算权的合宪性控制并不能解决预算实践中的具体问题，而是围绕着立法机关与行政机关的宪法关系，从预算权的立法配置和预算执行的监督两个角度出发，探讨这一宪法关系的实践样态。在未来推进合宪性审查工作的进程中，对预算权的合宪性控制的重点仍不在于解决具体的细节性问题。如何强化宪法对预算权配置的拘束，强化宪法对行政机关执行预算活动的程序性拘束，强化立法机关对行政机关的监督，最终使财政民主原则得以落实，才是预算权合宪性控制的根本目的。但我国宪法文本并未对预算权的运行设置具体的拘束，在当下以经济建设为中心的时代背景下，为了完成"把我国建设成为富强民主文明和谐美丽的社会主义现代化强国，实现中华民族伟大复兴"这一宪法所确立的国家根本任务，需要在确保行政机关效率与立法机关有效监督之间谨慎地划定一条界限。在"不唱对台戏"的方针之下，预算立法和人大的预算监督活动更需要发挥智慧，在现有制度提供的框架下寻找发挥宪法实效的途径，发掘可能存在的空间，实现依宪立法和依宪监督。在此基础上，应当将关注的重点放在法律的贯彻落实问题上，着力提高我国的预算法治水准，维护宪法和法律的尊严。

第七章 合宪性审查的"破题"与"激活"（代结语）

2018年3月，我国现行宪法进行了第五次修正，《宪法》第44条修正案将全国人大法律委员会更名为宪法和法律委员会，在原有职责基础上增加"推动宪法实施、开展宪法解释、推进合宪性审查、加强宪法监督、配合宪法宣传等工作职责"[①]。我国宪法监督制度经历了三十多年的理论探讨，最终选择了对现行制度变革最小的调整方案。宪法和法律委员会首任主任委员李飞提出要积极稳妥推进合宪性审查工作，审慎提出审查意见，努力实现政治效果和法律效果相统一。[②]可以预见，合宪性审查工作在现有体制机制基本不变的基础上，因为组织机构的完善势必会有所推进，但对于当下极不活跃、对实践需要缺乏回应的宪法监督制度会有多大程度的改变，尚待理论探讨和实践检验。本部分以上述制度变化为基础，通过分析合宪性审查事实上"备而不用"，从而导致功能被其他宪法实施机制所替代的制度现状，探索宪法和法律委员会在组织机构上"破题"后，最高权力机关应当从何种制度环节入手"推进合宪性审查"这一工作职责，从而起到激活宪法监督制度，形成良性的宪法实施制度循环的发展路径。

---

① 《全国人民代表大会常务委员会关于全国人民代表大会宪法和法律委员会职责问题的决定》（2018年6月22日第十三届全国人民代表大会常务委员会第三次会议通过）。

② 参见李飞：《坚决贯彻宪法精神　加强宪法实施监督》，http://www.npc.gov.cn/npc/bmzz/falv/2018-03/29/content_2052705.htm。2018年5月19日访问。

一、合宪性审查的"备而不用"现状

合宪性审查概念于2017年10月首次写入党的十九大报告中，获得政治实践认可。在理论研究中，"合宪性审查"正在取代"违宪审查"成为学术研究的主流词汇。[①]同样是作为"constitutional review"这一英文词汇的中文翻译，"合宪性审查"与"违宪审查"两个概念的用法，在方法论上存在"是否不违宪（not unconstitutional）"和"是否违宪（unconstitutional）"的微妙的差异，[②]但就制度运行程序和效果而言，二者并无本质差别，均是指"特定机关依据一定的法定程序对公共权力的行为（主要是规范性法律文件）是否符合宪法进行判断并做出相应处置的活动或制度"[③]。合宪性审查的重点在于"审查"，在于提供一种事后的纠错和救济机制，是宪法实施不可或缺的制度环节。

从中国的宪法实施现状来看，合宪性审查机制基本上处于"备而不用"之搁置状态。宪法虽然设计了对于普通立法和国家公权力行为的合宪性审查，但是全国人大常委会尚未正式启动宪法审查程序。自1954年宪法制定以来，全国人大常委会也从未做出过"关于某某宪法条文的解释"[④]，也从未针对备案审查的具体法律法规正式做出过全部或部分违宪的决定。但值得注意的是，我国的依宪执政秩序并没有因为合宪性审查机制的搁置而处于"失控"状态。恰恰相反，通过宪法文本建构的国家基本经济制度、国家基本政治制度、国家机构体系、公民基本权利保障体系等都在有序运转，为保证宪

---

① 　2017年底以来，"合宪性审查"明显取代了"宪法审查""宪法监督""违宪审查"等概念，成为了学术讨论的新热点。《比较法研究》2018年第2期、《法律科学》2018年第1期和第2期、《中国法律评论》2018年第1期、《长白学刊》2018年第1期等分别发表了专题论文。

② 　参见王书成：《合宪性推定与"合宪性审查"的概念认知》，《浙江社会科学》2011年第1期，第52页。

③ 　林来梵：《合宪性审查的宪法政策论思考》，《法律科学》2018年第2期，第37页。

④ 　尽管根据有些学者的分析，全国人大常委会事实上通过不同的形式行使着宪法解释权。（参见胡锦光、王丛虎《论我国宪法解释的实践》，《法商研究》2000年第2期，第3-8页；周伟：《宪法解释案例实证问题研究》，《中国法学》2002年第2期，第72-80页。）

法有效实施的合宪性控制机制整体上运行良好。这表明，在保证"合宪"这一制度目标之下，合宪性审查机制的功能尽管"备而不用"，但其功能被其他宪法实施机制所填补。

从制度竞争的角度看，合宪性审查机制所应发挥的功能实际上被其他宪法实施机制所替代。这种替代又可以分为外部替代和内部替代。所谓外部替代是指在宪法实施的诸种方式当中，其他的实施方式替代合宪性审查发挥着确保"合宪"的功能。例如，宪法的法律化备受倚重、宪法修改频率较高等。所谓内部替代是指在审查确保宪法权威性和法律体系统一性的制度目标下，通过其他的审查方式替代了合宪性审查发挥作用。例如，法律文本的合宪性宣告以及立法草案的合宪性控制等。

（一）宪法修改和宪法的法律化实施机制备受倚重

宪法的实施和发展变迁有多种方式，其中宪法解释、宪法修改、宪法的法律化以及合宪性审查是最主要的实施方式。在诸种实施方式中，宪法的修改和宪法的法律化实施机制备受倚重。

我国现行宪法自颁布以来已进行5次修改，颁布了52条宪法修正案，修改的频率远远高于宪法解释的频率。在如何使宪法适应社会发展变化这一问题上，尽管修宪机关一再强调"可改可不改的问题不做修改""可以通过宪法解释予以解决的不做修改"①，但是从制度实践看，最高权力机关更愿意选择修改宪法或进行立法，而不是宪法解释。有学者对此提出批评，认为："在具体的宪法运行过程中我们没有对宪法解释权在社会变革中的功能给予必要

---

① 上述表述可以在1999年、2004年、2018年《宪法修正案草案》的说明中找到相类似的表述。田纪云：《关于中华人民共和国宪法修正案（草案）的说明——1999年3月9日在第九届全国人民代表大会第二次会议上》；《第九届全国人民代表大会第二次会议主席团关于中华人民共和国宪法修正案（草案）审议情况的说明》（1999年3月14日）；王兆国：《关于〈中华人民共和国宪法修正案（草案）〉的说明——2004年3月8日在第十届全国人民代表大会第二次会议上》；王晨：《关于〈中华人民共和国宪法修正案（草案）〉的说明——2018年3月5日在第十三届全国人民代表大会第一次会议上》。

的关注，而是不适当地强调了宪法修改权的功能。"①除修宪外，"宪法的法律化"实施机制，即将宪法中的原则性和概括性规定通过普通立法加以具体化，或在普通立法中贯彻宪法的精神和原则，成为推动宪法实施的重要保障机制。我国文化立法的发展可以提供典型例证。我国宪法中有诸多基本文化政策条款，主要通过发挥对国家政策的指导原则功能、资源配置功能、立法审查功能以及责任主体的界定功能，发挥规范效力。②其中，"通过课予立法者制度建构的义务，实现基本政策的制度化"是其效力发挥的主要方式。③全国人大及其常委会正在加快制定文化立法，仅2017年就制定了《中华人民共和国图书馆法》《中华人民共和国公共文化服务保障法》《中华人民共和国电影产业促进法》三部文化领域的立法。2018年4月通过的《中华人民共和国英雄烈士保护法》虽然主要是关于英雄烈士优抚制度的规定，但是也体现了鲜明的文化发展方向。④文化立法在快速发展的同时，全国人大及其常委会既没有就宪法中的基本文化政策条款以及文化权利条款进行过宪法解释，也没有关于文化法律规范体系的合宪性审查发生。有学者从我国宪法发展变迁的角度提出"通过立法发展宪法"⑤是宪法发展的各种程序之间制度竞争的结果的学术判断，可以提供进一步的理论说明。

（二）法律文本中的"合宪性宣告"和法律草案的合宪性控制发挥解释和审查功能

全国人大及其常委会既是宪法解释权的主体又是法律制定权的主体，二者的统一使得全国人大的立法具有了"当然的"民主正当性和合宪性。从人

---

① 韩大元：《"十六大"后须强化宪法解释制度的功能》，《法学》2003年第1期，第19页。
② 参见任喜荣：《宪法基本文化政策条款的规范分析》，《社会科学战线》2014年第2期，第189页。
③ 参见任喜荣：《宪法基本文化政策条款的规范分析》，《社会科学战线》2014年第2期，第190页。
④ 该法第1条明确宣布："为了加强对英雄烈士的保护，维护社会公共利益，传承和弘扬英雄烈士精神、爱国主义精神，培育和践行社会主义核心价值观，激发实现中华民族伟大复兴中国梦的强大精神力量，根据宪法，制定本法。"
⑤ 林彦：《通过立法发展宪法——兼论宪法发展程序间的制度竞争》，《清华法学》2013年第2期，第40页。

民代表大会制度的运行逻辑出发，全国人大是最高国家权力机关，拥有修宪权、宪法解释权、宪法监督权、立法权，对于法律的合宪性质疑，只需要启动法律的修改程序或解释程序就可以解决问题，而不需要对法律是否合宪进行判断。实践中，全国人大及其常委会在法律中有时直接通过"根据宪法，制定本法"宣告法律的合宪性，同时通过立法的起草和审议程序在立法过程中进行合宪性控制。

截止到2018年6月底，全国人大及其常委会制定的现行有效的266部法律中，有87部在序言或第一条中有"根据宪法，制定本法"或相类似的表述。有学者提出，"'根据宪法，制定本法'内含两层规范结构，即立法权源法定和法源法定"[1]。考虑到全国人大及其常委会本身便具有宪法解释权和立法权，并不需要在普通立法中对权力进一步加以确认，因此，这样的规定可以被界定为是一种"合宪性宣告"，隐含着宪法解释的功能。王汉斌曾就"根据宪法，制定本法"的立法本意做过说明，他指出："'根据宪法，制定本法'在第一条，但这不是一句空话，不能只是提一下，最重要的是把立法的这一根本原则贯彻到整个立法过程中，具体体现在法律、法规的内容里。"[2]除全国人大及其常委会在立法中进行合宪性宣告之外，下位阶的立法虽然不会直接宣告自己的合宪性，但也往往明确规定上位法依据，宣告合法性，进而增加合宪性的程度。[3]合宪性宣告从辩证的角度进一步反映了合宪性判断的不活跃。

在我国目前的立法实践中，不论是立法规划，还是法律草案的起草和审议，都经过范围不等的民主审议程序，在各程序环节中可以搜集关于草案合

---

① 叶海波：《"根据宪法，制定本法"的规范内涵》，《法学家》2013年第5期，第22页。

② 王汉斌：《社会主义民主法制论集》（下），中国民主法制出版社2012年版，第569页。

③ 这样的例子不胜枚举，如《中华人民共和国著作权法》在第1条规定："为保护文学、艺术和科学作品作者的著作权，以及与著作权有关的权益，鼓励有益于社会主义精神文明、物质文明建设的作品的创作和传播，促进社会主义文化和科学事业的发展与繁荣，根据宪法制定本法。"国务院制定的《中华人民共和国著作权法实施条例》第1条规定："根据《中华人民共和国著作权法》，制定本条例。"

宪性与合法性的意见，并加以调整。在实践中，许多与宪法相冲突或抵触的规定得以在上述过程中纠正，"在现行的政治体制和立法体制下，通过全国人大及其常委会审议法律草案是确保法律合宪性的最主要途径。法律委员会在法律审议的过程中扮演着核心的角色，确保了法律文本与宪法文本不抵触"[①]。在我国的宪法实施实践中，尽管缺乏对法律的合宪性审查实践，但是在法律草案起草和审议过程中却一直存在蕴含于民主立法程序中的合宪性控制机制。

二、"破题"后的"激活"：宪法解释的关键作用

自"推进合宪性审查工作"写入中国共产党的十九大报告提出以来，已可见系列论文探讨中国合宪性审查机制的完善问题。除在《深化党和国家机构改革方案》出台之前学者们继续就建立专门的宪法审查机构，特别是设立"宪法委员会"提出建议之外，[②]对于如何加强和完善合宪性审查工作则多从制度机制角度提出广泛的措施性建议，包括合宪性审查的案件筛选机制、合法性审查与合宪性审查分流机制、合宪性审查启动机制、个案受理反馈与审查程序公开机制、宪法解释程序机制以及制定专门的《宪法监督法》，甚至

---

①　邢斌文：《论法律草案审议过程中的合宪性控制》，《清华法学》2017年第1期，第183页。

②　如韩大元：《关于推进合宪性审查机制的几点思考》，《法律科学》2018年第1期，第59-66页；林来梵：《合宪性审查的宪法政策论思考》，《法律科学》2018年第2期，第37-45页；胡锦光：《论推进合宪性审查工作的体系化》，《法律科学》2018年第2期，第28-36页。

包括考虑形成与司法机关联动的"合宪性审查优先移送"机制等。①上述思考和建议涉及到合宪性审查的实体法和程序法的制定与完善问题，对于中国合宪性审查制度的发展至关重要。本部分受上述研究的启发，以宪法和法律委员会的设立为基础，就如何激活当下"备而不用"的合宪性审查机制做出分析。

（一）"破题"：变革最小的改革方案

根据2018年6月第十三届全国人大常委会第三次会议通过的《全国人民代表大会常务委员会关于全国人民代表大会宪法和法律委员会职责问题的决定》（以下简称《职责问题的决定》），新设立的宪法和法律委员会继续承担原法律委员会的职责之外，"增加推动宪法实施、开展宪法解释、推进合宪性审查、加强宪法监督、配合宪法宣传等工作职责"。其中"推动""开展""推进""加强""配合"等术语的内涵及其对应的程序和方式还没有明确的法律规定。从宪法和法律委员会的设立方式来看，中共中央和最高国家权力机关并不准备对已有的合宪性审查机制做重大的制度调整，采取的是变

---

① 如韩大元教授提出"可以设置相对合理的'宪法案件筛选标准'，如案件筛选机制、合法审查与合宪审查分流机制等，规范和控制合宪性审查，有效降低制度风险。在尊重立法机关的前提下，建立事前审查、立法过程中的合宪性审查模式，是合理的制度选择。"（韩大元：《关于推进合宪性审查机制的几点思考》，《法律科学》2018年第1期，第59-66页）；林来梵教授提出："有必要确立个案受理反馈与审查程序公开等机制，并相应建立前置性的案件筛选机制，又可考虑形成与司法机关联动的'合宪性审查优先移送'机制。"（林来梵：《合宪性审查的宪法政策论思考》，《法律科学》2018年第2期，第37-45页）；胡锦光教授提出推进合宪性审查是一项系统工程，必须找到缺乏实效性的问题所在，明确推进的方向，进行顶层设计，整体推进。具体包括：（一）强化合法性审查作为合宪性审查过滤机制的功能；（二）限定启动合宪性审查程序的主体资格；（三）设立宪法委员会；（四）制定专门的《宪法监督法》；（五）健全宪法解释程序机制，等内容。（胡锦光：《论推进合宪性审查工作的体系化》，《法律科学》2018年第2期，第28-36页）；莫纪宏教授贯彻落实党的十九大报告提出的"推进合宪性审查工作"必须要从两个方向发力，一是要抓好违宪审查机制制度的建设，把违宪审查机制运行好，特别是要制定完善的违宪审查程序，有效地启动违宪审查机制，使得违宪审查成为保证宪法实施、加强宪法监督、维护宪法权威的一项重要制度；二是要提高所有行使公权力的国家机关和社会组织自觉遵守宪法和保证自身行为合宪性的自觉性，建立起科学和有效的合宪性审查工作长效机制，推动宪法在各领域的全面和有效实施。（莫纪宏：《论加强合宪性审查工作的机制制度建设》，《广东社会科学》2018年第2期，第215-224页。）

动最小的改革举措。[①]

　　关于我国违宪审查模式的设计曾有宪法委员会模式、宪法法院模式、复合型审查模式等学术探讨。[②]可以预见，该制度变化虽然终结了是否建立专门的宪法委员会的学术探讨，但不会终结关于合宪性审查模式的学术争论。《立法法》第99条规定最高人民法院和最高人民检察院是合宪性审查的启动主体之一，对于启动事由来源中可能包含的立法机关与司法机关的衔接问题，目前仍没有确定的答案。这意味着关于复合型审查模式还有持续研究的空间。复合型宪法审查模式的本质是在人民代表大会制度的框架下，以尊重全国人大常委会享有最终的宪法解释权为前提，在维持立法审查的制度机制总体不变的前提下，允许法院在个案中对宪法条文进行适用，吸收司法审查的活力。有学者指出，复合型宪法审查模式"既能保证宪法解释的权威性和国家法治的统一性，也能充分发挥法官释宪的专业技能，保障宪法审查与解释的经常性、可操作性和高效性。"[③]

　　虽然理论争议没有消散，但宪法和法律委员会的成立，无疑在组织机构的名称上打破了长期以来缺乏合宪性审查"专责"机构的现状，初步达到了"破题"的功效。

1.组织机构的完善

　　宪法和法律委员会的设立将改变国家权力机关内部合宪性审查权分散的现状，在主体明确的前提下，合宪性审查程序与合法性审查程序可以分别设立并且更有可操作性。

　　全国人大常委会是我国的合宪性审查机关。但是，根据《立法法》第99

---

① 林来梵教授最近发表于《法律科学》上的《合宪性审查的宪法政策论思考》一文再次探讨了设立专门的宪法审查机构即宪法委员会的各种方案，在五种方案中，不论是设立另一个工作机关性质的宪法委员会还是设立专门委员会性质的宪法委员会，都在改革的动作上大于目前将"法律委员会更名为宪法和法律委员会"的变化。（林来梵：《合宪性审查的宪法政策论思考》，《法律科学（西北政法大学学报）》2018年第2期，第37-45页。）

② 参见王振民：《中国违宪审查制度》，中国政法大学出版社2004年版，第383页；包万超：《宪政转型与中国司法审查制度》，《中外法学》2008年第6期，第822页。

③ 汪进元：《宪法个案解释基准的证成逻辑及其法律控制》，《中国法学》2016年第6期，第59页。

条和100条的规定，合宪性审查工作分散于各专门委员会和常委会工作机构，国家权力机关内部并没有专门的合宪性审查机构。2004年5月全国人大常委会在法工委设立法规备案审查室，该机构从事具体事务性工作，并不具备组织基因成为合宪性审查的专门工作机构。目前的合法性审查和合宪性审查共同适用法规备案审查机制运行，但是法规备案审查主要进行"合法性审查"，尚无"合宪性审查"之实例。[①]有学者分析认为："在现行体制下，合法性审查制度具有吸纳甚至抵消合宪性审查的功能。"[②]

目前的法规备案审查程序是否能够实现合宪性审查之目标？答案应当是否定性的。其一，《宪法》和《立法法》将全国人大及其常委会制定的法律排除在备案审查的范围之外，合宪性审查的对象不完整；其二，《立法法》第100条规定的审查程序，即专门委员会或工作机构提出审查意见—法规制定机关反馈修改意见—拒不修改则启动撤销程序的规定，是民主协商与立法审查相结合的程序机制。从条文具体内容看，由于专门委员会、常务委员会工作机构不是权力机关，不仅不具备实质的宪法解释权，如果当真发现备案法规或司法解释"与宪法相抵触"，仅仅是提出"书面审查意见、研究意见"，制定机关也仅仅是"在两个月内研究提出是否修改的意见"并"反馈"给人大，该程序设计将严重削弱宪法的权威性。《立法法》的这一规定不仅导致宪法解释的不规范，也导致合宪性审查实际上无法实施。

宪法和法律委员会的设立在组织机构上使构建独立的合宪性审查程序成为可能。

---

① 根据全国人大常委会法制工作委员会主任沈春耀在《全国人民代表大会常务委员会法制工作委员会关于十二届全国人大以来暨2017年备案审查工作情况的报告》中统计，十二届全国人大以来，截至2017年12月上旬，常委会办公厅共接收报送备案的规范性文件4778件，收到公民、组织提出的各类审查建议1527件，其中属于全国人大常委会备案审查范围的有1206件。通过审查，地方性法规中不符合上位法规定的内容或被修改、或被清理；最高检有关"附条件逮捕"的司法解释也停止执行。备案审查工作成效显著。对备案法规的审查，既包含合法性审查，也包括合宪性审查。但是，从目前法规备案审查制度的运行实际来看，只是在进行"合法性审查"尚无"合宪性审查"实例。

② 林来梵：《合宪性审查的宪法政策论思考》，《法律科学》2018年第2期，第38页。

2.合宪性审查程序规则的制定

学术界对于起草"宪法解释程序法"和"合宪性审查程序法（或宪法监督程序法）"的呼声早已有之，[①]但是制定专门的程序法的进程却极其缓慢。宪法和法律委员会在职能上要"推进合宪性审查工作"，需要相应的程序规则，有可能加快程序法的发展进程。

一方面，在审查主体明确的前提下，才可能就审查的提起主体、审查的对象、审查的标准、审查的后果及处罚做出具体规定，从而围绕主体形成可以操作的程序机制；另一方面，程序机制本身要求不同程序间的有效衔接，目前的《立法法》虽然规定了合宪性审查的启动主体，但是不同类型的启动主体与人大常委会间如何围绕审查需求形成固定的程序关系，则没有可操作性的程序衔接机制。人大常委会内部的分散审查也难以形成统一的审查标准，审查后的反馈机制也缺少可操作的回应空间。在审查主体明确的前提下，启动程序、审查程序、反馈程序等才能够得以有效衔接；再次，合法性审查与合宪性审查程序也需要衔接，法规备案审查机构在"合法性审查"中发现需要进行合宪性审查的问题的内部程序转化机制，在宪法和法律委员会成立后有可能建立起来。

（二）"激活"：通过宪法解释激发合宪性审查的活力

从法律规则的角度看，中国并不缺乏作为制度整体的合宪性审查，缺少的只是能够及时回应现实需求的、有活力、高效的合宪性审查机制。宪法和法律委员会设立后，合宪性审查机制不需要重新建构，但是需要"激活"，以释放现有制度的活力。本书认为解释是激活合宪性审查的核心动力机制。这一论点可以从正反两个方面加以说明。

---

① 其中"宪法解释程序法"的专家建议稿2009年完成，2011年通过全国人大代表以提案的方式提交全国人大。在《关于第十一届全国人民代表大会第五次会议代表提出议案处理意见的报告》（2012年3月13日第十一届全国人民代表大会第五次会议主席团第三次会议通过）中可以看到"梁慧星等35名代表：关于制定宪法解释程序法的议案（第181号）"的统计。（中国人大网，http://www.npc.gov.cn/wxzl/gongbao/2012-05/29/content_1728277.htm，2018年6月9日访问。）

1.宪法解释是最主要缺失的制度环节

合宪性审查的核心运作机制是通过对宪法文本的解释判断法律规则或某种公权力行为是否合宪，从而保证宪法的最高权威性和维护国家法制的统一。因此，合宪性审查与宪法解释无论是作为两种权力还是作为两种制度都紧密相连（图7.2.1）。

从权力配置的角度看，拥有合宪性审查权的机关势必同时拥有宪法解释权；从权力运行的角度看，进行宪法文本的解释是进行合宪性审查的前提和具体内容。合宪性审查机关无论是发现需要进行审查的对象，还是做出是否违宪的判断，都需要对宪法文本进行解释。有宪法学者指出："宪法解释与监督宪法实施之关联性表明两方面的内涵：其一，只有运行宪法解释，才能启动监督宪法实施；其二，只有享有宪法解释权的机关才有权进行宪法审查。"[①]在我国，全国人大常务会享有宪法解释权，同时行使宪法监督权（主要是合宪性审查权），在行使宪法监督权的过程中，对宪法文本进行解释是基本的权力行使方式。

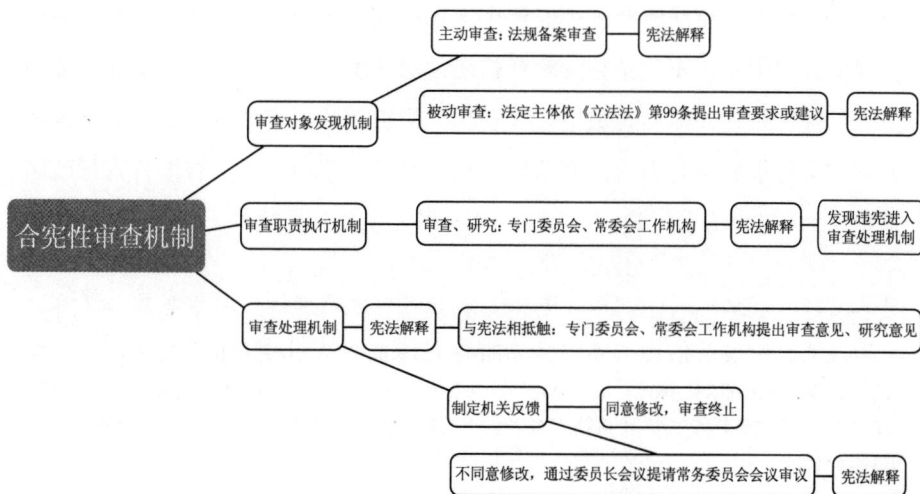

图7.2.1

---

① 郑贤君：《宪法解释：监督宪法实施之匙》，《人民法治》2015年第2期，第24页。

从目前的实际情况看，全国人大常委会"宪法解释权的虚置"现象极其严重，也"缺乏与宪法解释制度配套的操作程序"。[1]除了一些模棱两可的通过行使重大事项决定权进行的宪法解释实践，[2]以及全国人大常委会工作机构以"法律询问答复"的方式进行的实际解释外，[3]全国人大常委会从未做出"关于某某宪法条文的解释"。在《宪法》明确了宪法解释和监督的权力主体，《立法法》规定了合宪性审查的启动主体、反馈机制以及法律后果，甚至也存在违宪审查和宪法解释的实践诉求的背景下，[4]宪法解释的实践缺失显然成为制度上最为关键和明显的特征。如果能够弥补这一制度不足，合宪性审查的全部制度环节就能够打通，从而有效运转起来。

2.积极行使宪法解释权的制度需求持续存在

全国人大常委会积极、有效行使宪法解释权是"激活"合宪性审查的关键。合宪性审查启动机制的完善、过滤机制的完善、反馈机制的完善等都是解释权力行使的外在制度性机制，如果人大常委会不积极行使，甚至不行使宪法解释权，这些机制的设立都无法发挥作用。所谓"宪法始于解释，终于解释。宪法解释既是监督宪法实施的不二法门，也蕴含在宪法实施过程中。"[5]但是，不论是宪法解释权还是法律解释权，全国人大常委会都极少"显性"行使，即明确做出以"解释"为标题的决议或决定。目前全国人大常委会做出的现行有效的立法解释共有25件，集中在对《香港特别行政区基本法》《澳门特别行政区基本法》《中华人民共和国刑法》《中华人民共和

---

① 韩大元：《论当代宪法解释程序的价值》，《吉林大学社会科学学报》2017年第4期，第29页。

② 参见胡锦光、王丛虎：《论我国宪法解释的实践》，《法商研究》2000年第2期，第7页；王旭：《论我国宪法解释程序机制：规范、实践与完善》，《中国高校社会科学》2015年第4期，第140-159页；秦前红：《〈宪法解释程序法〉的制定思路和若干问题探究》，《中国高校社会科学》2015年第3期，第24-35页。

③ 参见周伟：《宪法解释案例实证问题研究》，《中国法学》2002年第2期，第79页。

④ 时间稍远一些的如2003年5月许志永、俞江、滕彪三位法学博士向全国人大常委会提出审查《城市流浪乞讨人员收容遣送办法》的建议；时间近一些的如2016年律师苗永军提出的"附条件逮捕"制度的审查建议、2017年108位知识产权研究生提出的对有关著名商标的地方立法进行审查的建议等。

⑤ 郑贤君：《宪法解释：监督宪法实施之匙》，《人民法治》2015年第2期，第26页。

国刑事诉讼法》相关内容的解释。这25件立法解释都明确以"关于某某的解释"为标题。全国人大常委会还没有做出过对宪法条款的显性解释。

实践中要求全国人大常委会行使宪法解释权的制度需求一直存在，这其中既有明确宪法条文含义的解释需求，也有进行合宪性审查的解释需求。

2003年11月，湖南省人大常委会向全国人大常委会法工委提出《关于如何理解宪法第四十条、民事诉讼法第六十五条、电信条例第六十六条规定的请示》，明确要求全国人大常委会法工委就请示中涉及的宪法和法律条款进行解释，全国人大常委会也回函同意湖南省人大常委会的理解，就是典型的宪法解释。^①但是，这种以"询问"和"答复"的方式进行的解释"不是针对某一类情况做出的抽象的、普遍适用的规则，而是就具体案件的情况与事实，为解决特定事项作出并由有关的国家机关遵守执行之"^②，并不具有普遍的适用性。不仅如此，这种解释实践还面临更大的挑战，全国人大常委会虽然拥有宪法解释权，法工委作为全国人大常委会的工作机构显然并不具有宪法解释权，因此本身也面临合宪性的挑战。根据《立法法》第46条和第64条的规定，国务院、最高人民法院、省、自治区、直辖市的人民代表大会常务委员会等主体，可以向全国人大常委会提出法律解释要求。全国人大常委会工作机构可以对有关具体问题的法律询问进行研究予以答复。但可否提出以

---

① 《全国人大常委会法制工作委员会关于如何理解宪法第四十条、民事诉讼法第六十五条、电信条例第六十六条问题的交换意见》（法工办复字〔2004〕3号）（以下简称《交换意见》）却具有宪法解释的意味。在《交换意见》中，湖南省人大常委会法规工作委员会请求全国人大常委会法制工作委员会就宪法第四十条、民事诉讼法第六十五条、电信条例第六十六条进行解释，并附上了自己的研究意见，即"1.公民通信自由和通信秘密是宪法赋予公民的一项基本权利，该项权利的限制仅限于宪法明文规定的特定情形，即因国家安全或者追查刑事犯罪的需要，由公安机关或者检察机关依照法律规定的程序对通信进行检查。2.移动用户通信资料中的通话详单清楚地反映了一个人的通话对象、通话时间、通话规律等大量个人隐私和秘密，是通信内容的重要组成部分，应属于宪法保护的通信秘密范畴。3.人民法院依照民事诉讼法第六十五条规定调查取证，应符合宪法的上述规定，不得侵犯公民的基本权利。"全国人大法工委复函称："你委2003年11月25日（湘人法工函〔2003〕23号）来函收悉。经研究，同意你们来函提出的意见。"同样类型的《交换意见》或《复函》在法律数据库中没有找到其他案例。
② 周伟：《宪法解释案例实证问题研究》，《中国法学》2002年第2期，第72页。

及如何提出宪法条文的解释要求则不论是《宪法》还是《立法法》都没有做出规定。

公民个人向全国人大常委会提出对行政法规或司法解释进行合宪性审查的申请也可以见到有关的报道，如2016年苗永军就"附条件逮捕"提出的违宪违法审查申请。①但是，从《全国人民代表大会常务委员会法制工作委员会关于十二届全国人大以来暨2017年备案审查工作情况的报告》中的内容来看，全国人大常委会并没有根据当事人的申请进行合宪性审查，而只是进行了合法性审查。

全国人大常委会如能够积极的行使宪法解释权，通过解释权的行使回应实践需求，可以起到"激活"整个合宪性审查制度的目的。

（三）完善：发展宪法解释制度的历史契机

宪法解释技术的不发达是使宪法学在实践功能上落后于其他部门法学的重要原因，宪法释义学的发展不足也是使宪法学在具体制度的研究上缺乏学科特色的方法论症结。宪法和法律委员会的设立为完善宪法解释制度在组织机构上提供了重要契机，有望使宪法解释突破目前极不活跃的实践状态。

开展宪法解释是宪法和法律委员会的工作职责。根据《职责问题的决定》，新设立的宪法和法律委员会在承担原法律委员会工作职责的基础上新增"开展宪法解释，推进合宪性审查"等职责。由于实践中全国人大常委会

---

① 2016年9月律师苗永军以当事人名义向全国人大常委会法工委邮寄了一份"审查建议申请书"，他在申请中提出：刑诉法中并没有"附条件逮捕"的规定，最高检《人民检察院审查逮捕质量标准（试行）》第四条附条件逮捕条款、《关于人民检察院审查逮捕工作中适用"附条件逮捕"的意见（试行）》涉嫌违反上位法，建议对其进行违宪、违法审查。（《推动"附条件逮捕"废止的律师：这是职业生涯最有成就感的事》，澎湃新闻，https://www.thepaper.cn/newsDetail_forward_1732727，2018年6月9日访问。）上述报道得到《全国人民代表大会常务委员会法制工作委员会关于十二届全国人大以来暨2017年备案审查工作情况的报告》的印证，该报告指出，"法制工作委员会对收到的审查建议逐一进行认真研究，对审查中发现存在与法律相抵触或者不适当问题的，积极稳妥作出处理"。并在所举出的6个代表性案例中，将这个案例包括其中。"根据2016年内蒙古自治区1位公民提出的审查建议，对有关司法解释规定'附条件逮捕'制度的问题进行审查研究，经与制定机关沟通，相关司法解释已于2017年4月停止执行。"

从未就宪法条文专门进行解释，因此，宪法解释的建议主体、宪法解释的审议程序、宪法解释的效力等问题并没有在实践中引发激烈理论争议。宪法和法律委员会具体承担宪法解释工作职责之后，上述问题将日益受到关注并需要通过立法加以解决。

宪法解释程序法的制定有望加快。宪法解释权的行使需要完善的程序规则。目前，在没有制定专门的《宪法解释程序法》之前，宪法解释可以根据《全国人民代表大会常务委员会议事规则》（以下简称《议事规则》）第三章"议案的提出和审议"的一般性规定进行。但是，该章的内容并不能完全适应宪法解释的需要，从宪法解释议案的提出主体看，《议事规则》并没有赋予省级人大常委会提出议案的主体地位，但是在《立法法》第46条中省级人大常委会已经是法律解释议案的提出主体，考虑到地方人大立法权的重要性以及省级人大在法规备案审查程序中的重要性，省级人大常委会不能依程序提出宪法解释议案，显然是重大缺陷。从宪法解释的提出路径看，除了依正常的议事规则提出的解释要求外，也有依合宪性审查程序提出的解释要求，《议事规则》缺少相应的程序设计。因此，制定专门的《宪法解释程序法》的需求日益明显，新法的制定进程有望加快。《宪法解释程序法》制定后，可以将全国人大常委会行使宪法解释权的程序从立法程序或重大事项决定程序中分离出来，为发展系统性的宪法解释理论和解释技术提供制度基础。

宪法解释制度的完善在司法领域也将产生积极作用。目前的裁判数据分析可以看到，法院只有在极少数情况下才会援引宪法进行裁判说理甚至直接适用宪法条文裁判案件，其中，以宪法作为判决依据的案例2015年有10件，2016年有19件，援引宪法作为裁判说理依据的数量稍多，但每年也仅有一两百件。[①]上述实践状况说明，一方面法院在援引宪法时非常谨慎，尽量避免在裁判文书中出现对宪法的引用，《人民法院民事裁判文书制作规范》（法

---

① 参见邢斌文：《2015年中国法院援用宪法观察报告》，《2016年中国法院援用宪法观察报告》，http://xingbinwen.fyfz.cn/b/884888，http://xingbinwen.fyfz.cn/b/923464，2018年7月8日访问。

〔2016〕221号）出台后，引用宪法作为判决依据已明确被禁止[①]；另一方面法院在特殊情况下仍需要援引宪法提高裁判的说理性和权威性，这在规则上是允许的，但实践表现则较为混乱。目前，全国人大常委会缺少对宪法的解释，导致法院在援引宪法进行裁判说理时缺少权威性的解释依据，加剧了法院在裁判说理中的解释混乱。

[①]　最高人民法院2016年6月制定的《人民法院民事裁判文书制作规范》（法〔2016〕221号）在"裁判依据"部分规定："裁判文书不得引用宪法和各级人民法院关于审判工作的指导性文件、会议纪要、各审判业务庭的答复意见以及人民法院与有关部门联合下发的文件作为裁判依据，但其体现的原则和精神可以在说理部分予以阐述。"禁止引用宪法作为判决依据，但是允许援引宪法作为裁判说理依据。

结　语

　　宪法实施的诸种机制构成制度竞争关系。从宪法实施实践来看，宪法的法律化和宪法修改明显在竞争中胜出，而宪法解释与合宪性审查则不受重视。由于合宪性审查以宪法解释为前提和基本内容，因此只有在制度上积极行使宪法解释权，才能真正"激活"合宪性审查机制，从而形成良性的宪法实施的制度循环。宪法需要在法治体系的整体框架下通过国家权力的结构性运作机制发挥最高法律效力。正如救济是决定权利是否能够真实享有的保障性机制一样，合宪性审查也是确保宪法实施机制整体有效运转的不可或缺的制度环节。在宪法和法律委员会的更名实现了"破题"之后，宪法解释权的积极行使不仅可以"激活"合宪性审查机制，更可以优化中国特色社会主义法治体系建设。

后　记

　　"预算权的宪法规制"问题是宪法学与财政学的跨学科研究领域。选择这个问题进行研究时感受到了巨大的学术压力。首先，预算本身就是一个理论性与实践性极强的知识领域，没有充分的知识储备难以窥其堂奥；其次，世界各国宪法对预算及其他财政问题的规定虽繁简不一，但与专门的预算法相比，则大都表现出原则性与概括性的特点。一国宪法应对预算做出何种程度的规定实无一定之规；再次，预算权的研究无法逃离一国民主政治制度的基本框架，除预算制度本身运行的特殊性之外，预算权的运行不过是现代财政民主制度的一部分而已，相关研究难免容易落入代议民主制度研究的理论窠臼，而无法自拔。

　　然而，这又是必须进行研究的领域。预算权是重要的国家公权力，预算权的行使过程是对国家财政资源的配置过程。国家制度的建构、组织机构的运行、公民权利的保障，都需要财政资源的支持。"科依问题"提出公共预算理论必须回答："在什么基础上做出这样一个决定将某一数量的资金配置给活动A而不是活动B？"如果这还主要是一个价值判断和政治决策的问题，那么一国法制还必须回答如何在制度、机制和技术上实现上述配置。宪法是国家的根本法，宪法不仅是一国民主制度法律化的基本形式，更是一国法治秩序的根基和准则。通过宪法规范预算权的运行，可以使预算制度的运行不偏离现代国家治理的价值立场，维护财政民主的制度内核。

　　本书的写作要感谢教育部人文社会科学重点研究基地项目和司法部法治建设与法学理论部级科研项目的资助。没有这样的资助，就无法搭建起一个紧密合作的科研团队。参与者发挥各自专长，承担了本书重要内容的写作。

鲁鹏宇，法学博士，吉林大学法学院副教授，在日本有长期留学经历，在行政法学界长期耕耘，他主要承担了本书日本预算制度的写作任务；邢斌文，法学博士，吉林大学法学院讲师，近来在立法的合宪性审查研究方面已有较高学术影响，他主要承担了我国预算权力运行的合宪性控制部分的写作任务；池生清，吉林大学法学院诉讼法学专业博士研究生，国家税务总局三明市税务局公职律师，主要研究方向为税务诉讼。他所翻译的《德国和美国联邦税务诉讼法》由人民出版社出版，填补了该领域的研究空白，他主要承担了本书德国部分的写作任务；许聪，西北政法大学行政法学院（纪检监察学院）讲师、博士后研究人员，她对于预算的审计监督和地方人大的预算监督已有较深的研究心得，她主要承担了我国预算权力监督机制的写作任务；李娟，吉林大学法学院宪法学与行政法学专业博士研究生，主要承担了本书关于我国改革开放以来预算制度的发展历程的写作任务。

本书的研究还有颇多遗憾，比如由于团队成员中缺乏对美国预算制度充分了解的专才，我们没有涉及美国预算权力配置的相关研究；对日本、德国、中国的预算权力配置还缺乏相互之间深入的比较研究等等。希望以本书为开端，我们可以籍此深度耕耘，为中国财政宪法学的发展贡献绵薄之力。

2018年12月9日于吉林大学前卫南区寓所